电子商务类专业
创新型人才培养系列教材

U0692010

零售门店全渠道运营

AI+ 微课版

俞洋洋 只井杰 黄静潇 ◎主编

李越 张红强 ◎副主编

人民邮电出版社

北京

图书在版编目（CIP）数据

零售门店全渠道运营 ：AI+微课版 / 俞洋洋，只井
杰，黄静潇主编. -- 北京 ：人民邮电出版社，2025.
（电子商务类专业创新型人才培养系列教材）. -- ISBN
978-7-115-66469-3

Ⅰ. F713.32

中国国家版本馆 CIP 数据核字第 2025L3U575 号

内 容 提 要

在数字化时代，消费者行为模式的转变及技术的飞速发展，促使着传统零售不断向全渠道零售转型。本书以探讨零售企业如何实现全渠道运营为主线，系统地介绍了零售门店全渠道运营的策略与方法，共分为 8 个项目，主要内容包括零售行业与全渠道运营、运营数据采集与分析、线下门店规划与布局、线下门店商品管理、线上店铺规划、线上商品发布、营销活动运营，以及客户运营与管理等。

本书内容新颖，案例丰富，既可作为应用型本科院校、高等职业院校相关课程的教材，也适合零售企业管理人员、培训师，以及对零售门店全渠道运营感兴趣的读者阅读参考。

◆ 主 　编　俞洋洋　只井杰　黄静潇

　副 主 编　李 　越　张红强

　责任编辑　侯潇雨

　责任印制　王 　郁　彭志环

◆ 人民邮电出版社出版发行　　北京市丰台区成寿寺路 11 号

　邮编　100164　电子邮件　315@ptpress.com.cn

　网址　https://www.ptpress.com.cn

　北京天宇星印刷厂印刷

◆ 开本：787×1092　1/16

　印张：14.75　　　　　　　　　2025 年 6 月第 1 版

　字数：368 千字　　　　　　　　2025 年 6 月北京第 1 次印刷

定价：56.00 元

读者服务热线：(010)81055256　印装质量热线：(010)81055316
反盗版热线：(010)81055315

前言

零售业作为商品流通的终端环节，是消费拉动经济增长的重要着力点。当前，数字化转型浪潮席卷全球，我国更是站在时代前沿，全力推进数字中国建设。零售业作为连接生产与消费的核心环节，亟须通过全渠道运营实现数字化转型。党的二十大报告提出"加快发展数字经济，促进数字经济和实体经济深度融合"战略部署，零售业全渠道运营直接服务"数实融合"目标，是零售业服务升级与效率提升的关键路径。

本书坚持立德树人根本任务，突显职业教育类型特色，以零售业数字化转型为主线，聚焦实体零售业全渠道模式创新，整合线上线下融合、数据驱动营销、供应链协同、AI技术赋能等前沿内容，旨在补足零售行业全渠道运营领域系统化教学资源，填补《职业教育专业教学标准》中新课程教材的市场缺口，助力培养"懂技术、善运营、能创新"的复合型零售人才。

本书主要具有以下特色。

- **技术引领，对接企业需求**。本书紧密对接零售业数字化转型需求，涵盖大数据分析、人工智能推荐算法等新兴技术在行业中的应用，编写团队由高职院校骨干教师、零售行业企业专家共同组成，深度融合企业真实案例与岗位技能要求。结合企业的全渠道运营实践，编者提炼出"运营数据采集与分析""线下门店规划与布局""线上店铺规划"等教学内容，确保教材内容与行业技术发展同步更新。

- **素质培养，厚植工匠精神**。本书深入贯彻党的二十届三中全会"弘扬劳模精神、劳动精神、工匠精神"的要求，在案例中融入诚信经营、服务创新、绿色消费等思政元素，引导学生树立职业使命感与社会责任感，落实职业教育立德树人的根本任务。

- **能力本位，强化实践导向**。本书以"项目—任务"结构组织内容，设置"分析运营数据""开展跨界营销活动""实施门店客户服务"等典型任务，每个项目最后均设有"项目实训"模块，通过"学中做、做中学"的设计理念，帮助学生构建从理论认知到实践应用的能力链条。

- **资源丰富，助力智慧教学**。本书提供了丰富的立体化教学资源，有效助力智慧教学的实施与创新。书中配套资源包括视频、PPT 课件、教学大纲、教案、课程标准等，用书教师可登录人邮教育社区（www.ryjiaoyu.com）便捷下载，快速获取高质量的教学资源。这些资源不仅内容翔实、结构清晰，还紧密结合行业实践与职业教育改革要求，可以帮助教师高效组织课堂、精准把控教学节奏，同时为学生提供直观、生动的学习体验。通过数字化资源的灵活运用，本书能够满足多样化教学场景需求，助力"教、学、做"一体化实施。

　　本书坚持"产教融合，校企双元开发"原则，组建编写团队。由襄阳职业技术学院俞洋洋、天津轻工职业技术学院只井杰、广东科贸职业学院黄静潇担任主编，山西省财政税务专科学校李越、吐鲁番职业技术学院张红强担任副主编，天下秀数字科技（集团）股份有限公司吴昊等企业专家参与了本书编写。全书共分为八个项目，项目一、项目二和项目八由俞洋洋编写，项目三、项目四由只井杰编写，项目五由黄静潇编写，项目六由李越编写，项目七由张红强编写，吴昊等企业专家整理了相关企业案例。尽管编者在编写过程中力求准确、完善，但书中难免有疏漏与不足之处，恳请广大读者批评指正。

编　者

2025 年 2 月

目录

项目一 零售行业与全渠道运营

知识目标

➢ 了解零售行业的变革历程和数字化零售的发展阶段与现状。
➢ 了解全渠道运营的优势及"人""货""场"要素的含义。
➢ 了解全渠道运营的侧重点和驱动力。
➢ 了解智慧门店的优势与智慧门店建设的关键技术。
➢ 掌握智慧门店建设的策略。

技能目标

➢ 能够辨识全渠道运营中"人""货""场"要素，并理解其含义。
➢ 能够将智慧门店建设的理论应用于实践。

素养目标

关注科技前沿，探索零售新渠道，守正创新，努力提升消费者体验与店铺运营效率。

项目导读

零售行业是商品销售的主要领域，随着消费者需求的多样化和市场竞争的加剧，其不断寻求创新和变革。全渠道运营正是在这种背景下应运而生，它打破了传统零售渠道的界限，将线上线下所有渠道的商品库存、营销、订单、财务等整合在一起，能够实现统一管理、统一调度。智慧门店是全渠道运营在零售门店的具体应用，其通过引入人工智能、物联网、大数据等先进技术，实现了门店的数字化、智能化升级。

● 知识导图

```
                    ┌─ 初识零售行业 ─┬─ 零售行业的变革历程
                    │               └─ 数字化零售的发展
                    │
                    │               ┌─ 全渠道运营与多渠道运营的区别
                    │               ├─ 全渠道运营的优势
零售行业与全渠道运营 ─┼─ 初识全渠道运营 ─┼─ 全渠道运营中的"人""货""场"
                    │               ├─ 全渠道运营的侧重点
                    │               └─ 全渠道运营的驱动力
                    │
                    │               ┌─ 智慧门店的优势
                    └─ 认知智慧门店 ─┼─ 智慧门店建设的关键技术
                                    └─ 智慧门店建设的策略
```

案例导入

北京大明眼镜老店焕新颜，智慧门店解锁视界新体验

北京大明眼镜创建于 1937 年，拥有 80 多年的历史，立足于眼视光零售，素以"验配准确、技术精良、专业能力强和承接高难光度眼镜定配制作"而闻名。近年来，北京大明眼镜持续推动数智化转型，以提升消费者体验和门店营销管理水平。

随着技术的进步，北京大明眼镜充分利用智慧思维，在自身职能范围内，优化整合各种数智技术资源，其智慧门店以服务和体验为核心，将眼视光健康检查和视光产品销售与 CRP 系统、各级管理者看板、CRM 系统、大数据计算、互联网、社交工作平台、虚拟现实体验有机融合，实现了消费者与门店的双赢。

在北京大明眼镜智慧门店里，消费者通过扫码就能注册会员，建立个人健康档案，与专业验光师建立日常联络。门店为会员提供实时在线咨询和全面的眼健康检查服务，提供精准个性化验光、儿童青少年视力健康综合验光、视功能检查等，帮助消费者制定个性化视力健康解决方案。针对高难度问题和特殊需求，门店还可以通过远程验光、AI 阅片和就医门诊绿色通道，进一步提升服务便捷性和专业性。

北京大明眼镜智慧门店在店内开辟出大面积的消费者体验区域，利用 VR、AR 技术将虚拟现实与眼视光技术结合，为需要配框架眼镜的消费者提供镜架和镜片虚拟试戴服务，充分展现镜片和镜架的功能与人体工学设计，实现了眼镜个性化定制。

此外，门店还设置了眼镜修理区、消费者洽谈区、小型书吧等休闲服务区域，提升了门店的服务水平和消费者体验。

在线上，门店的验光师和配镜师除了通过企业微信与会员沟通疑难问题，还会推送门店活动信息，宣传爱眼、护眼知识，以增强消费者的眼健康意识。

在门店管理中，北京大明眼镜智慧门店采用 CRP 系统高效管理门店商品的补货、存货和销售，店长通过定制化的"智慧店长"看板，实时获取数据和建议方案，同时跟进服务和销售进度，快速了解门店员工的工作状况，并依据大数据给出指导意见。公司管理人员也会通过"总裁看板"随时了解门店的经营状况。

北京大明眼镜智慧门店的科技创新和个性化服务提升了消费者的满意度和忠诚度，门店逐渐成为周边社区居民健康生活的一部分，并吸引了不少"达人"慕名前来打卡体

验，门店的销售额和市场份额也显著提高。

北京大明眼镜智慧门店凭借创新的数智化转型和优质的服务体验，荣登 2024 年《财富》中国最佳设计榜，成为推动中国设计创新的重要力量。

配套案例视频

任务一　初识零售行业

零售是指将商品或服务直接销售给最终消费者的商业活动。在这个过程中，零售商将商品或服务通过各种销售渠道（如实体店铺、电子商务平台、移动应用等）销售给个人消费者，以满足他们的日常需求或特定需求。

零售具有直接面向消费者、商品多样、销售渠道多样、注重消费者体验、竞争激烈等特点。

一、零售行业的变革历程

随着新技术的发展和人们生活需求的改变，零售的基础设施变得可塑化、智能化和协同化，新技术推动着社会进入数字化零售时代，实现了成本、效率、体验的有效平衡。零售行业也随着社会经济、科技发展和消费者需求的变化而不断变革，这种变革是一个漫长且不断演进的过程。

回顾零售行业的发展历程，可以看到其经历了以下几次变革。

1. 第一次变革：百货商店的诞生

1852 年，世界上第一家百货商店在法国巴黎开业，打破了"前店后厂"的小作坊运作模式，实现了生产与销售的分离。由此，零售行业的经营面积扩大，商品种类更加多样化，为消费者提供了更多的选择。由于生产规模化，实现了商品批量生产，商品的价格得以降低，商品得以更好地展示，购物成为人们的一种娱乐和享受。

2. 第二次变革：连锁商店的兴起

1859 年，美国大西洋和太平洋茶叶公司建立了世界上第一家连锁商店。从此，连锁商店形态逐渐成为主流。连锁商店的统一化管理和规模化运作提高了门店运营的效率，降低了成本，同时也让购物变得更加便捷。

3. 第三次变革：超级市场的出现

1930 年，超级市场渐渐成形，它开创了开架销售、自我服务的模式，实现了商业劳动与消费者购买活动的分离。这种全新的购物体验为消费者提供了更多的便利和选择，使得超级市场迅速成为现代零售经营的主要形式。

4. 第四次变革：电子商务的崛起

20 世纪 90 年代，随着互联网的飞速发展，电子商务（以下简称"电商"）的兴起不仅彻底改变了人们的购物习惯，还对零售、物流、支付等行业产生了深远的影响。电商的崛起与普及使消费者购物不再受到时间与空间的限制，商品选择范围扩大，种类更多，消费者购物更加自由化、自主化。

5. 第五次变革：新零售模式的形成与探索

21 世纪以来，尤其是 2016 年之后，随着移动互联网、物联网、大数据等技术的不断发展，新零售模式应运而生。新零售模式是指运用新技术将线上、线下、物流等环节进行深度融合，实现全渠道、全场景、全触点的零售方式。这种模式以消费者为中心，注重提升消费者的购物体验，同时降低运营成本，提高运营效率。

新零售模式的出现为零售行业带来了新的发展机遇和挑战。一方面，新零售模式通过技术创新和模式创新为零售行业注入了新的活力；另一方面，新零售模式也对传统零售企业提出了更高的要求。

二、数字化零售的发展

随着互联网、大数据、人工智能等新技术的应用，我国零售行业发生了翻天覆地的变化，数字化零售打破了传统零售企业所面临的线上与线下的技术壁垒，可以运用数据对消费者和市场进行更全面的分析，对零售中存在的低效问题进行优化，并进一步重塑、拓宽企业策略维度，实现更智慧的零售管理。

1. 数字化零售的发展阶段

我国数字化零售的发展可分为以下几个阶段，每个阶段都伴随着技术的进步和消费者行为的变化。

（1）信息化初探阶段

这一阶段主要解决基本管理需求的信息化问题和进行互联网启蒙。自1990年我国第一家连锁超市——美佳超级市场在广东东莞虎门镇开业，超市业态形成并开始发展。在信息化初探阶段，百货商店、连锁超市、便利店等零售形式共存。这一阶段，对于大家来说，数字化零售的信息化内涵、目标、功能和作用、与企业经营管理模式的关系，这些都是全新的认识，计算机技术的基础环境和技术路线还处于摸索阶段。

（2）线上化提升阶段

2000年前后是零售行业增长最快的阶段，百货业购销两旺，超市规模迅速扩大。推动零售行业快速增长的动力包括市场需求和可以复制的成功模式。零售企业开始在内部进行信息化建设，如使用ERP、SaaS等工具实现业务流程的线上化和数据的实时监测。

线上化提升阶段的核心在于零售企业从完善数字化基建升级到公私域精细化运营，从拓展数字化渠道到开始要求系统管理、整合提效，从制定数字化战略到开始重视消费者资产沉淀，从统一数字化认知到开始以数据驱动经营决策。

线上化提升阶段的核心内涵和升级方向的四大维度是数字基建、总部角色、导购角色、关键运营指标。为挖掘消费者的生命周期价值，零售企业对私域消费者的差异化触达和精细化运营关注度更高。

（3）数智化全面发展阶段

随着互联网技术的普及，零售企业纷纷加大在数字化方面的投入，积极推动线上线下融合，全渠道、全场景、全触点的零售模式得以形成。数字化零售不再停留于技术应用的阶段，而是开始向数字化赋能转变，通过数据分析、人工智能等技术手段优化运营管理，提升消费者体验。在此阶段，零售企业全面应用基于大数据分析的经营决策，实现了运营自动化和智能化，以及大规模降本增效。

（4）生态化形成阶段

数字化零售进入生态化形成阶段后，企业开始构建更加完善的数字化生态体系，包括数据平台、智能供应链、智能物流等。在此阶段，零售企业致力于上下游整合、生态圈构建，以数据科技驱动新兴业务，赋能产业和行业。

数据分析在零售决策中的作用越来越重要，零售企业通过大数据分析消费者行为，预测市场趋势，制定更加精准的营销策略和运营计划。人工智能、物联网等技术的应用进一步提高了零售企业的运营效率和服务水平。零售企业开始注重消费者体验的个性化、场景化、智能化，通过数字化手段提供更便捷、更高效的购物体验。

2. 数字化零售的发展现状

如今零售企业已普遍将数字化发展作为企业未来发展的关键战略方向，因此大力投入数字化建设。数字化零售的发展呈现出蓬勃发展的态势，具体表现在以下几个方面。

（1）市场规模持续扩大

数字化零售市场规模持续扩大，成为推动经济增长的重要力量。相关机构数据显示，2022年我国零售业信息化行业市场规模约为482.72亿元，并且随着行业的不断发展，其市场规模还将继续扩大。2022年零售业信息化市场中硬件占比较大，达60.9%，其中计算机网络设备占比较大；软件设备中资源管理ERP系统占比较大。

在网络零售方面，2024年1月至7月我国网络零售市场表现出色，创造了8.38万亿元的网上零售额，同比增长9.5%。实物商品的网上零售额达到7.01万亿元，增长率为8.7%。

与此同时，随着在线服务场景日益丰富，越来越多的消费者通过在线方式享受生活服务带来的便利。据商务大数据监测，服务消费打造出网络消费新动能，2024年1月至7月我国重点平台网络服务消费同比增长20.2%。

（2）数字化转型加速

数字化转型已成为零售行业的主题词，是品牌方获取核心竞争力的必要途径。零售企业纷纷加大数字化转型力度，通过引入大数据、人工智能、物联网等先进技术，提高整体运营效率和服务质量。

数字化转型不仅体现在线上渠道的布局和创新上，还体现在线下门店的改造和升级中。通过线上线下融合，零售企业正在打破传统业务模式的束缚，为消费者提供更便捷、更个性化的购物体验。

（3）新技术的广泛应用

人工智能（AI）、虚拟现实（VR）、增强现实（AR）、大数据等新技术在零售行业中得到广泛应用。这些技术不仅提升了消费者的购物体验，还帮助零售企业实现了精准营销和库存管理。

例如，通过AI技术实现商品的自动化拍摄和抠图，提高商品数字化的效率；利用VR技术和AR技术让消费者在店内试穿试用虚拟商品，提升购物体验；通过大数据分析消费者的购物行为和喜好，为他们提供更加个性化的推荐和服务。

任务二　初识全渠道运营

全渠道运营是指企业通过整合线上线下的各种渠道资源，以满足消费者需求为中心，全方位、全过程地运营企业的销售、营销和服务等各项业务。全渠道运营模式的核心在于以消费者为中心，通过打通线上线下渠道，实现渠道间的无缝连接，为消费者提供更便捷、更高效的购物体验和服务。

▍ 一、全渠道运营与多渠道运营的区别

全渠道运营与多渠道运营在多个方面存在显著差异，这些差异主要体现在以下几个方面。

1．关注对象

全渠道运营的关注对象是消费者，而多渠道运营的关注对象是产品。全渠道运营依赖于识别消费者和品牌之间的所有接触点，并找到利用这些接触点的方法，以增加消费者的便利性或增强消费者与品牌的联系。而在多渠道运营中，企业试图把产品放在尽可能多的有价值的消费者面前，但重点是增加产品的在线影响力，而不是加深消费者体验。

2．渠道整合

全渠道运营是将多种销售渠道和购物方式整合为一个无缝互通的系统，实现线上线下渠道的深度融合。它强调各渠道之间的数据共享和流程协同，以提供一致的品牌体验和服务。而多渠道运营虽然也涉及多个销售渠道，但这些渠道往往是孤立的，缺乏统一的数据管理和流程协同，会面临信息不同步、渠道冲突等问题，以致影响消费者体验和运营效率。

3．目标与实施策略

全渠道运营的目标在于提高消费者忠诚度、销售转化率和市场份额。它要求企业以消费者为中心，通过数据分析和个性化营销等手段，不断优化消费者体验和服务质量。全渠道运营的实施策略包括多渠道整合、数据驱动决策等。

多渠道运营的目标在于扩大市场覆盖面和增加销售机会。它更多地关注渠道的多样性和覆盖面，通过在不同渠道上投放广告、开展促销活动等方式吸引消费者。多渠道运营的实施策略相对简单，缺乏对消费者体验和品牌一致性的深入考虑。

▍ 二、全渠道运营的优势

全渠道运营作为一种融合线上线下多种渠道资源的先进商业模式，正逐渐成为企业转型升级、提升竞争力的关键。它不仅要求企业在技术、物流、数据等多个方面实现深度整合，还强调以消费者为中心，通过无缝化、个性化的服务满足消费者的多元化需求。全渠道运营的核心优势可以从以下角度进行阐述。

1．消费者角度

从消费者角度来讲，全渠道运营致力于确保消费者在每个渠道上都获得良好的购物体验。全渠道运营打破了线上线下的界限，实现了多渠道的无缝衔接，可以为消费者提供更加一致的购物体验。无论是在线上浏览产品信息，还是在线下体验实物，消费者都能享受到优质的服务和产品。同时通过全渠道运营，企业可以更加深入地了解消费者的需求和行为习惯，从而提供个性化、定制化的产品和服务，最大限度地满足消费者的需求。

2．企业角度

从企业角度来讲，采用全渠道运营的关键优势如下。

（1）提升竞争力

在全渠道运营模式下，不仅可以让消费者轻松地完成购物，还可以激发其消费动力，进而增加商品销售额。在竞争激烈的市场环境中，全渠道运营有助于企业更好地适应市场变化和消费者需求变化，保持竞争优势。另外，通过全渠道运营，企业可以开拓新的销售渠道和市场领域，为自身带来更多的发展机遇和收入来源。

（2）增强品牌认知

通过在不同的渠道上展示品牌形象和核心价值，企业能够更好地与消费者进行沟通和互动，提高品牌的认知度和消费者的忠诚度。全渠道运营有助于企业在多个渠道上建立和维护统一的品牌形象，从而提高品牌的辨识度和美誉度。

（3）实现精准营销

全渠道运营使企业能够更好地收集和整合消费者的数据信息，通过分析消费者的购买行为和偏好，制定精准的营销策略和推广活动，提升营销的精准度和效果。企业通过全渠道运营，还可以实时获取市场动态和消费者反馈，从而快速调整经营策略和市场布局。

（4）降本增效

相较于单一的营销渠道而言，从长期来看，全渠道运营可以为企业节省大量时间和资金，从而降低企业的成本。通过全渠道运营，企业可以对现有的线上线下资源进行整合和优化配置，避免资源的浪费和重复投入。这种资源整合优势使企业能够将更多的精力投入产品创新和客户服务上，提升企业效益。

▌三、全渠道运营中的"人""货""场"

在全渠道运营中，"人""货""场"是3个核心概念，它们相互关联、相互作用，共同构成了全渠道运营的核心框架。

1. 人

在全渠道运营中，"人"指的是消费者，是全渠道运营的核心。全渠道运营强调以消费者为中心，关注消费者的需求、行为和体验。

随着新零售时代的到来，"人"发生了巨大的变化。Z世代（出生在1995—2009年的一代人）正逐步成为消费主力军，他们在购物时理性与感性并存，共同影响消费决策。

由于"人"的变化，企业在全渠道运营中需要注意以下几点。

- 构建消费者画像。通过数据分析等手段，深入了解目标受众的年龄、性别、地域、兴趣偏好等特征，构建精准的消费者画像。
- 提供个性化服务。基于消费者画像，为不同消费者提供个性化的产品和服务，提高其满意度和忠诚度。
- 注重互动沟通。建立多渠道的互动和沟通机制，如社交媒体、客服热线、在线聊天等，及时响应消费者的需求和反馈。

2. 货

在全渠道运营中，"货"指的是企业提供的产品或服务，是全渠道运营的基础。在全渠道运营中，"货"不仅指物理层面的产品，还包括与之相关的服务、品牌故事、价值主张、消费者体验等非物理层面的内容。

在全渠道运营中，"货"不断向多元化、差异化方向发展。产品的增值服务和消费者体验成为企业的关注焦点。在全渠道运营中，对"货"的管理，企业需要注重以下几个方面。

- 产品质量：确保提供的产品或服务质量较高，满足消费者的基本需求。
- 产品丰富度：提供多样化的产品或服务，满足消费者的不同需求。
- 供应链管理：优化供应链管理，确保产品或服务的及时供应和高效配送。
- 数字化管理：利用数字化工具对产品进行精细化管理，如库存监控、销售预测等。

3. 场

在全渠道运营中，"场"指的是消费者与企业进行交互的场景或渠道，是全渠道运营的关键。

线上渠道凭借便捷、智能的优势成为"场"的必选项，而线下渠道通过真实、沉浸的体验感，与线上渠道相辅相成。在全渠道运营中，企业需要构建多元化的场景或渠道，以便消费者随时随地与企业进行交互，具体包括以下几个方面。

- 线上渠道：如电商平台、社交媒体等，为消费者提供便捷的购物和查询服务。
- 线下渠道：如实体店、展会、体验店等，为消费者提供实物体验和服务支持。
- 多渠道融合：实现线上线下的无缝融合，如线上预订和线下取货、线下体验和线上购买等，提升购物体验。
- 场景创新：根据消费者需求和行为习惯创新场景或渠道，如通过直播带货、社交电商等方式，吸引更多用户关注和参与。

四、全渠道运营的侧重点

全渠道运营的侧重点体现在以下几个方面。

1. 以消费者为中心

全渠道运营以消费者为中心，强调在线渠道和离线渠道的融合，为消费者提供一致的、无缝衔接的购物体验，其核心在于全方位、全过程地满足消费者的需求。这意味着企业需要从消费者的角度出发，思考如何提供更便捷、更高效的购物体验和服务。

消费者的消费活动主要由3个因素驱动，即购买、娱乐和社交。企业在设计零售渠道和开展零售业务时，应努力满足这3种消费者需求。企业可以通过整合线上线下的各种渠道资源，实现全渠道的无缝连接，使消费者在任何时间、任何地点都能轻松购买到所需的产品或服务。

2. 渠道资源整合

为了适应新的零售环境，企业需要整合线下和线上渠道，接触消费者，并开展即时销售活动。其中，线下渠道包括实体零售店、自动售货机、产品手册及其他渠道；线上渠道包括官方网站、电子商务平台、社交媒体、直播电商平台及其他渠道。企业需要确保在多个渠道上都有布局，以覆盖更广泛的消费群体。

企业通过对各渠道资源的整合和优化，能够实现资源的共享和互补，从而提高整体运营效率。例如，线上平台可以引导消费者到线下门店体验，线下门店也可以推广线上优惠活动。

全渠道运营并不意味着开放所有渠道，而是根据对消费者的了解与认知，考虑成本和消费者需求等各种因素，开放几个必要的渠道。此外，企业应在零售的各个阶段与消费者建立一致和有效的联系，以促进购买行为的发展，并给消费者留下良好的印象。

3. 数据驱动决策

在全渠道运营中，企业通过数据管理做出运营决策。全渠道运营的数据管理主要体现在消费者管理和供应链管理中。企业可以通过会员系统收集消费者数据，并根据消费者数据绘制消费者画像。

与传统零售时代的市场抽样调研不同，如今全渠道运营依赖于大数据和人工智能技术，可以快捷地收集并分析消费者的行为数据。基于数据分析结果，企业可以制定更加精准的营销策略，向消费者推荐更符合其需求的产品或服务，以提升营销效果。

4．统一的品牌形象

在全渠道运营中，企业需要确保在所有渠道上呈现统一的品牌形象和视觉风格，以增强品牌的辨识度和认知度。无论消费者在哪个渠道购买产品或服务，都能确保他们获得一致的购物体验和服务质量，这有助于提高消费者对企业的信任度和忠诚度。

5．高效的服务体系

在全渠道运营中，企业要不断优化服务流程，建立高效的服务体系，提高服务效率。例如，消费者可以在线上咨询问题、下单购买，并到线下门店取货或享受售后服务。另外，根据消费者的需求和偏好，企业还可以提供个性化的服务内容和方案。例如，为会员提供专属优惠、定制化产品等，以增强消费者黏性。

全渠道运营是一个持续优化的过程。企业需要根据市场变化和消费者反馈，不断调整与优化运营策略和服务内容，通过引入新技术、新模式和新理念，推动全渠道运营的持续创新和发展。例如，利用人工智能技术进行智能推荐，利用虚拟现实技术提供沉浸式购物体验等。

> **案例链接**
>
> #### 芙蓉兴盛全渠道"织网"，打造零售新生态
>
> 芙蓉兴盛以广泛的分布网络和丰富的商品种类而著称，其商业模式为 S2B2C 模式，即服务（Service）于小型商店（Business），进而触达终端消费者（Consumer）。2009 年，兴盛社区网络服务股份有限公司成立；2023 年，其门店数突破 20 000 家，业务辐射 16 个省市的 80 多个地级城市和 400 多个县级城市。芙蓉兴盛凭借直营与加盟策略和对社区便利超市的精准定位，迅速扩张，如今已经发展成为湖南省乃至全国知名的连锁便利店品牌。
>
> 芙蓉兴盛作为社区便利店，其实体门店大多选址在社区周边，方便了消费者购物；其还会不定期在门店周边社区、学校、写字楼等场所进行一些地推活动，发放传单、优惠券等，吸引潜在消费者到店购物。此外，门店还会经常举办一些线下的促销活动，如打折、满减、赠品等，以提升消费者的购买意愿。
>
> 芙蓉兴盛搭建了线上社区团购平台——兴盛优选，通过"线上预售+门店自提"的方式，实现了线上线下的无缝对接。兴盛优选拥有独立的线上平台和移动端应用程序，消费者可以通过这些渠道在线上下单购买商品。该平台不仅提供了丰富的商品，还通过数据分析和精准营销，为消费者提供了个性化的购物体验，因此成为社区团购模式的典型代表。
>
> 兴盛优选还利用社交媒体、微信公众号、小程序等线上渠道进行营销活动推广。例如，定期发布商品促销信息、新品推荐、优惠活动等内容，吸引消费者关注和参与；与此同时，通过线上广告投放、合作推广等方式，提高品牌的知名度和影响力。
>
> 在会员管理方面，芙蓉兴盛建立了统一的会员体系，消费者在线上线下的消费行为都可以被记录并获得积分。会员可以通过线上平台查看自己的积分、消费记录等信息，享受会员专属的优惠和服务。线下门店也可以根据会员的消费数据，开展个性化的营销活动，提高会员的忠诚度，增加消费频次。芙蓉兴盛通过社群经营和会员制度，增强了与消费者的互动和消费者的黏性。
>
> 配套案例视频
>
> 在商品管理上，芙蓉兴盛注重商品结构的多元化和个性化，以满足不同消费者的需求。例如，推出鲜食服务、咖啡结合等多品类融合模式，提供好吃不贵的商品，以此提升门店的盈利能力。芙蓉兴盛还注重优化商品陈列和布局，提升商品的可视性和易取性，提升消费者购物的便利性。

芙蓉兴盛成功构建了线上线下融合的社区便利店生态系统，还利用智慧系统实现了门店的数字化经营，极大地提高了管理效率。

五、全渠道运营的驱动力

技术发展与变革催生了新的采购和信息渠道，企业可以利用这些渠道有效管理多个渠道，消费者可以通过多个渠道访问品牌信息并做出购买决策。技术发展与变革和全渠道消费者是全渠道运营的两大驱动力。除此之外，市场竞争加剧和企业自身发展需求也是全渠道运营的驱动力。

1. 技术发展与变革

随着大数据分析、人工智能、云计算等技术的发展，全渠道运营有了强有力的技术支持。这些技术使企业能够更加高效地管理和运营各个渠道，提高整体运营效率。

由于技术的发展与变革，企业可以利用数字化工具收集和分析消费者数据，了解消费者的购物习惯和需求，从而制定更加精准的营销策略和产品策略。同时，数字化工具还可以帮助企业实现跨渠道的数据共享和互通，提升整体运营效果。

2. 全渠道消费者

随着消费市场的日益成熟，消费者对购物体验的要求也越来越高，他们希望在任何时间、任何地点、以任何方式都能购买到所需的商品。这种多元化和个性化的需求促使企业采取全渠道运营策略，以满足消费者的不同需求。

随着生活水平的提升、信息技术的进步，消费者的需求也在不断变化，他们期望在各个渠道中都能享受到无差别的购物体验，如在商品信息、价格、服务等方面具备一致性。全渠道运营通过整合线上线下资源，可以为消费者提供无差别的购物体验。

3. 市场竞争加剧

在激烈的市场竞争中，品牌商需要不断寻找新的增长点。全渠道运营通过整合线上线下资源，能够帮助企业拓展新的销售渠道和市场空间，有效提升品牌影响力和市场份额。

随着电商市场的不断发展和成熟，传统电商平台之间的竞争加剧。为了保持竞争优势，企业需要不断创新，优化运营策略。全渠道运营作为一种创新的运营策略，能够帮助企业在竞争中脱颖而出。

4. 企业自身发展需求

企业自身发展需求也是全渠道运营的驱动力之一。企业为谋求自身发展，充分融合线上线下资源，以实现资源的优化配置和高效利用，提高企业的运营效率。通过全渠道运营，企业可以更深入地了解消费者的需求和行为习惯，提供更加个性化、定制化的产品和服务，这有助于增强消费者黏性，提高其满意度和忠诚度。

全渠道运营打破了传统渠道的界限，使企业能够拓展新的市场空间。无论是线上市场还是线下市场，企业都可以通过全渠道运营触达更多的消费者群体。

任务三　认知智慧门店

智慧门店是一种利用先进技术和数字化手段提高零售业运营效率、优化客户体验、增强市场竞争力的零售模式。它整合了物联网、大数据分析、人工智能、云计算等新一代技术，通过数字化手段连接商品、客户和零售商，能够更智能、更高效地进行零售管理。

一、智慧门店的优势

智慧门店是一个系统性集成工程，由硬件、安装、维保、管理等多个模块组成。智慧门店的核心在于利用先进技术和数据分析提升零售门店的运营效率与客户体验。它整合了物联网、人工智能、大数据分析等技术，实现了对门店内部环境和外部环境的实时监测与管理，以及对客户行为和偏好的分析，从而可以优化销售策略，提升服务质量和客户满意度。

智慧门店的优势主要体现在以下几个方面。

1. 提升客户体验

智慧门店致力于通过前沿技术提升客户体验，创造让客户感觉更愉悦、更便捷的购物环境。其个性化推荐系统利用大数据技术和人工智能技术，能为客户提供个性化的商品推荐，使其在种类繁多的商品中更快地找到符合自身需求的商品。

通过 VR 技术，智慧门店能够 1∶1 真实还原实体门店全貌，客户可以足不出户就能身临其境般线上逛店，享受沉浸式的购物体验。例如，客户在虚拟空间里能够看到服装或鞋子的穿着效果，从而做出购买决策。

智慧门店还引入了自助结账系统、自动售货机等，提供更加便捷和高效的购物体验。客户可以自行扫描商品条码，选择支付方式并完成结账，无须人工收银员操作。

以上这些方面大幅提升了客户购物的便利性，让客户感受到专属服务，从而增强了他们购物的愉悦感。

2. 提高运营效率

智慧门店通过自动化和数字化手段极大地提高了运营效率，主要体现在以下两个方面。

（1）实时监测与管理

通过物联网技术，智慧门店可以实时监测门店内的各种数据，如库存水平、客户流量、货架陈列情况等，帮助零售商及时了解门店运营情况，并做出相应的调整和决策。

（2）精准营销策略

基于客户数据和市场趋势的分析，智慧门店可以制定更加精准的营销策略，选择更有效的推广渠道、优惠活动和广告投放方式，提高营销效果和回报率。

另外，自助结账系统和智能巡检机器人的应用减少了人力投入，降低了运营成本。门店员工可以将更多的时间用在与客户沟通上，更专注于提升客户服务质量，解决复杂问题，进一步提高整体运营效率。这种高效的运营模式使零售商能够更灵活地应对市场的变化，保持竞争力。

3. 优化库存管理

通过物联网技术的运用，智慧门店实现了库存管理的智能化和实时化。传感器和 RFID 技术能够实时监测商品的库存水平，使零售商精准地了解每个商品的销售状况，库存管理系统可以自动做出补货决策，以确保商品始终保持适当的库存水平，避免出现过度积货和商品过期的风险。这种高效的库存管理有助于提高库存周转率，降低库存成本，减少损失。

4. 增强品牌形象

通过融合现代科技与创新营销策略，智慧门店不仅重塑了客户的购物体验，还深刻影响了品牌与客户之间的关系。VR 智慧门店利用科技感十足的 VR 技术展示商家品牌形象，增强了品牌影响力，进而提升了品牌在市场上的竞争力。

智慧门店在创造新奇、有趣的客户体验的同时，还会充分利用各种营销手段，如 AI 数字人、真人讲解、图文介绍、视频介绍等，将门店优势全部展现出来，促使客户做出购买决策。

客户通过智慧门店的多元化交互功能可以直观地看到商品外观、尺寸等信息，这能给予客户更多有趣的体验，增强客户黏性，延长客户在门店的停留时间，提升客户的购买意愿。

5. 线上线下融合

智慧门店可以将线上渠道和线下渠道进行整合，实现多渠道销售和多渠道与客户互动，为客户提供一致的购物体验。客户可以通过线上平台浏览和购买商品，也可以在门店中体验和购买商品。

智慧门店不仅可以在实体门店中应用，还能一键接入微信、官网、地图 App、美团、口碑、抖音、快手等应用媒体，从而覆盖线下实体门店周边客户群体。

二、智慧门店建设的关键技术

在数字化时代，智慧门店作为零售行业的创新先锋，正引领着零售业的新潮流。智慧门店建设的关键技术主要包括以下几种。

1. 人工智能（AI）技术

人工智能技术在智慧门店中扮演着核心角色。通过 AI 算法，智慧门店可以实现对客户行为的精准分析，包括购物偏好、消费习惯等。这些数据有助于智慧门店进行个性化的商品推荐和营销活动，提高销售转化率。人工智能技术在智慧门店中的主要应用如下。

- 智能推荐系统：用于分析客户购物历史和偏好，推荐个性化的商品。
- 虚拟购物助手：用于与客户进行实时互动，提供介绍商品信息、回答客户问题等服务。
- 人脸识别技术：用于识别客户，提供个性化服务和便捷的支付体验。

2. 物联网（IoT）技术

物联网技术是智慧门店的基石，通过连接设备、传感器和商品，实现对商品和环境的实时监测。物联网技术可以帮助智慧门店实现对商品的智能管理，其在智慧门店中的主要应用如下。

- RFID 标签和读写器：用于实时跟踪商品的位置和库存。
- 传感器：用于监测环境条件，如温度、湿度，以确保商品的质量。
- 智能摄像头：用于实现人流统计、人脸识别和行为分析。

3. 大数据分析技术

大数据分析技术是智慧门店运营的重要技术支撑，为智慧门店提供了深入洞察客户行为、趋势和偏好的能力。通过整合来自各个渠道的数据，包括销售数据、客户反馈、市场趋势等，智慧门店可以更好地了解商品销售状况，调整库存策略，并根据实时需求调整价格和促销策略。这些数据分析能够帮助智慧门店管理者做出更明智的经营决策，提高整体运营效率。

4. 云计算技术

云计算技术为智慧门店提供了强大的数据处理和存储能力。基于云计算平台，智慧门店可以实现数据的集中存储和远程访问，确保业务的连续性和高效性。同时，云计算技术还提供了丰富的数据分析工具和算法库，支持智慧门店应对各种复杂的数据分析场景，提高数据分析的准确性和效率。

智慧门店要想引入云计算技术，需要考虑以下两点。

- 云服务器：提供弹性计算和存储资源，支持智慧门店的实时数据处理和分析需求。
- 云服务提供商：提供各类云服务，如亚马逊云服务（Amazon Web Services，AWS）、微软云（Microsoft Azure）、华为云、阿里云等，用于构建和管理智慧门店系统。

5. 移动技术

移动技术在智慧门店中的应用越来越广泛。通过移动应用，智慧门店员工可以随时查看商品信息、处理订单、管理库存等，从而提高工作效率。同时，移动应用还可以为客户提供便捷的购物体验，如扫码购物、自助结账等。移动应用还可以集成门店的会员系统、支付系统等，实现会员管理、积分兑换、优惠券发放等功能，增强客户黏性。

6. 虚拟现实（VR）与增强现实（AR）技术

智慧门店应用 VR 与 AR 技术，可以为客户带来全新的购物体验。通过 VR 技术，客户可以身临其境地体验商品；通过 AR 技术，客户可以在现实环境中看到商品的虚拟展示效果。这些技术不仅提升了客户的购物体验，还增强了商品的吸引力和销售力。

> **案例链接**
>
> **科技引领，华为智慧门店打造极致购物体验**
>
> 华为智慧门店是华为公司依托其强大的技术实力和丰富的行业经验打造的一种新型门店形态。
>
> 基于华为的鸿蒙系统，店内设备实现了智能互联，消费者在体验过程中可以轻松地将手机与平板电脑、计算机等设备进行连接和互动，例如，在平板电脑上操作手机上的应用，或者将手机上的文件快速传输到计算机上，提高工作和生活的效率。
>
> 门店还设置了不同的场景体验区，如智能家居体验区、智慧办公体验区、运动健康体验区等，将华为的各类商品相互连接，模拟出真实的使用场景，让消费者更直观地理解商品在不同场景下的应用和价值。例如，在智能家居体验区，消费者可以通过语音指令控制灯具、窗帘、空调等设备，感受智能家居带来的便捷生活。
>
> 华为智慧门店配备了智能导购系统，通过电子屏幕、智能终端等设备，可以为消费者提供商品信息、使用教程、推荐搭配等服务。消费者可以根据自己的需求，快速获取相关的商品信息和建议，方便选购。
>
> 门店利用大数据和物联网技术，可以对门店的客流量进行实时监测，对消费者的行为、偏好进行统计分析，其分析结果可以为门店的商品陈列、营销策略等提供有力的数据支持。
>
> 门店还可以利用智能货架和传感器实时监测商品状态与库存情况，提高商品管理效率。此外，门店还引入了自助结账系统和移动支付技术，减少了消费者的排队等待时间，提升了消费者购物体验。

三、智慧门店建设的策略

打造智慧门店的目的是重构门店"人""货""场"，助力品牌和门店建立起与客户的深度链接，帮助零售门店实现数字化、智能化转型。对于品牌商来说，从客户进店、逛店到购买、交易、离店，整个服务链路实现数字化，可以更好地了解目标受众，更快速地了解门店的经营现状，从而做出更精准的经营决策，实现精准营销。

建设智慧门店就是将客户从进店到离店的全过程拆解成不同的场景，然后将不同的场景打造成"体验+互动+数字"一体化的智能应用场景。打造智慧门店的思路如图1-1所示。

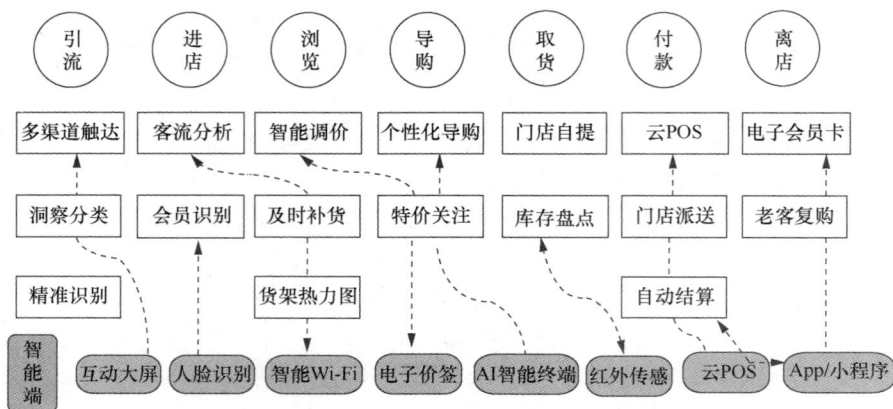

图1-1　打造智慧门店的思路

1. 门店引流

随着电商的发展，实体店遇到的最大问题就是客流量减少。而大量数据表明，消费者对实体店还是有很大兴趣的。在门店引流方面，智慧门店可以采用以下方案。

（1）布置智慧大屏

智慧大屏是智慧零售的核心组件，它集成了多种先进技术，具有信息展示、互动体验、导览导航等功能。在门店门口布置有趣的智慧大屏，客户可以通过触控操作、语音交互等多种交互方式，浏览商品详情、参与互动游戏或领取优惠券等，增强购物过程中的趣味性和互动性。智慧大屏还能展示门店的最新促销活动、热销商品、新品上市等信息，以吸引客户的注意，增加进店客流，如图1-2所示。

图1-2　智慧大屏示例

（2）线上消费，门店自取

客户可以在线上消费后选择前往门店自取。门店自取一方面可以帮助客户完成商品线下体验环节；另一方面还可以吸引客户到店接触到更多的品牌商品与信息，提升门店的商品销量。

（3）发放优惠券

结合客户画像数据，门店通过各个线上流量入口将优惠券推送给目标消费群体，并将这部分目标消费群体吸引到店，使其核销使用优惠券。同样，推送门店活动也是吸引客户的手段之一。

2. 客户进店

有些传统零售门店还没有建立会员管理系统，无法有效地整合会员数据，而智慧门店将各个系统的会员数据全部打通，并且与门店导购、服务设施结合起来，提供人性化服务和个性化权益，进行精细化运营。

（1）客流分析

基于人脸与人体识别、大数据分析能力，在门店出入口、室内安装 AI 摄像头，布设 Wi-Fi，实时监测客流量，分析客户属性特征和行为轨迹，打通客户线上线下行为数据，挖掘客户的消费水平、兴趣偏好、购买意图等深层属性。

- AI 摄像头与数据分析：利用 AI 摄像头进行人脸识别和客流分析，能够实时统计进店客户的数量、性别、年龄分布等，为门店提供精准的客流量数据。
- 智能推荐与引导：基于客户的历史消费记录、购物偏好等数据，通过智能推荐系统为客户提供个性化的购物建议，并引导他们前往可能感兴趣的商品区域，从而实现有效的客流分流。
- 热销区域引导：利用数据可视化技术展示热销商品区域和促销活动区域，吸引客户前往并促进销售。

（2）会员识别

智慧门店利用先进的人脸识别技术和数据管理系统，实现会员的快速识别并提供个性化服务。通过人脸识别技术，会员在进店时即可被快速识别，无须携带会员卡或进行其他烦琐的验证操作。识别会员后，门店可以根据会员的消费记录、购物偏好等信息，提供个性化的购物建议和优惠活动，提升会员的购物体验，增强其忠诚度。

智慧门店的数据管理系统能够自动采集会员的数据信息，并与客户关系管理（Customer Relationship Management，CRM）系统整合，形成完整的会员画像。基于会员画像数据，门店可以进行精准营销和个性化推送，例如，向会员发放专属优惠券，推荐符合其喜好的商品等。

3. 逛店浏览

传统门店在客户逛店过程中的互动方式较单一，一般只有导购讲解。而智慧门店可以为客户提供多样化的互动体验，延长客户的停留时间，激发客户的购物欲望，促进客户消费。打造智慧门店在此环节可以考虑以下方案。

（1）增强 AR 与 VR 体验

智慧门店运用 AR 与 VR 技术，为客户提供沉浸式的购物体验。客户可以通过手机或店内设备，在虚拟环境中试穿衣物、预览家居布置效果，甚至参与互动游戏等，从而增加逛店的趣味性和参与感。

（2）智能货架

智能货架是智慧门店中的重要组成部分。从功能上看，智能货架具备商品识别功能，通过 RFID 技术、传感器等，可以实时监测货架上商品的数量、位置等信息，当商品库存不足时还能够及时提醒工作人员补货，避免出现缺货情况而影响销售。

在客户体验方面，智能货架可以与客户进行互动。例如，当客户拿起某件商品时，货架上的显示屏可以自动播放该商品的详细介绍、使用方法、促销信息等，帮助客户更好地了解商品并做出购买决策。同时，智能货架还可以根据客户的浏览历史和偏好，为其推荐相关商品，提高交叉销售的机会。

对于门店管理而言，智能货架提供了精准的数据支持。管理者可以通过智能货架收集的客户行为数据分析客户对不同商品的关注度、停留时间等，从而优化商品陈列布局，提高商品的曝光率和销售转化率。此外，智能货架还可以与门店的库存管理系统、销售管理系统等进行无缝对接，实现数据的实时共享和协同管理。

（3）客户服务

智慧门店利用智能客服系统和移动应用程序为客户提供即时的咨询、反馈和售后服务。客户可以通过这些渠道随时提出疑问、分享意见或寻求帮助；而门店则能迅速响应并解决问题，进一步提高客户的满意度和忠诚度。

4. 导购服务

在传统零售门店运营中，导购的人工费用是一笔较高的资金投入，而且人工导购全凭个人经验与客户交流，无法精确判断客户的兴趣与偏好，转化率较低。而智慧门店采用智能导购助手解决了这一问题。

智能导购助手融合了多方面的门店运营管理功能，有便捷的信息交互功能，还有导购成长学习、导购激励、导购社群、任务管理、店务管理、运营决策等功能，能够以导购为中心，实现精细化运营。智能导购助手有完善的会员信息，会员进店后，能帮助商家及时提供会员关怀、针对性导购等个性化服务，从而促进消费转化。

5. 购物取货

客户购物后还可自主选择取货方式，包括门店自提、预约取货或送货上门。有些智慧门店设有自助取货区，客户可以通过自助取货机或智能储物柜自行取货。

客户也可以在线预约取货时间，门店会根据预约情况提前准备商品，确保客户在预约时间内能够顺利取货。如果客户不方便取货，也可以在下单时选择送货上门，并填写收货地址和联系方式，门店会安排快递员或自有配送团队将商品送达指定地点。

6. 交易付款

传统的零售门店大多采用人工收银的方式，在购物高峰期容易出现排长队现象，延长了客户等待时间，带给客户不良的购买体验。而智慧门店设置了自助收银机、扫码购物机等设备，购买少量商品的客户可以快速结算离店，从而缩短等待时间。

智慧门店的客户交易付款环节高度集成现代科技，提供了多样化的支付方式（如银行卡、移动支付、刷脸支付等），可以确保客户获得无缝对接的支付体验；采用多重安全保障机制保护客户信息和交易数据安全，并融入智能化元素，如个性化推荐和自助结账，提高了支付效率；在客户支付后，还提供订单查询、物流追踪及客服支持等全方位服务，能确保客户购物无忧。

7. 离店复购

当客户在智慧门店完成购物准备离店时，他们的购物旅程并未结束，而是以一种新的方式继续延伸。通过扫描购物小票上的二维码或关注门店的微信公众号/小程序等，客户可以轻松地加入会员体系，享受会员专属的优惠和服务。这一过程不仅简化了会员注册流程，还实现了客户数据的快速收集和整合，为后续的精准营销打下了坚实的基础。

在客户离店后，智慧门店的复购环节便悄然启动。通过线上商城、小程序、App 等渠道，门店可以持续向客户推送个性化的商品推荐、优惠券、促销活动等信息，激发客户的购买欲望，引导他们再次前来购买商品。

同时，智慧门店还可以利用大数据分析技术，对客户的购物行为进行实时监测和分析。当发现客户有潜在的购物需求时，门店可以及时推送相关的商品信息和优惠活动，提高客户的购买转化率和复购率。

📈 项目实训：李宁品牌全渠道运营策略分析

1．实训背景

李宁品牌作为我国知名的运动品牌，一直致力于为消费者提供专业且高质量的商品体验和运动体验。面对消费市场的变化与竞争压力，以及消费者购物习惯向线上线下融合的转变，李宁品牌积极应对，利用云计算、大数据、人工智能等前沿技术推动数字化转型。李宁品牌选择持续聚焦全渠道运营策略，在强化渠道零售效率的同时，借助数字化实现破局，以门店为核心，各渠道全面持续拥抱数字化，不断提升精细化运营水平。

在线上线下一体化运营中，李宁品牌通过"商品通""价格通""营销通""会员通""服务通""渠道通"六通策略来实现品牌的渠道融合，确保消费者在李宁品牌多渠道购物体验的一致性。此外，李宁品牌还通过管理"人""货""场"等，赋能数字化门店，提升门店运营能力和服务水平。

李宁品牌的全渠道运营策略分阶段进行，首先运用六通策略，搭建全渠道运营的基础框架，然后通过赋能数字化门店，进一步提高渠道运营效率和消费者体验。在整个全渠道运营过程中，李宁品牌注重线上线下的融合，通过多种方式吸引消费者参与，提高了品牌知名度和市场份额。

2．实训要求

在网上搜索李宁品牌全渠道运营策略的相关内容，并结合案例内容分析全渠道运营的侧重点，以及李宁品牌是如何实现数字化门店转型成功的。

3．实训思路

（1）搜索李宁品牌的全渠道运营活动

在网上搜集李宁品牌线上线下融合营销活动的相关案例，以及消费者的反馈。

（2）分析全渠道运营的侧重点

重点分析李宁品牌的商品管理与多渠道布局策略，以及门店升级与客户管理方面的内容。

（3）梳理内容，以文本结合 PPT 的形式完成

整理案例及分析内容，以文本结合 PPT 的形式完成。

📈 巩固提高 ●●●●●●

一、单选题

1．在数智化全面发展阶段，零售企业全面应用基于（　　）的经营决策，实现运营自动

化和智能化，大规模降本增效。

    A. 大数据分析   B. 商品管理   C. 渠道拓展   D. 市场调研

2.（   ）致力于确保消费者在每个渠道上都能有良好的购物体验。

    A. 合理的商品组合   B. 全渠道运营

    C. 线上营销   D. 实体店促销活动

3. 下列选项中，（   ）不属于零售门店全渠道运营的核心优势。

    A. 确保消费者获得良好的购物体验

    B. 提升企业竞争力

    C. 实现商品精准营销

    D. 仅仅将线上线下渠道串联起来

4. 全渠道运营的关注对象是（   ），而多渠道运营的关注对象是（   ）。

    A. 客户 商品   B. 供应链 销售渠道

    C. 线上商品 线下商品   D. 商品 客户

5. 在"人""货""场"等要素中，（   ）是全渠道运营的核心。

    A. 场   B. 货   C. 人   D. 以上都不是

二、判断题

1. 零售具有直接面向消费者、商品多样性、销售渠道多样、注重消费者体验等特点。

                                           （   ）

2. 全渠道运营以消费者为中心，强调在线渠道和离线渠道的融合。   （   ）

3. 数字化转型不仅体现在线上渠道的布局和创新上，还体现在线下门店的改造和升级中。   （   ）

4. "货"指的是企业提供的商品或服务，是全渠道运营的关键。   （   ）

5. 消费者的消费活动的驱动因素主要是购买、娱乐和社交。   （   ）

三、问答题

1. 数字化零售的发展分为哪几个阶段？

2. 全渠道运营的驱动力主要有哪些？

3. 智慧门店的优势体现在哪些方面？

运营数据采集与分析

知识目标

➢ 了解零售业数据分析的内容与指标。
➢ 掌握采集运营数据的原则和方法。
➢ 了解 SWOT 分析模型、RFM 客户价值分析模型与 GROW 增长模型。

技能目标

➢ 能够灵活运用 SWOT 分析模型。
➢ 能够灵活运用 RFM 客户价值分析模型。
➢ 能够灵活运用 GROW 增长模型。

素养目标

培养数据运营思维，能够从复杂的数据集中提取关键信息，养成善于运用数据进行运营分析的习惯。

项目导读

在零售行业，运营数据的采集与分析至关重要，其意义在于揭示消费者行为、市场趋势，从而优化经营策略，提高业绩。企业要收集销售记录、消费者行为数据、市场调研数据等，整合线上线下数据资源，建立全面的数据库，然后运用数据分析工具进行多维度分析。通过这些分析，企业能够洞察市场变化、优化商品结构、库存管理、营销策略和供应链管理，评估营销活动效果，实现精准决策和业务增长。

知识导图

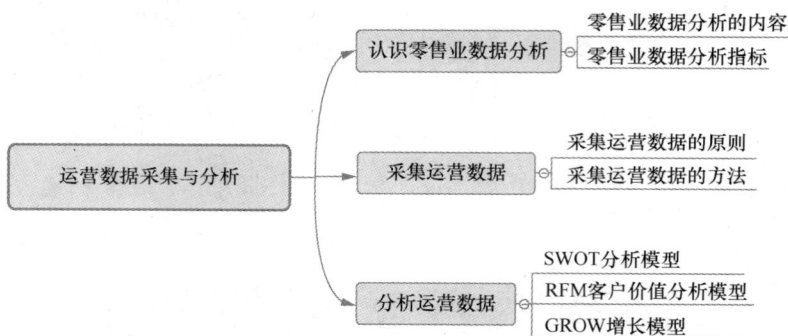

案例导入

数据助力苏宁易购，精细化运营带来稳健突破

在 2024 年竞争激烈的商业环境中，苏宁易购以稳健的步伐实现了自我突破。2024 年上半年，苏宁易购持续聚焦降本增效，实现扭亏为盈，二季度盈利 1.12 亿元，同比增长 106.10%。

行业分析人士指出，2024 年上半年，苏宁易购聚焦于家电 3C、实体零售等领域的优势，稳健恢复发展，向市场传递了明显的复苏信号。随着消费市场的回暖和家电以旧换新政策的助力，苏宁易购家电主渠道优势有望进一步显现，迎来新的发展增量。

2024 年上半年，苏宁易购以客户服务为核心，全面推进线上线下精细化运营策略，不仅在大店升级、零售云业务拓展、电商服务优化等方面取得了显著的成效，还通过提高供应链效率、丰富服务产品矩阵及拓展新业务领域，进一步巩固了其在家电零售市场的领先地位。

精细化运营策略离不开数据运营，苏宁易购进行数据运营的举措主要体现在以下几个方面。

（1）引入先进的管理软件

苏宁易购引入了先进的管理软件，以提高门店的运营效率和管理水平。这些软件能够实时收集和分析门店的销售数据、库存数据、客户行为数据等，为企业的决策提供数据支持。

（2）移动支付与数据分析相结合

苏宁易购支持多种移动支付方式，提高了门店收银效率和支付的便利性。同时，通过移动支付产生的数据，苏宁易购能够分析客户的支付习惯、消费偏好等，为精准营销和个性化服务提供依据。

（3）会员数据分析

苏宁易购通过分析会员数据，深入了解会员的消费习惯和需求。会员数据包括会员的购买频率、购买品类、购买金额等，能够为门店的经营决策提供数据支持，如制定有针对性的营销策略、优化商品结构等。

（4）多渠道数据采集

苏宁易购不仅关注线下门店的运营数据，还积极收集线上平台的数据。通过线上线下数据的融合分析，苏宁易购能够更全面地了解市场动态和客户需求，为全渠道零售策略的制定提供依据。

（5）供应链数据分析

苏宁易购利用数据分析优化供应链管理，包括库存周转率、供货商绩效评估、物流配送效率等。通过数据分析，苏宁易购能够及时发现供应链中存在的问题，并采取相应措施进行优化，提高供应链的整体效率。

任务一　认识零售业数据分析

零售业数据分析是指通过对零售业务中产生的各项数据进行收集、整理、分析与挖掘，以揭示业务运营状况、客户行为、商品销售趋势等关键信息，从而为企业的决策制定提供科学依据的过程。零售业数据分析对于提高零售企业的运营效率、优化商品结构、增强市场竞争力具有重要意义。

一、零售业数据分析的内容

随着移动互联网的普及、人们消费水平的升级，零售企业的数字化转型和零售业数据分析势在必行。零售业数据分析的内容涉及以下几个方面。

1. 客户分析

客户分析是零售业数据分析的核心，是对客户购买习惯、偏好、购物路径等的全面分析。通过对客户数据的挖掘与分析，零售企业可以更好地了解客户需求，从而有针对性地推出符合客户期望的商品和服务。客户分析主要涉及以下几个方面。

- 购买习惯：分析客户的购买频率、购买金额、购买时间等，了解其购买行为模式。
- 偏好分析：通过了解客户对商品、广告等的点击情况及对商品的评价互动，分析客户对商品类别、品牌、价格等的偏好，以便进行精准营销。
- 购买路径：通过跟踪客户在购物过程中的各个环节，如浏览、加入购物车、下单付款等，了解其购买决策过程。
- 客户忠诚度：通过复购率、会员活跃度等指标评估客户对品牌的忠诚度。

案例链接

南京新百会员数据整合，挖掘客户需求，开启精准营销

随着市场竞争的加剧，南京新街口百货商店股份有限公司（以下简称"南京新百"）专注会员管理，研发了"智慧导购"平台，将会员资产赋能一线导购，将数据能力转化为导购服务客户能力，为导购销售工作提供数据侧指导建议，从而提升了企业的核心竞争力。

南京新百结合门店运营痛点，对会员数据资产进行整合，将合规数据信息前置，加工成有利于导购了解、分析客户并进行营销的"宝典"，如客户画像、消费洞察等详细信息。一方面，导购可以了解客户潜在需求、商品偏好，以此进行精准营销；另一方面，导购可以对比客户历年消费流程，挖掘潜在的消费机会。

同时，导购参与客户画像的完善，用数据反馈客户的客观画像。此外，导购印象则可

以标记客户的主观画像，"数据画像+导购印象"双轮驱动，提高了客户洞察细粒度，如图 2-1 所示。平台提供数百种标签，多重保障了客户洞察深度，从而能够挖掘客户购物需求，开启精准营销，更好地为客户提供服务。

图 2-1 南京新百的客户画像示例

2. 销售与渠道分析

销售与渠道分析直接关系到企业的销售业绩和市场竞争力。通过对销售数据和渠道数据进行深入分析，零售企业可以了解商品的市场表现、销售渠道的效率及市场需求的动态变化，从而制定更加精准的销售策略和渠道布局策略。

- 销售数据分析：分析销售额、销量、毛利率等指标，评估销售业绩。
- 渠道数据分析：分析不同销售渠道（如线上商城、线下门店、移动应用等）的销售贡献度和效率，合理配置资源。
- 营销活动分析：跟踪和分析不同市场营销活动的效果，如广告投放效果、促销活动的销售增长率等，优化营销策略。

3. 商品与库存管理

通过对商品销售数据和库存数据进行分析，零售企业可以优化商品结构和库存管理策略，提高经营效益。商品销售数据与库存数据分析包括以下几个方面。

- 商品销售数据分析：分析商品的销售额、销量、动销率、售罄率等指标，评估商品的市场表现。
- 库存数据分析：分析库存量、库存周转率、库存天数等指标，优化库存管理策略。
- 商品结构优化：根据商品销售数据和市场需求变化调整商品结构，优化商品组合。

4. 员工与绩效分析

零售业数据分析还涉及企业员工与绩效分析，通过对销售人员、采购人员等关键岗位员工进行数据分析，评估员工绩效，提升员工的积极性。

- 员工绩效分析：分析销售人员、采购人员等关键岗位员工的销售业绩、毛利贡献等指标。
- 人员结构分析：分析企业的人员构成、年龄结构、学历结构等，为人力资源规划和调整提供依据。

5. 供货商分析

供货商分析是指对供货商相关数据进行分析处理的过程，目的是发现与供货商相关的潜在问题和机会，以优化企业和供货商之间的合作关系并提高采购效率。供货商分析主要包括以下几个方面。

- 供货质量分析：分析供货商提供的商品或服务的合格率、不合格率、质量稳定性等，评估供货商的质量管理体系和质量控制能力。
- 商品价格分析：比较供货商报价与市场平均价或竞争对手的采购价，评估其价格竞争力。
- 交货期分析：统计供货商的准时交货率、交货周期等指标，分析供货商在应对紧急订单或生产变更时的响应速度和调整能力。
- 风险分析：识别潜在的供应链风险，如供货商破产、供应链中断、质量波动等，评估风险发生的可能性和影响程度，制定应对措施。
- 绩效综合评价：综合供货质量、价格、交货期等多个方面对供货商进行绩效评价，根据评价结果对供货商进行分级管理，制定不同的合作策略。

6. 市场与竞争分析

市场与竞争分析主要包括以下几个方面。

- 市场份额：分析企业在市场中所占的份额和地位，以了解零售市场的竞争格局。
- 市场趋势：预测市场的发展趋势和变化，以帮助企业把握市场机遇。
- 竞争对手：分析竞争对手的优劣势、市场策略和动向，以制定有效的竞争策略。

二、零售业数据分析指标

在数字化时代，消费者行为会被记录并转化为数据。当大量的数据汇聚在一起后，企业便可以运用科学的分析方法对其进行分析，进而获得客观的统计结论，这有助于预测消费者的行为与需求，指导企业制定有针对性的营销策略。

无论是线上还是线下，"人""货""场"都是零售运营的核心要素。零售业数据分析可以围绕"人""货""场"3个维度展开。

1. 与"人"相关的数据分析指标

"人"包括企业员工与客户。与"人"相关的常用数据分析指标如表 2-1 所示。

表 2-1　与"人"相关的常用数据分析指标

"人"	数据分析指标	指标含义	备注
员工	成交率	成交率=成交客户数÷客流量×100%	可用于评价店铺或员工的销售效果，该指标与商品陈列方式、商品销售价格、促销活动等因素相关
	销售完成率	销售完成率=销售完成数÷目标数×100%	可用于评价店铺或员工的销售能力
	平均接待时长	平均接待时长=接待所有客户花费的时间总和÷接待客户数	可用于评价员工的工作能力
	平均成交时长	平均成交时长=促使客户完成交易花费的时间总和÷成交客户数	可用于考察员工的工作效率。在具体应用中，需要将该指标与客单价结合，通常来说，用最短的时间成交最高金额的员工被认为是优秀员工
	投诉率	投诉率=发起投诉的客户数÷客户总数×100%	可用于评价员工的服务水平、商品的质量水平、店铺的服务水平等

"人"	数据分析指标	指标含义	备注
员工	员工流失率	员工流失率=某个周期内流失员工总数÷[（该周期期初员工总数+该周期期末员工总数）÷2]×100%	反映店铺的管理水平、店铺的经营水平、店铺实施某项制度对员工的影响程度等
	工资占比	员工工资占比=企业支付的员工工资总额÷销售额×100%	可用于评价店铺的人力成本情况、店铺的盈利能力、店铺的员工关怀情况
客户	客单价	客单价=某个时间段内销售总金额÷产生交易的客户数	可用于评价店铺员工的销售能力、店铺内客户的消费能力、店铺的销售能力等
	件单价	件单价=某个时间段内销售总金额÷销售的商品的总数量	可用于评价店铺内商品的价值、员工的销售能力
	连带率	连带率=销售总数量÷成交总单数×100%	可用于评价店铺的销售能力、店铺内商品的受欢迎程度
	新增会员数	新增会员数=期末会员总数－期初会员总数	可用于评价某个时间段内店铺的经营效果、某项推广活动的效果
	会员增长率	会员增长率=某个时间段内新增会员数÷期初有效会员数×100%	可用于评价某个时间段内店铺的客户增长速度和市场发展趋势
	会员贡献率	会员贡献率=会员产生的销售总金额÷销售总金额×100%	可用于评价会员质量、会员的消费水平等
	会员回购率	会员回购率=某个时间段内产生交易的老会员数÷期初有效会员总数×100%	可用于评价会员的活跃度、会员的忠诚度
	会员流失率	会员流失率=某个时间段内流失的会员数÷期初有效会员总数×100%	可用于评价会员的忠诚度
	会员平均年龄	会员平均年龄=所有会员年龄总和÷有效会员总数	可用于评估店铺会员的年龄水平，了解会员的心理状态、消费需求和消费行为特征

2. 与"货"相关的数据分析指标

"货"指商品，在零售业中，与商品相关的数据分析指标包括商品采购环节数据指标、商品供应链环节数据分析指标、商品销售环节数据分析指标、商品售后环节数据分析指标，如表 2-2 所示。

表 2-2 与"货"相关的常用数据分析指标

商品环节	数据分析指标	指标含义	备注
采购环节	广度	广度比=采购的商品品类数÷可采购的商品总品类数×100%	可以反映商品品类的多样化程度
	宽度	宽度比=采购的 SKU 总数÷可采购的商品 SKU 总数×100%	代表了店铺内商品的丰富程度和商品可供消费者选择的程度。宽度越大，商品可供消费者挑选的空间就越大
	深度	深度比=采购的商品总数量÷采购的 SKU 总数×100%	代表了店铺内某类商品可销售的数量
	覆盖度	覆盖度=销售某款或某品类商品的店铺数÷适合销售该商品的总店铺数×100%	可用于衡量连锁性质的品牌商和企业的商品铺货率
供应链环节	订单满足率	订单满足率=订单中能够供应的商品数量总和÷订单商品数量总和×100%	可用于评价仓库的缺货情况
	订单执行率	订单执行率=能够执行的订单数量÷订单总数量×100%	可用于评价企业的储运情况

商品环节	数据分析指标	指标含义	备注
供应链环节	准时交货率	准时交货率=准时交货的订单数÷可以执行的订单数×100%	可用于评价企业供应链服务的效率
	订单响应周期	订单响应周期=系统中确认收货的时间－系统中下单的时间	可用于评价企业的供应链运作效率
	库存周转率	第一种计算方法：库存周转率=出库数量÷[（期初库存数量+期末库存数量）÷2]×100%；第二种计算方法：库存周转率=销售数量÷[（期初库存数量+期末库存数量）÷2]×100%	从实际运营来看，一件商品只被销售一次，但是，如果某件商品被退货，则会出现一件商品销售多次的情况
	平均库存	平均库存=（期初库存数量+期末库存数量）÷2	期初库存是指某个计算时间段内计算日期开始时的库存；期末库存是指某个计算时间段内计算日期结束时的库存。期初库存、期末库存和平均库存是评价库存数量的重要指标
	库存天数	库存天数=期末库存金额÷（某个销售期的销售金额÷销售期天数）	可用于衡量店铺是否有缺货的风险
	库销比	库销比=期末库存金额÷某个销售期的销售金额×100%	可衡量某个销售时期店铺的管理效率和销售情况，一般用于年度指标评估
	有效库存比	有效库存比=有效库存金额÷总库存金额×100%	一般来说，有效库存是指能够给店铺带来销售价值的库存
销售环节	货龄	商品的年龄	一般来说，货龄越大、库存越大的商品越需要进行价格调整
	售罄率	售罄率=某个时间段内商品的销售数量÷商品的到货量×100%	反映了商品的销售速度
	折扣率	折扣率=商品实收金额÷商品标准零售价金额×100%	可用于评价店铺的利润水平
	动销率	商品动销率=某个时间段内商品累计销售数量÷商品库存数量×100%	可用于评价商品销售与库存备货之间的匹配度
	当天缺货率	当前缺货率=当天缺货SKU总数÷当天销售SKU的总数	可用于评价商品销售与库存的匹配度
	品类结构占比	品类结构占比=某品类销售额÷总销售额×100%	可用于评价店铺存货结构或店铺进货结构是否合理
	价位段占比	价位段占比=某个价位段内商品的销售额÷总销售额×100%	可用于评价店铺内商品定价是否合理
	正价销售占比	正价销售占比=按照正价销售的商品的销售额÷总销售额×100%	可用于评价店铺的利润水平，是员工销售能力和企业管理能力的综合体现
	商品现值	商品当前被消费者认可的价值	与货龄、库存和售罄率相关
	滞销品销售占比	滞销品销售占比=滞销品销售数量÷商品总销量	可用于评价店铺的商品结构、商品的销售情况
	退货率	第一种计算方法：退货率=某个周期内退货的商品数量÷该周期内销售的商品总数×100%；第二种计算方法：退货率=某个周期内退货的订单数量÷该周期内达成交易的订单总数量×100%	可用于评价商品质量、店铺和员工的服务水平等
	残损率	残损率=残损商品数÷商品总数×100%	这是分析店铺销售利润的指标之一，也是分析供应链工作质量和效率的指标之一

商品环节	数据分析指标	指标含义	备注
售后环节	客户满意度	客户满意度=（给满意评价的客户数÷总调查客户数）×100%	可衡量客户对店铺售后服务的整体满意程度
	净推荐值	净推荐值=（推荐者比例－贬损者比例）×100%	用于衡量客户向他人推荐店铺产品或服务的可能性
	客户投诉率	客户投诉率=（投诉客户数÷总交易客户数）×100%	它是售后问题的"晴雨表"，同时关乎店铺信誉度
	售后问题解决率	售后问题解决率=（已解决问题数÷总问题数）×100%	这是衡量售后团队解决问题能力的重要指标
	售后成本占比	售后成本占比=（售后总成本÷产品销售收入）×100%	它可以帮助店铺评估售后环节的成本效益，合理控制售后成本
	客户留存率	客户留存率=（售后继续购买的客户数÷售后服务前的客户数）×100%	这是衡量售后环节对客户忠诚度影响的重要指标
	平均解决时间	将所有客户问题的解决时间相加，然后除以问题总数	它体现了售后团队的工作效率

3. 与"场"相关的数据分析指标

"场"包括线下实体门店和线上网店或官方商城，与"场"相关的常用数据分析指标如表 2-3 所示。

表 2-3　与"场"相关的常用数据分析指标

"场"	数据分析指标	指标含义	备注
线下实体门店	预测额	根据不同的依据形成的预测销售额度	可用于评估销售任务，制定销售目标
	进店率	进店率=进店人数÷路过人数×100%	可用于评价门店对顾客的吸引程度
	试穿率	试穿率=试穿商品的顾客数÷进店人数×100%	可用于评价商品对顾客的吸引程度
	成交率	成交率=成交顾客数÷进店人数×100%	可用于评价员工的销售能力、顾客对商品的需求程度
	坪效	实体门店每坪（约 3.3057 平方米）面积可以产出多少营业额。坪效=某个区域产生的销售额÷该区域面积	可用于评价某个门店或某个流程的销售效果
	人效	人效=某个团队的销售额÷该团队人数	可用于评价某个团队的销售效率、门店的人力成本，帮助门店进行合理的人力资源配置
	每平方米租金	每平方米租金=租金÷面积	可用于评价门店的成本、盈利水平
	净开店率	净开店率=（开店数－关店数）÷期初店铺总数×100%	可用于评价实体门店的扩张速度
线上网店或官方商城	浏览量	店铺各页面被查看的次数	一个访客多次点击或者刷新同一个页面被记为多次浏览，累加不去重
	访客数	某个时间段内全店铺各页面的访问人数	在所选时间段内同一个访客多次访问同一个页面会进行去重计算
	访问深度	访客连续访问的店铺页面数	可用来评价网店商品或页面对访客的吸引程度
	跳失率	访客通过相应的入口访问店铺，只访问一个页面就离开的人数占通过该入口访问店铺的总人数的比例	衡量网店转化率的重要指标

续表

"场"	数据分析指标	指标含义	备注
线上网店或官方商城	添加转化率	添加转化率=把某款商品添加到购物车的人数÷访问该款商品的总人数×100%	可用于评价某款商品对顾客的吸引程度，也是评价某款商品订单转化率的重要指标之一
	成交转化率	成交转化率=达成交易的人数÷访问总人数×100%	可用于评价网店的销售水平，也可用于评价某款商品的受欢迎程度

任务二　采集运营数据

随着市场竞争的日益激烈与客户行为的不断演变，零售企业不再仅仅依赖于传统的销售数据与经验判断来指导决策，而是通过高效、全面地采集运营数据，深入洞察市场动态、客户需求、商品表现及供应链效率等，为精准营销、库存管理、供应链优化等提供有力的数据支撑。

一、采集运营数据的原则

数据采集是信息时代的重要环节之一，也是各种业务决策的基础，只有准确、可信的数据才能为决策提供有力的支持。企业在进行运营数据采集时要遵循以下原则。

1. 目标性原则

企业要明确数据采集目标，知道采集哪些数据，将这些数据用于何种用途，这样才能有针对性地采集数据，避免采集无用数据或无效数据，从而提高数据采集的效率。

2. 可靠性原则

数据来源的选择很重要，不同来源的数据有不同的质量、准确性和可信度。在选择数据来源时，企业要考虑数据的来源渠道、数据来源的可靠性，以及数据提供方的信誉度等。只有选择合适的数据来源，数据的准确性和可信度才能得到保证。可靠的数据来源包括官方机构发布的数据、权威的研究报告和调查数据，以及经过严格审核和筛选的第三方数据等。

3. 科学性原则

在进行数据采集时，企业要采用科学的方法和工具，提高数据采集的科学性和准确性。

另外，数据类型和采集目的不同，需要采用的采集方法也不同，选择合适的采集方法可以提高数据采集的效率和精度。例如，对于统计数据和宏观经济数据，可以采用爬虫技术和数据挖掘技术进行快速采集和分析；对于文本数据和含义丰富的图像数据，可以采用自然语言处理和图像分析技术进行采集和分析。

4. 安全性原则

在进行数据采集时，企业要遵守相关的隐私政策和法律法规，保护用户的数据隐私。例如，采集数据时需要得到用户的同意，遵循个人隐私数据保护的法律法规，不得擅自收集和使用用户的个人数据。

在数据采集和处理过程中，企业必须保证数据的安全性和机密性。采集到的数据必须存储在安全、可靠的平台上，防止数据丢失、泄露或被篡改。同时，对于涉及商业机密或个人隐私数据的采集任务，企业要制定严格的数据安全和保密措施，以保证数据的完整性和保密性。

5．准确性原则

采集数据之后，企业要对采集的数据进行质量检验和核实，确保数据的准确性和可信度。企业可以使用数据分析工具对数据进行分析和比对，检查数据的一致性、完整性和逻辑性，确保数据的质量能够达到要求。

6．规模性原则

数据采集要全面覆盖相关领域，以确保数据的完整性和广泛性。通过收集全面的数据，企业可以更好地了解问题的全貌，减少片面结论的出现。在数据全面的基础上，数据还要具有多样性，企业不仅要收集结构化数据，还要收集非结构化数据，提供更丰富的信息，以更准确地理解事物。数据的全面覆盖和多样性才能表明数据的规模性，大规模的数据可以提供更多的统计支持，使分析结果更有说服力，同时帮助企业发现一些隐藏在数据中的规律和趋势。

▌二、采集运营数据的方法

不同的数据采集类型具有各自的优缺点和适用场景。在实际应用中，企业要根据具体任务需求和数据特点选择合适的采集方式，并进行有效的数据处理和分析，以提高数据价值，实现业务目标。

采集运营数据的方法主要有以下几种。

1．网络爬虫

网络爬虫是一种自动化、高效率的数据抓取工具，它通过模拟人类观看浏览器的行为，自动化访问网站并提取所需的信息。网络爬虫适用于获取广泛的大规模结构化数据，如产品价格、股票行情等，多应用于搜索引擎、电商平台、社交媒体等领域。但是，网络爬虫的使用要受到法律法规和伦理道德等方面的限制。

2．文件导入

文件导入是指将本地或远程文件中的数据导入目标系统中。企业可以将 Excel、CSV 等格式的文件直接导入数据分析工具中进行处理。文件导入适用于小规模结构化数据的采集和处理，如导入员工信息、离线数据分析、数据备份和恢复等场景。文件导入需要考虑文件格式的兼容性和数据质量。在某些情况下，如客户反馈、市场调研结果等，可能需要人工手动录入到数据系统中。

3．API 接口采集

API 接口采集是指通过调用第三方 API 接口获取数据，这种方法被广泛应用于金融、物流、气象等领域。例如，企业通过门店 POS 系统的 API 接口，可以获取实时的销售数据，如销售额、销量、客单价等；通过供应商的 API 接口，可以获取供应商的交货准时率、产品质量合格率、售后服务响应时间等数据。

API 接口采集适用于获取实时性较强、数据量相对较小且需要频繁更新的数据。API 接口采集需要考虑接口的权限和调用频率，并进行数据处理与转换等操作。

4．传感器采集

传感器采集是指使用传感器设备采集实时性较强的非结构化数据，如温度、湿度、光照等。传感器采集适用于对环境和设备状态进行实时监测与控制，有助于提高生产效率和生活品质。

5. 日志采集

日志文件是记录用户行为和系统运行状态的重要工具，企业可以通过分析日志文件获取用户行为数据。例如，某电商网站可以通过分析用户访问日志了解用户喜好和购买习惯。日志文件还广泛应用于网络安全、运维管理等领域，可以帮助企业发现问题，优化系统性能，提升用户体验。

高可用性、高可靠性、可扩展性是日志采集系统所具有的基本特征，系统日志采集工具均采用分布式架构，能够满足海量的日志数据采集和传输需求。

6. 数据库采集

数据库采集是指通过连接数据库，并执行 SQL 语句获取数据，通常应用于大规模数据的查询和处理任务。例如，某电商网站可以通过查询订单数据库获取销售数据。数据库采集需要考虑数据源的安全性和可靠性，并且需要进行数据清洗和转换等操作。

随着大数据时代的到来，Redis、MongoDB 和 HBase 等非关系型数据库（NoSQL）也常用于数据的采集。企业可以通过在采集端部署大量数据库，并在这些数据库之间进行负载均衡和分片来完成大数据采集工作。

7. 图像识别

图像识别是一种重要的非结构化数据采集方式，可以从图片或视频中提取出所需信息。例如，某餐厅可以通过图像识别技术自动识别顾客点餐，并进行智能推荐。

8. 社交媒体监测

社交媒体监测是一种针对社交媒体平台的数据采集与分析方式，可以了解用户在社交媒体平台上的活动和态度等。例如，某品牌通过监测社交媒体平台上的讨论话题来了解用户对该品牌的评价和意见反馈。

任务三　分析运营数据

在当今复杂多变的零售市场中，对运营数据进行分析不仅是企业管理的基石，还是驱动创新与决策优化的重要引擎。分析运营数据是指运用大数据、人工智能等先进技术，深入挖掘数据背后的规律与趋势，发现潜在的市场机会与风险点，为企业的战略制定、产品优化、服务提升等提供科学依据。

一、SWOT 分析模型

SWOT 分析是指企业基于内外部竞争环境和竞争条件所进行的态势分析，即将主要的内部优势、劣势和外部的机会、威胁等通过调查列举出来，并依照矩阵形式进行排列，然后运用系统思维把各种因素相互匹配并加以分析，从中得出一系列相应的结论，以指导企业做出战略性决策。

SWOT 由优势（Strengths）、劣势（Weaknesses）、机会（Opportunities）、威胁（Threats）4 个英文单词的首字母组合而成。其中，优势和劣势来自企业内部，机会和威胁则来自外部环境。

构建 SWOT 分析模型的步骤如下。

1. 分析环境因素

企业可以运用各种调查研究方法，分析企业所处的各种环境因素，即外部环境因素和内部环境因素。外部环境因素包括机会因素和威胁因素，它们是外部环境对企业发展产生直接影响的有利和不利因素，属于客观因素。内部环境因素包括优势因素和劣势因素，它们是企业在发展过程中自身存在的积极和消极因素。在调查分析这些因素时，不仅要考虑企业的历史与现状，还要考虑企业的未来发展问题。

- 优势（Strengths），指相对于竞争对手，企业所具有的科学技术、产品质量、资金实力、市场份额、成本、企业形象及其他方面的优势等。
- 劣势（Weaknesses），指影响企业经营效益的不利因素，如设备陈旧、管理不善、研发落后、资金短缺、产品积压、竞争力差等。
- 机会（Opportunities），指在外部环境变化趋势中，对本企业营销有利的方面，如新产品、新市场、新需求等。
- 威胁（Threats），指在外部环境变化趋势中，对本企业营销不利的方面，如新的竞争对手出现、替代产品增多、行业政策发生变化、经济衰退、消费者偏好发生改变、出现突发事件等。

2. 构建 SWOT 矩阵

企业要将调查得出的各种因素根据轻重缓急或影响程度进行排序，构建 SWOT 矩阵，如图 2-2 所示。在企业发展过程中，将那些直接的、重要的、迫切的、久远的影响因素优先排列出来，而将那些间接的、次要的、不急的、短暂的影响因素排列在后面。

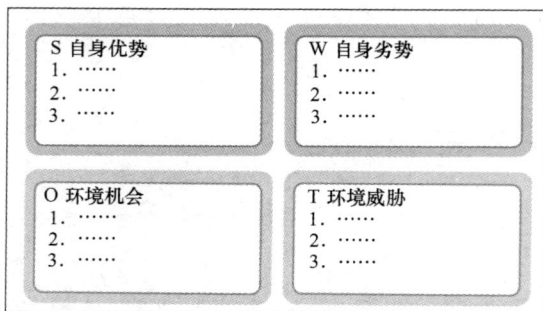

图 2-2　SWOT 矩阵

3. 制订行动计划

在完成环境因素分析和 SWOT 矩阵构建后，企业要将列入矩阵的各种因素进行相互匹配和综合分析，从中找到优势与机会的交集，确定企业的定位和未来中长期发展目标，从而制订相应的行动计划。

制订行动计划的基本思路是：发挥优势因素，克服劣势因素，利用机会因素，化解威胁因素；考虑过去，立足当前，着眼未来。企业要运用综合分析方法，考虑各种环境因素，得出一系列未来发展的对策。

SWOT 分析的意义在于扬长避短、趋利避害，为企业营销决策提供有价值的逻辑分析，帮助企业认识自身的优势和劣势，让企业了解外部环境中潜藏的机会和威胁。SWOT 分析的优点在于全面地考虑问题，是一种系统思维，而且可以把对问题的诊断和构思的方案紧密结合在一起，条理清楚，便于检验。

案例链接

毛戈平 SWOT 分析，探寻品牌未来发展方向

毛戈平品牌由著名化妆艺术大师毛戈平先生于 2000 年创立，在国货美妆领域占据重要地位。多年来，该品牌凭借毛戈平先生精湛的化妆技艺背书以及对东方美学的深刻理解，为东方女性提供贴合其面部特征、肤质与肤色的美妆产品及色彩解决方案，并通过专业彩妆师提供量身定制的妆容服务，逐渐树立起高端、专业的品牌形象。

下面运用 SWOT 模型对毛戈平品牌进行深入分析。

（一）优势

● 品牌影响力高：创始人毛戈平凭借在影视化妆领域的突出表现，如为电视剧《武则天》进行妆造设计而声名大噪，积累了极高的个人声誉，使得毛戈平品牌自创立起就备受关注，在消费者心中树立了专业、高端的形象，拥有较高的品牌认知度。

● 产品品质优良：品牌在产品研发时与瑞士、意大利、日本、韩国的顶尖实验室合作，结合先进技术与东方美学理念，打造出一系列贴合东方人肤质和审美的优质产品，树立了良好口碑。

● 文化特色鲜明：深度融合东方美学，无论是产品设计，还是妆容理念，都充分挖掘中国传统文化元素，如立体浮雕蟠龙口红、点翠眼影等产品，从中国传统艺术、建筑、服饰等方面汲取灵感，将传统文化与现代审美结合，满足国内消费者对本土文化的认同和审美需求，让消费者在使用产品时感受到浓厚的文化底蕴。

● 行业经验丰富：深耕美妆领域20余载，开办多家毛戈平形象设计艺术学校。学校不仅培养了大量专业彩妆造型人才，还为品牌提供与消费者深入互动的机会。学员在学习过程中使用毛戈平产品，增加对产品的了解和信任，同时也为品牌培养潜在客户群体。此外，品牌多年来积累了丰富的市场运作经验，对美妆市场趋势有敏锐的洞察力，能够较好地应对市场变化。

（二）劣势

● 单一品牌依赖：过度依赖毛戈平个人 IP，品牌发展与创始人紧密绑定，在品牌形象塑造、市场推广等方面，创始人个人影响力占比较大。这可能导致品牌在创始人光环逐渐减弱或出现负面事件时面临较大风险，且不利于品牌多元化发展，难以拓展更广泛消费群体和市场领域。

● 研发投入不足：走"轻研发、重营销"路线，研发费率常年在1%以下，与销售及营销费用投入差距巨大。研发投入不足可能影响产品持续创新和品质提升，难以形成强大的产品核心竞争力，在面对竞争激烈的美妆市场时，容易陷入产品同质化的困境。

● 价格定位较高：产品定价处于中高端水平，彩妆 200～500 元，护肤 400～800 元，部分产品单价超千元。高价定位限制了部分价格敏感型消费者，尤其是当下年轻人对"性价比"越发关注，"平替"消费观念盛行，可能影响品牌市场份额进一步扩大，不利于开拓大众消费市场。

（三）机会

● 国潮趋势助力：国货美妆崛起，消费者对国货品牌接受度和认同感大幅提升。毛戈平作为国货高端品牌，具有深厚的文化底蕴和专业形象，可以借助国潮东风进一步强化品牌"国货之光"的形象，吸引更多的消费者关注。通过与故宫等传统文化 IP 深度合作，推出的

联名产品在市场上引发强烈反响，未来可继续挖掘此类合作机会，拓展产品线和消费群体。

- 新媒体营销兴起：短视频、电商直播等平台发展迅猛，为品牌营销提供了新的渠道和方式。毛戈平可以利用这些平台与年轻消费者密切互动，例如，通过发布教学视频展示产品使用效果和化妆技巧，吸引消费者关注；举办线上直播带货活动，提升品牌知名度和产品销量，促进品牌传播与认同。

- 海外市场潜力大：随着小红书等社交媒体在海外盛行，国货彩妆品牌在海外收获一批粉丝，毛戈平可借此趋势拓展海外市场。品牌所蕴含的东方美学元素在海外具有独特的吸引力，可以通过与海外网红合作、参加国际美妆展会、在海外电商平台开设店铺等方式，将产品推向国际市场，提升品牌的国际影响力。

（四）威胁

- 市场竞争激烈：彩妆行业竞争白热化，国内外品牌众多，市场份额争夺激烈。一方面，国际一线美妆品牌凭借强大的品牌影响力、研发实力和市场份额，占据高端市场主导地位，对毛戈平形成较大的竞争压力；另一方面，国内新兴美妆品牌不断涌现，部分品牌依靠低价策略和线上营销迅速崛起，抢占中低端市场份额，毛戈平面临来自不同定位品牌的多方位竞争。为了提升竞争力，企业需要加大研发投入，参与价格战，这对企业利润和市场策略带来挑战。

- 美妆潮流和消费者偏好变化快速：消费者对美妆产品的需求和偏好不断变化，如果品牌不能及时捕捉并调整产品策略，可能导致产品滞销。例如，流行妆容风格、色彩偏好等变化迅速，毛戈平需要建立快速响应机制，加强市场调研和产品创新，以适应消费者需求变化，保持品牌的市场竞争力。

二、RFM 客户价值分析模型

RFM 客户价值分析模型（以下简称 RFM 模型）是一种基于客户行为数据的分析工具，通过 3 个核心指标，即最近消费时间（Recency）、消费频次（Frequency）和消费金额（Monetary）评估客户的现有价值和潜在价值。通过量化客户的购买行为，可以帮助企业识别出不同价值的客户群体，从而制定出更加精准的营销策略，提高客户满意度和忠诚度，促进销售业绩的提升。

1. RFM 模型指标解析

RFM 模型包括 3 个核心指标，即最近消费时间、消费频次和消费金额。

- 最近消费时间（Recency）：指客户最近一次消费时间与数据采集时间之间的时间间隔，通常用 R 表示。R 值越大，表示客户发生交易的时间越久远，活跃度越低；R 值越小，表示客户发生交易的时间越近，活跃度越高，企业越容易维护与该客户的关系。

- 消费频次（Frequency）：指客户在一段时间内的消费次数，通常用 F 表示。F 值大，表示客户交易频繁，忠诚度高；F 值小，表示客户交易不频繁，客户活跃度低，可能是竞争对手的常客。

- 消费金额（Monetary）：指客户每次的消费金额，可以是最近一次的消费金额，也可以是过去的平均消费金额，通常用 M 表示。M 值越大，表示客户消费能力越强，客户价值越高；反之，则表示客户消费能力越弱，客户价值越低。

根据这 3 个指标，企业可以构建出一个描述客户消费水平的坐标系，如图 2-3 所示。

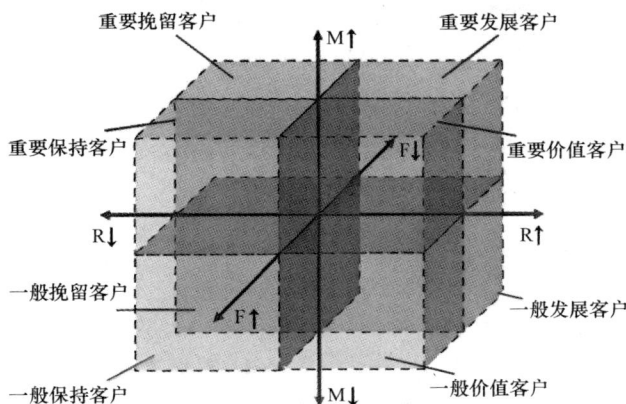

图 2-3 客户消费水平坐标系

2. RFM 模型解析

零售企业在从客户数据库中提取 R、F、M 相关数据之前，需要根据店铺销售的商品特点确定一个合适的时间范围，以提取和分析该时间段内的 R、F、M 相关数据。如果经营的是快速消费品，如日用品，可以将时间范围确定为一个季度或一个月。如果销售的商品使用周期相对久一些，如电子产品，可以将时间范围确定为一年、半年或者一个季度。零售企业确定好时间范围后，即可提取相应时间区间内的数据。

- 最近消费时间：提取出来的数据通常是一个时间点，零售企业需要将最近一次消费时间点作为该度量的参考值。无论是以"小时"为单位，还是以"天"为单位，都要注意时间单位的统一。
- 消费频次：将客户的消费次数作为计算对象，使用 Excel 工作表中的 COUNT 函数即可得出。
- 消费金额：将每位客户所有的消费金额相加，使用 Excel 工作表中的 SUM 函数即可得出。

零售企业获取 3 个指标的数据以后，需要计算 R、F、M 每个指标数据的均值，根据结果将客户细分为 8 种类型，如表 2-4 所示。

表 2-4　RFM 模型客户分类及其特征

客户类型	客户特征
重要价值客户	R、F、M 值都较高，是优质客户，需要与之保持联系
重要保持客户	消费金额和消费频次较高，但最近没有交易，需要唤醒
重要发展客户	消费金额大，贡献度高，最近有交易，需重点识别
重要挽留客户	消费金额大，是潜在的有价值客户，需要挽留
一般价值客户	消费次数多，最近有交易，需要挖掘
一般发展客户	最近有交易，是刚接触的新客户，有推广价值
一般保持客户	消费频次较高，但贡献度低，一般维持
一般挽留客户	F、M 值均低于平均值，最近无交易，相当于流失

3. RFM 模型应用

通过解析 RFM 模型，企业可以将客户按照 R、F、M 三个维度进行划分，识别出最有价值的客户群体。例如，重要价值客户、重要保持客户、重要发展客户和重要挽留客户等，这些客户通常具有较高的忠诚度和购买力，对企业收益和品牌形象建设有较大的贡献。

根据 RFM 模型，企业可以对客户进行细分和分类，制定个性化的促销活动、优惠规则和服务方案。例如，对于高价值客户，可以推出折扣优惠、积分奖励等促销活动；对于普通客户，可以加强品牌宣传和市场推广等。

根据 RFM 模型，企业可以了解不同客户群体的购买行为和偏好，从而有助于优化产品设计、服务流程和售后服务，提升客户体验。例如，对于消费频次高但消费金额较低的客户，可以推出更多的小额商品和快捷的购物流程；对于消费金额高但消费频次较低的客户，可以提供更加高端的商品和专属的 VIP 服务。

三、GROW 增长模型

零售行业中的 GROW 增长模型是一种综合性的增长策略，它通过对关键增长因素进行细致拆分和分析，能够帮助零售企业实现业务的持续增长。

GROW 增长模型的四要素如下。

1. 渗透力

渗透力（Gain，G）是指品牌或商品在新市场或现有市场中的渗透率，即消费者愿意购买企业产品的程度。通过提高品牌或商品的市场渗透率，可以吸引更多新消费者，为品牌带来更大的增长机会。

企业在提高品牌渗透力方面可以采取以下措施。

- 跨界营销：寻找跨类目人群，进行跨品类合作，吸引其他品类/品牌的消费者。
- 特色商品供给：提供 IP 联名款商品，吸引其他人群。
- 属性分层渗透：根据消费者的不同需求、购买力和偏好，将商品或服务进行精细化分层，以不同的价格区间和商品特征满足不同消费群体的需求。这种策略有助于企业更深入地理解市场，更精准地定位目标消费者，从而更有效地提高品牌渗透力。
- 工具应用：从"场"的维度增加触点，使商品接触到更多的人。

要想提升品牌或商品的渗透力效果，企业需要从全链路的角度运作。在商品层面，注重礼盒、包装、赠品的设计；在门店层面，注重商品的陈列与物料投放等。例如，针对潮流人群，设计彩色海报进行宣传，营造潮流风格吸引消费者的注意力。

2. 复购力

复购力（Retain，R）是指消费者购物频率的变化对品牌商品交易总额（Gross Merchandise Volume，GMV）带来的增长情况。高复购力意味着消费者对品牌的忠诚度高，能够为品牌带来稳定的收入来源。零售企业应注重提升消费者购物体验，如提供优质的售后服务、建立会员体系等，以增强消费者黏性，促进复购。

3. 价格力

价格力（bOOst，O）是指消费者愿意购买价格升级商品为品牌增长做出的贡献。零售企业可以通过提升商品附加值或品牌形象引导消费者接受更高的价格，从而增加品牌收入。例如，通过产品创新、包装设计、讲述品牌故事等方式提升商品附加值，同时加强品牌宣传，提升品牌溢价能力。

4. 延展力

延展力（Widen，W）是指品牌通过提供现有品类以外的其他关联商品所贡献的总增长机会。零售企业可以通过拓展产品线和子品牌，覆盖更广泛的消费群体，实现业务的多元化增长。零售企业应关注市场需求变化，及时推出符合消费者需求的新品类或子品牌，如基于大数据分析消费者偏好，开发定制化商品；利用品牌优势实现跨界合作，推出联名商品等。

以一个童装品牌为例，渗透力是指购买裙子的消费者也购买了裤子和卫衣。复购力是指一个消费者一年对这个品牌消费多少次，是每个季度都购买，还是在每次上新时购买。价格力是指在秋衣套装升级了更好的面料后在转化率稳定的前提下提升价格。延展力是指这个童装品牌店铺增加童鞋品类销售带来的增量。这些增长方式都可以用数据表达。通过分析 GROW 增长模型，零售企业可以找到各个品类或品牌的各项增长机会，进而选择最佳的增长路径。

项目实训：顾家家居数据分析与应用

1. 实训背景

顾家家居是中国家居行业的领军品牌，专注于客厅、餐厅、卧室及全屋定制家居产品的研究、开发、生产和销售。随着家居行业市场竞争日益激烈，顾家家居在数字化转型的过程中选择聚焦数据驱动的全渠道运营策略，通过深度挖掘和分析消费者数据来实现精准营销。

顾家家居通过内部管理系统和第三方数据平台采集了零售额、成本、毛利率、计划完成率等多项运营数据。利用数据分析工具，顾家家居对采集的数据进行了深入分析，包括销售趋势分析、毛利率分析、产品类别分析等，同时还运用运营数据分析方法与工具，帮助企业进行业务决策。

通过数据运营分析，顾家家居能够更准确地了解市场需求的变化、产品的受欢迎程度及销售策略的效果，优化定价策略，改善成本控制，提升企业的盈利能力和市场竞争力。

2. 实训要求

在网上搜索顾家家居数据分析与应用的相关内容，完成实训报告。

3. 实训思路

（1）搜集相关资料

在网上搜集顾家家居数据分析与应用的相关内容，深入了解顾家家居在数据分析与应用方面的实践，掌握其在全渠道运营中的数据采集方法与应用。

（2）梳理内容，以文本结合 PPT 的形式完成

整理搜集到的案例和分析内容，以文本结合 PPT 的形式完成实训报告。在报告中，要详细阐述顾家家居数据分析与应用的背景、策略、实施过程及取得的成效，同时需结合消费者的反馈和评价，对顾家家居的数据分析与应用策略进行客观评价，并提出改进建议。

巩固提高

一、单选题

1. 在客户数据分析中，（　　）指标可以评估客户对品牌的忠诚度。

　　A. 购买时间　　　　B. 购买金额　　　　C. 回购率　　　　D. 购买频次

2. 在商品与库存管理中，分析库存量、库存周转率、库存天数等指标，主要是为了（　　）。

    A. 评估商品市场表现　　　　　　　B. 优化库存管理策略

    C. 调整商品结构　　　　　　　　　D. 优化商品陈列

3. 网络爬虫适用于获取（　　）数据。

    A. 小规模结构化　　B. 非结构化　　C. 实时性　　　D. 大规模结构化

4. 传感器数据适用于（　　），有助于提高生产效率和生活品质。

    A. 对环境和设备状态进行实时监测与控制　　B. 大规模数据查询和处理

    C. 小规模结构化数据采集　　　　　　　　D. 社交媒体数据采集

5. 在构建 SWOT 矩阵时，应将（　　）影响因素优先排列出来。

    A. 间接的、次要的、不急的、短暂的　　B. 优势与劣势

    C. 直接的、重要的、迫切的、久远的　　D. 机会与威胁

二、判断题

1. 供货商分析中，综合供货质量、价格、交货期等多个方面对供应商进行绩效评价后，企业应对其进行统一管理。（　　）

2. 员工与绩效分析中，分析销售人员的销售业绩、毛利贡献等指标属于人员结构分析。（　　）

3. 图像识别是一种结构化数据采集方式，可以从图片或视频中提取出所需信息。（　　）

4. 在构建 SWOT 矩阵时，应将调整得出的所有因素都按同等重要的方式排列出来。（　　）

5. 根据 RFM 模型，企业可以对客户进行细分和分类，制定个性化的促销活动、优惠规则和服务方案。（　　）

三、问答题

1. 零售业数据采集的方法有哪些？

2. 简述构建 SWOT 矩阵的步骤。

3. 简述 RFM 客户价值分析模型的 3 个核心指标。

项目三 线下门店规划与布局

知识目标

➢ 了解门店的外观设计与引导设施设计方法。
➢ 掌握门店内部空间的规划设计方法。
➢ 掌握门店灯光、色彩、声音的设计方法。
➢ 了解商品陈列的原则和工具，掌握商品陈列方法和配置策略。
➢ 了解门店橱窗的设计要求和构造形式。
➢ 掌握门店橱窗商品的选择、配置与陈列方式。

技能目标

➢ 能够对门店售货区的规划提出建设性意见。
➢ 能够灵活运用商品陈列法进行不同商品的陈列。
➢ 能够运用多种方法对门店橱窗进行设计。

素养目标

培养空间规划能力，提升视觉设计素养，坚定文化自信，推陈出新，设计出独具特色的门店形象，对门店内部空间进行合理布局。

项目导读

线下门店规划与布局的意义重大，它直接关系到门店的运营效益、顾客满意度及品牌形象。合理的规划布局能使顾客方便地找到所需商品，为顾客提供舒适的购物环境，从而提升顾客满意度。清晰的标识、流畅的动线设计，以及充足的休息区域，都能为顾客带来愉悦的购物体验。通过优化商品陈列和流通路径，可以提升商品的可见性和吸引力，从而提高销售转化率。

● 知识导图

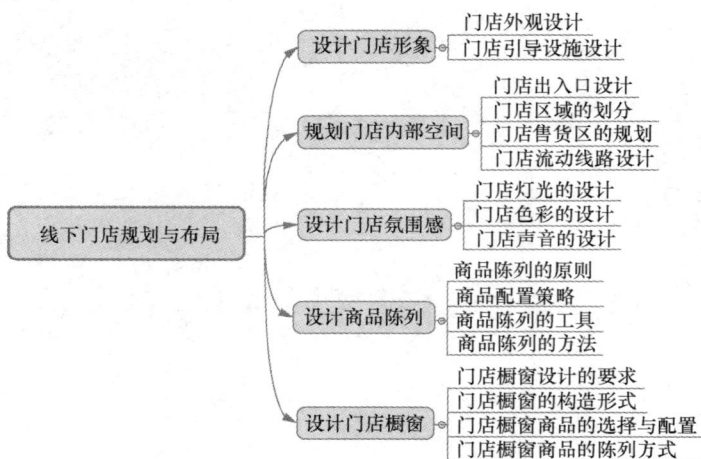

案例导入

西湖隐园——花西子艺术馆式美妆体验店

西湖隐园是花西子首家线下旗舰店，位于杭州湖滨 88 商业中心，整店总面积达 1 000 平方米，共两层，第一层为商品展示及打卡区，第二层为沙龙活动区及珠宝展示区。在商品陈列上，除了花西子最具代表性的彩妆品类外，还包括香氛、珠宝及高定艺术品的展览与定制服务等，是目前中国最大的美妆品牌店。

走近西湖隐园，首先映入眼帘的是其门头，门头的设计采用半透明的玻璃质感，通过灯光照射形成 Logo 的轮廓，隐约透露出品牌视觉符号，如图 3-1 所示。

图 3-1　西湖隐园门头设计效果

值得注意的是，西湖隐园在门头处还设置了代表品牌的具有中国韵味的打卡区。这个打卡区采用"以小见大"的手法，将太湖石作为橱窗展示品，如图 3-2 所示。而太湖石作为中国四大奇石之一，天然拥有艺术感的造型和轮廓，这与花西子的品牌调性不谋而合。

图 3-2 西湖隐园橱窗展示效果

走进花西子门店，在入口处可以发现一个百花厅（见图 3-3），其设计理念来自古代的"曲水流觞"，即一条不会断流的风雅长河。而且百花厅由一整面墙的"干花百子柜"和巨大的"花卉萃取装置"组成，"干花百子柜"中会存放与花西子产品成分相关的各种干花与草本成分，并且会根据季节不定期进行更换。

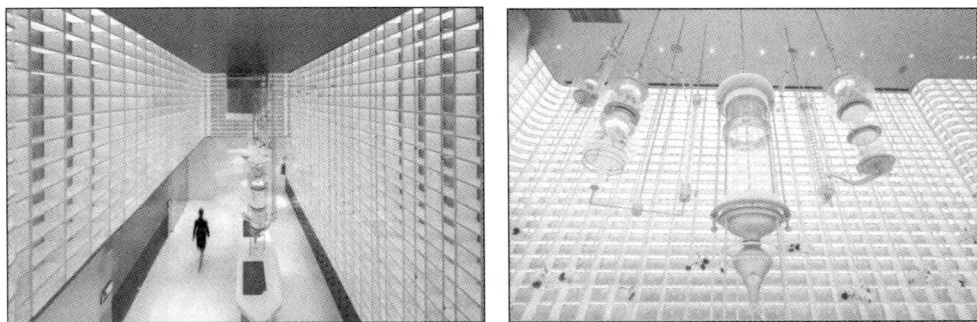

图 3-3 西湖隐园百花厅

门店将传统园林中的"内庭外院"演化为"上庭下院"，作为不同的功能区域：下院是明亮、热闹的一层，作为零售空间与试妆区域；上庭则是更隐秘、安静的二楼，提供艺术展出和定制化体验的空间。

由于门店将中国园林艺术中的景别设计与美妆零售店的功能性需求进行了深度融合，采用"一步一景"的理念，共设置了"隐园十三景"，所以显得韵味十足。

西湖隐园整体设计的核心出发点并不仅仅是促进美妆零售，而且是将花西子的品牌基因由内至外场景化体现。花西子开店的目的有两个，一是承接和呈现品牌强烈的东方文化属性；二是在体验性极强的彩妆品类中，为消费者提供更深度的专属服务，创造长期价值。这两个目的与花西子的品牌愿景"扬东方之美，铸百年国妆"高度契合。

配套案例视频

任务一 设计门店形象

零售门店的形象设计是吸引顾客、提高品牌认知度和促进销售的关键因素。良好的门店形象不仅能够营造出独特的购物氛围，吸引顾客进店，还能有效传达品牌的理念和价值，获得顾客的信任，促进消费。

一、门店外观设计

门店外观是指门店给人的整体感受，包括门店所处的位置、建筑体、门面、招牌等。其中，门面和招牌是吸引目标受众的重要部分，既可以体现门店的档次与品位，又可以体现门店的个性。在设计门店外观时，零售企业要选择合适的风格，做到简洁、大方、稳重。

1. 门面设计

门面按风格可以分为现代型和传统型，而按开放程度，可以分为以下 4 种。

（1）封闭型

封闭型门面是指用陈列橱窗或茶色玻璃将临街的一面挡住，这样顾客入店后就可以安静地挑选，不受外界干扰。经营珠宝首饰、高级服装的专卖店多采用这种门面。封闭型门面可以强化门店的定位，给人以高贵、稳重之感。

（2）半封闭型

采用半封闭型门面的门店一般大小适中，多采用玻璃门，店内氛围温馨，玻璃明亮，这样顾客很容易看清店内摆设，从而被吸引入店。半封闭型门面适合商品种类较少、空间相对狭小的店铺。

（3）开放型

采用开放型门面的门店临街一面全部开放，没有橱窗，顾客随便出入。开放型门面适合顾客流动性大的门店，如出售食品等日常用品的门店。

（4）自由型

自由型门面是指只有一面或两面墙，商品充分暴露，顾客可以自由选购。自由型门面比较适合普通的服装店，顾客多为消费能力一般或比较低的人群。

在设计门面时，零售企业需要根据所售商品的特点、定位等情况选择适合的门面类型，还要注意门面的宽度。门面宽阔，能给予顾客开放感，他们在这样的环境下购物会感到更开心。如果门面过于狭窄，则容易使顾客感到压抑，从而减少购物的兴趣和在店内逗留的时间。

2. 店门设计

店门的主要作用是吸引顾客的视线，让他们产生入店浏览的兴趣和进店探索的欲望。店门应明确指示顾客如何进入店内。

在进行店门设计时，零售企业应注意以下几点。

（1）店门位置选择要适当

店门位置要根据客流情况而定。一般而言，大型商场的店门可以设在中央；小型商店空间狭小，为了不影响店内的实际使用面积和顾客的通行，其店门多设在左侧或右侧。

（2）店门材料选择要合理

店门多使用轻盈、耐用、美观、富有现代感的铝合金材料。无边框的玻璃门属于豪华型店门，其透光性好，造型华丽，常用于高档的首饰店、时装店、化妆品店和电器店等。

（3）店门结构设计要稳固

店门结构设计应考虑安全性和实用性，通常采用稳固的框架结构，以确保店门安全稳固。同时，店门的开启方式（如推拉式、旋转式或平开式）应根据店铺的实际情况和顾客的使用习惯来确定。

（4）店门色彩选择要符合定位

店门色彩应根据门店的定位和目标消费群体的喜好来选择。例如，以女性顾客为主的化妆品店倾向于使用柔和的浅色调，而手机店多采用更具现代感的冷色调。另外，店门色彩还应考虑与店内商品和整体风格的协调性。

📖案例链接

西西弗书店——复古之门，开启文艺之旅

西西弗书店的出入口犹如一扇通往知识与文艺世界的神秘之门。如图 3-4 所示，木质的门框散发着醇厚的自然气息，仿佛历经岁月的洗礼，承载着无数的故事。其纹理细腻而质朴，色调温暖而沉稳，让人在走近的瞬间便感受到一种复古的韵味。其招牌的设计同样独具匠心，采用古旧的字体和简洁的排版，与木质门框相得益彰。店门旁边还设置了玻璃橱窗，搭配明亮的灯光，营造出一种温馨的氛围。

图 3-4　西西弗书店的店门

西西弗书店的入口处精心摆放着畅销书，如同知识的使者向每一位路过的人招手。这些书籍封面精美，题材广泛，涵盖了文学、历史、哲学、艺术等各个领域，吸引着每一位踏入书店的顾客。旁边的精美文具则像文艺的小精灵，钢笔、笔记本、书签等都散发着独特的魅力。精美的笔记本有着柔软的纸张和精致的封面，让人忍不住想要拿起笔记录下生活中的点滴感悟；钢笔的造型优雅，书写流畅，仿佛是书写者思想的延伸。这些文具不仅是实用的物品，更是一种生活态度的体现。

踏入书店，顾客就进入一个宁静而舒适的阅读天地。店内的灯光柔和而温暖，恰到好处地照亮每一个角落，既不会过于刺眼，也不会让人感到昏暗。地面采用木质地板或复古的地砖，给人一种踏实而舒适的感觉。书架的设计简洁大方，排列整齐的书籍静静地等待着顾客的挑选。在书架之间还布置了一些舒适的座椅和阅读区，让顾客可以随时坐下来沉浸在书的世界中。墙壁上有时会挂着一些艺术画作或名人名言，为整个空间增添了一份文化底蕴。店内空气中弥漫着淡淡的书香，让人的心情瞬间平静下来，忘却了外界的喧嚣与纷扰。

配套案例视频

3. 招牌设计

门店招牌是指店铺门外或门前用来展示店铺名称、标志及特色的牌子或标志。门店招牌要高度概括店内经营内容并具有强烈的艺术吸引力，带给顾客强烈的视觉冲击力和心理影响，让顾客在众多的门店招牌中一眼就能看到自己要找的目标门店。门店招牌是吸引顾客注意力

的重要因素。

（1）招牌类型

常见的招牌类型主要有以下几种。

- 横式招牌：这是最常见的招牌形式，一般跨装在店铺的门窗上方，除了传达店名信息外，通常还显示店铺的 Logo、标语或特色图案，以便于顾客从远处识别。

- 竖式招牌：垂直于店铺门面或墙面安装的招牌，通常用于街道转角处或门面较窄的店铺，以吸引来自不同方向的顾客注意。

- 立地式招牌：即落地式招牌，通常放置在店铺门口或附近的人行道上，具有较大的体积和较强的视觉冲击力，用于宣传店铺特色或促销活动。

- LED 显示屏招牌：随着科技的发展，LED 显示屏招牌越来越普及。它可以播放动态图像、视频和滚动文字，内容信息量大，更新快，是现代商业宣传的重要手段。

- 悬挂式招牌：悬挂在店铺上方或屋檐下的招牌，通常用于增加店铺的层次感和立体感，同时也有助于吸引顾客的注意力。

- 墙面招牌：直接安装在店铺墙面上，与墙面融为一体，设计简洁大方，适用于传达品牌理念和形象。

选择哪种类型的招牌取决于店铺的实际情况、品牌形象和市场需求。一个合适的招牌能够提升店铺的知名度和吸引力，促进销售增长。

（2）招牌命名

门店招牌的命名是品牌建设中非常重要的一环，不仅要传达店铺的核心信息，还要吸引顾客注意并给顾客留下深刻的印象。招牌命名力求言简意赅、易读易记、赋予美感、具有独特性，能够突出店铺的个性，对顾客有较强的吸引力。

招牌命名的方法大致有以下几种。

- 直接描述法：使用与经营特色或商品属性相关联的描述性词汇来命名，如"美味小吃店""时尚衣阁"等，直接传达店铺的产品或服务特点。

- 抽象寓意法：采用抽象或寓意性的词汇，通过联想传达店铺的服务精神、经营理念或品牌形象，如"云端咖啡""梦幻书屋""幸福花园花店"等。

- 地域命名法：结合店铺所在地的地域特色或文化元素来命名，如"江南水乡茶馆""老北京炸酱面"等，增加亲切感和地域归属感。

- 人名法：以创始人或名人的名字命名，如"张小泉剪刀""李先生牛肉面""老舍茶馆"等，这种命名方式有助于建立个人品牌或传承家族传统。

- 数字或字母命名法：在现代商业中，一些门店选用数字、字母来命名，如"36524 便利店""7-ELEVEN 便利店""KFC 肯德基"等，这种命名方式简洁且易于国际化传播。

- 以贬寓褒法：使用看起来带有贬义或自嘲的词汇命名，实际上却传达出积极、正面的品牌信息或产品特色，如"狗不理包子店""慢半拍书店""丑小鸭烘焙坊"等。

综上，出色的招牌命名能针对顾客心理用高度概括、语义相关和富于形象性的词汇命名，既能引人思考，又能激发人们的丰富联想，从而在人们的脑海中留下美好、深刻的记忆。

（3）招牌文字设计

在设计招牌时，企业要注意招牌文字的设计。招牌文字的设计要重点注意以下几点。

- 与经营属性匹配。例如，经营化妆品的门店，店名多选用纤细、秀丽的字体，以体现女性的柔美；经营五金产品的门店，店名多选用方头、加粗的字体，以体现金属工具的坚韧。

- 文字简洁。招牌文字应简洁，立意深刻，同时要易认、易记，让顾客一目了然。
- 易于辨识。美术字和书写字要大众化，中文和外文美术字的变形不宜太花、太乱，书写字不要太潦草，否则不但难以辨认，还难以制作。
- 便于使用。在选择字体、大小、凹凸、色彩、位置时，要考虑是否有助于门店正常使用。

（4）招牌色彩选择

在设计招牌时，企业还要注意选择与品牌形象相符的色彩。在选择色系时，应以温馨、明亮、清晰、易记为原则，还可以加入与品牌相关的图形或图案，但需保持简洁、不杂乱，避免干扰主要信息。

（5）招牌的位置

招牌的高度要适宜，不宜过低，也不宜过高。招牌过低会影响安全性，过高则可能遮挡二楼住户窗口，不符合市场管理要求。企业还要提高招牌的可见度。横式招牌可以优先采用上下分层式设计，即在横向布局上呈现出类似上下两个部分组合的结构，上下两个部分在造型、颜色、材质等方面有一定的区分或对比，能够增强招揽效果；立式招牌和楼下的小招牌要做到让远处的顾客与在楼下行走的顾客都能看到。

二、门店引导设施设计

门店合理设置引导设施，能够帮助顾客轻松找到所需商品，提升顾客的购物体验，同时也有助于提高门店的运营效率。

1. 入口标志

一般情况下，门店会在入口处设置明显的标志，例如，设置喷泉、雕塑等具有视觉冲击力、明显易辨的视觉形象；设置入口标志牌，标有"欢迎光临""入口"等字样，引导顾客进入店内，如图 3-5 所示。门店经营者可以使用不同的材质和颜色突出入口标志，使其与周围环境区分开来，还可以考虑在入口处设置雨棚或遮阳棚，为顾客提供舒适的进入体验。

图 3-5　入口标志示例

2. 店内指示牌

在店铺内部设置清晰的指示牌，能够引导顾客前往不同商品区域或服务区域等，如"收银台""试衣间""休息区"，以及不同品类的商品区域等，如图 3-6 所示。指示牌的字体要大而清晰，颜色要与店内装修风格协调一致，可使用不同的形状和图案区分不同的区域。指示牌可采用悬挂式、立柱式或地面嵌入式等多种安装方式，要确保在各个角度都能被顾客看到。

图 3-6　店内指示牌示例

3．地面标志

地面标志就是在卖场地面上设置明显的箭头、线条或文字标志。箭头可采用不同的颜色和形状。箭头的大小要适中，确保在远处也能清晰可见；还可以使用不同颜色的线条划分通道和货架区域。例如，使用红黄色线条表示主通道。结合使用文字箭头，可以帮助顾客更好地了解门店的布局。

4．智能导购系统

门店可以引入智能导购系统，通过手机 App 或店内的电子设备为顾客提供个性化的购物引导。智能导购系统可以根据顾客的购物历史、偏好和当前位置，推荐顾客感兴趣的商品和促销信息，引导顾客前往相应的区域。门店还可以设置电子显示屏，播放商品信息、促销活动、店内导航等内容。

任务二　规划门店内部空间

在设计并规划门店内部空间时，设计人员需要综合考虑客户体验、商品展示、空间利用率等多个方面，确定门店的出入口，做好门店区域的规划，合理设计门店流动线路，打造出高销量、客户体验感良好的优质门店。

一、门店出入口设计

零售门店出入口是决定门店客流量的关键要素之一。在设计门店出入口时，要综合考虑营业面积、客流量、商品特点、所处地理位置及安全管理等因素，既要便于顾客出入，又要便于门店管理。

1．出入口的类型

常见的门店出入口的类型如下。

（1）出入分开型

出入分开型是指门店的出口和入口通道分开设置。顾客从入口进入店铺后，通常需要走完全场才能到达出口。这种设计主要适用于经营大众化商品的店铺，例如，沃尔玛等零售企业常采用此设计。此外，经营装饰品、化妆品、服装等商品的店铺也适合采用这种设计，顾客往往因橱窗展示产生兴趣，他们更愿意进入店内浏览商品。

（2）开放型

开放型是指门店面向道路的一边全部开放，顾客可以很容易地从街上看到店内商品的陈列，还能自由出入。经营水果、蔬菜、日用品等大众商品的店铺多采用这种设计。例如，屈臣氏就采用了这种开放型出入口设计，既吸引了顾客，又避免了建筑死角的浪费。

采用开放型出入口的门店要注意合理设置橱窗和柜台，避免过于拥挤，影响顾客选购商品。另外，还要确保门店前面没有障碍物，如停放的车辆等，以免影响顾客出入。

（3）复合型

复合型是指结合出入分开型和开放型的特点，根据店铺实际情况灵活设计，适用于面积较大、商品种类繁多的零售门店。门店可以根据不同区域或商品类别设置不同的出入口，以提升顾客购物体验，提高店铺的管理效率。

（4）特殊设计型

特殊设计型是指根据店铺特色、品牌形象或营销活动进行特殊设计的出入口。高端品牌店、主题商店或举办特殊活动的店铺常采用此设计。例如，在门店出入口设置艺术装置、灯光装饰或特色装饰等，以吸引顾客并提升品牌形象。

2. 出入口设计要点

在进行出入口设计时，门店管理者需要注意以下几点。

（1）出入便利，客流顺畅

零售门店的出入口设计应确保顾客出入方便，客流顺畅无阻。为了方便顾客进入门店，设计入口前应仔细观察路上行人的路线，选择客流量大、交通方便的一侧作为入口。一般情况下，大型商场的出入口可以安排在中央；而对于小型商店，由于购物空间狭小，出入口最好设置在左侧或右侧。

（2）布局合理，美观实用

门店要根据店铺空间大小和商品种类合理布局出入口位置，避免造成顾客拥堵或商品展示效果不佳。出入口设计不仅要美观大方，能吸引顾客，还要实用、耐用，满足店铺日常管理与运营需求。

（3）宽度适宜，确保安全

门店的出口通常要比入口窄一些，两者的比例以 1∶3 为最佳。面积较大的门店应该将出口和入口分开，出口通道的宽度应大于 1.5 米。另外，出入口设计还应考虑到紧急疏散等安全问题，确保在紧急情况下顾客能够迅速撤离。

▌二、门店区域的划分

零售门店区域可以按照不同的维度进行划分，常见的划分方式如下。

1. 按功能区域划分

门店按功能可划分为前店和后仓两个区域。

- 前店主要是商品展示、销售与服务区域。此区域主要面向顾客，顾客可以在前店浏览、购物、接受服务等。此区域包括货架、展柜、收银台、服务台、顾客休息区等。
- 后仓是门店内部用于商品存储、管理和物流作业的区域，通常不对外开放。员工主要在后仓接收货物、存储货物、准备货品、加工货品，以及办公。对于有厨房的餐饮店，也叫后厨或后厂。

前店注重销售和客户服务，而后仓则专注于商品存储和物流管理，两者相互协作，共同推动门店健康发展。

2. 按销售流程划分

门店按销售流程可划分为以下区域。

- 入口区：入口区是顾客进入门店后形成第一印象的区域，通常设有欢迎语、品牌标志、促销信息等。入口区应宽敞明亮，便于顾客进出和停留。

- 展示区：展示区是门店的核心区域，用于展示和销售商品，一般根据商品分类进行布局，要确保同类商品集中展示，以便于顾客查找，还可以通过灯光、色彩、陈列方式等提升商品吸引力。

- 体验区：体验区是指提供商品试穿、试用、体验等服务的区域。门店一般会配备试衣间、试用台等设施，确保顾客能够亲自体验商品。体验区适用于销售服装、鞋帽、电子产品等需要试用的商品类别。

- 结算区：结算区是指完成顾客支付和结算流程的区域。结算区应设置足够的收银台和支付设备，以便于顾客支付，避免等待时间过长而影响顾客体验。

- 服务区：服务区主要是提供咨询、投诉、退换货等服务的区域。门店一般会设立专门的咨询台或服务台，配备专业的销售人员或客服人员，提供清晰的服务流程和制度说明，确保顾客能够得到及时、专业、优质的服务。

三、门店售货区的规划

门店售货区的规划是门店整体布局的重要部分，它直接关系到顾客的购买体验和门店的销售业绩。门店售货区需要根据门店的实际面积和空间形状进行合理的规划，确保有足够的空间供顾客挑选商品，同时还要考虑员工的服务和货物管理需求。

门店售货区主要划分为过渡区、主售货区与通道。

1. 过渡区设计

过渡区是指从入口到售货区之间的过渡空间，一般可以设置引人注目的展示区域，如新品展示架、促销堆头或特色商品陈列区等，如图 3-7 所示；还可以放置一些季节性商品或小件的冲动购买型商品，如小饰品等。

图 3-7　过渡区设计示例

2. 主售货区设计

主售货区可以按商品类别分区，也可以按不同品牌分区。

（1）按商品类别分区

按商品类别分区是指将相似的商品放在一起。例如，服装店主售货区分为男装区、女装区、童装区；百货超市主售货区可分为食品区、日用品区、生鲜区等。这样便于顾客快速找到自己需要的商品。

（2）按不同品牌分区

按不同品牌分区是指将商品按品牌划分区域，如美妆店或运动用品店。每个品牌有自己相对独立的展示和销售空间，以方便品牌的忠实顾客找到自己心仪的商品，同时有助于提升品牌形象。

主售货区商品的陈列布局需要注意以下两点。

- 设置视觉焦点：在主售货区设置若干视觉焦点，如大型的主题陈列、模特展示或特色商品墙。这些焦点能够迅速吸引顾客的目光，将他们从一个区域引导至另一个区域。例如，在服装店内，每隔一段距离设置一个穿着当季流行服饰的模特展示台，如图 3-8 所示。
- 高低错落：商品陈列架的高度应错落有致，避免全部采用同一高度的陈列架，以免造成视觉上的单调，可以将较高的陈列架放在后部或侧面，用于存放库存或展示整箱商品，而将较低的陈列架和展示台放在顾客容易接近的前部，展示主打商品，如图 3-9 所示。

图 3-8　服装店模特展示台示例　　图 3-9　商品陈列架高低错落示例

3. 通道设计

门店需要设计宽敞、顺畅的通道，避免顾客在选购商品时感到拥挤和不便。通道的宽度应根据门店的客流量和商品陈列等确定。一般主通道宽度应在 1.2～1.5 米，以便顾客推购物车或多人并行通过，如图 3-10 所示；次通道宽度应在 0.9～1.2 米，既能保证顾客顺畅通行，又能有效利用空间。

通道设计可以采用直线与曲线相结合的方式。直线通道可以让顾客快速到达不同的售货区，提高购物效率；而适当设置一些曲线通道或环岛式商品陈列，如图 3-11 所示，可以增加顾客在店内的停留时间，引导他们浏览更多商品。

图 3-10　门店主售货区的主通道示例　　图 3-11　门店曲线通道及环岛式商品陈列示例

另外，为了确保安全，便于管理，门店还要设置必要的安全设施，如监控摄像头、消防器材等，并且要保持消防通道畅通无阻，禁止在通道内堆放杂物或设置障碍物。同时，定期对安全设施及消防通道进行检查和维护，以应对突发事件和保障人身安全。

四、门店流动线路设计

门店流动线路设计简称为动线设计，是提升顾客购物体验、增加商品曝光度和促进销售的重要手段。合理的动线设计一方面有利于客流在店内形成有效流动，增加销量；另一方面能够引导顾客看到更多的商品，帮助顾客快速找到自己的目标商品，提升购物体验。

一般而言，良好的动线设计需要具备 3 个条件：一是有效增强门店商品的可见性；二是有效增强门店商品陈列点的可达性；三是具有明显的商品陈列记忆点，能够减少顾客疲惫感。

门店管理人员进行动线设计时，需要注意以下几点。

1. 主次分明

主次分明是指明确门店的主通道和次通道，主通道引导顾客消费，次通道起疏导作用。良好的动线设计能够依靠门店商品的配置与陈列，引导顾客走向各个商品陈列点，充分利用门店空间，增加坪效。

- 主通道：应宽敞、明亮且易于识别，通常位于门店的中心或显眼的位置，能够引导顾客自然流动。主通道的设计应确保顾客能够轻松浏览店铺的主要商品区域。
- 次通道：连接主通道与各个商品区域或展示区，设计时应考虑顾客的购物路径和兴趣点，确保顾客能够顺畅地从一个区域移动到另一个区域。

2. 布局合理

设计人员要根据门店的面积及商品特点进行动线的合理布局。经营面积较小的门店可以采用直线式布局（沿墙式布局），将柜台、货架沿墙摆成直线。这种布局能够展示较多的商品，方便顾客挑选，同时补充货物时也比较节省人力。

为了确保顾客能够高效地浏览商品，减少不必要的绕路和重复行走，门店还可以采用岛屿式布局，将展柜以岛状分布，在四周用货架形成封闭空间，中间设置展柜。这种布局能够充分利用空间，并通过不同的动线设计引导顾客走向不同的位置，尽可能多地展示商品。

3. 设置磁石点

设计人员要善于利用店铺布局和商品陈列引导顾客自然流动，避免顾客在店铺内产生混乱感或迷失方向。为了能够让顾客顺利地沿着店铺设计的路线走得更远，路线上必须设置能不断吸引顾客的地方，这些地方称为磁石点。如图 3-12 所示，设计人员在动线设计中可以运用磁石点理论，在店铺内设置多个磁石点，分别位于 A、B、C、D、E 的位置。

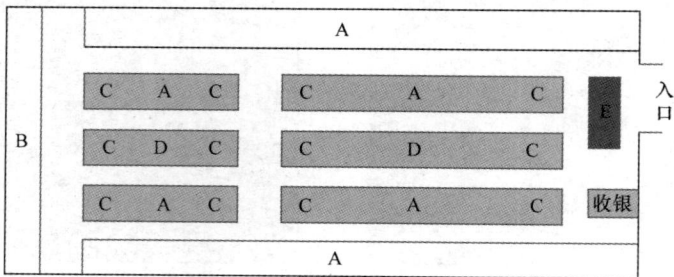

图 3-12 店铺设置的磁石点位置示例

磁石点 A 是入口左侧及右侧和两侧货架的中间位置，应配置主力商品，如消费量多的高毛利商品或消费频次高的高毛利商品。

磁石点 B 位于通路的末端，在门店的最里面，一般配置新奇、明亮、华丽的商品，吸引顾客走到门店最里面。

磁石点 C 指货架两端的位置，一般配置特价商品、促销商品、过季商品等。

磁石点 D 位于中间货架的中间位置，主要配置热门商品、广告宣传商品、特意大量陈列的商品等，以引起顾客的注意。

磁石点 E 位于门店入口位置，以堆头为主，一般配置各种节日展销商品、特卖商品。

4. 考虑顾客因素

设计人员要了解目标顾客的购物习惯和行为模式，根据他们的需求设计店铺动线。例如，对于喜欢快速购物的顾客，可以设计简洁明了的动线；对于喜欢闲逛和善于发现的顾客，则可以设置更多的展示区和互动环节。

设计人员要了解目标顾客的心理特征，运用心理学原理引导顾客的购物行为。例如，通过色彩搭配、灯光设计或音乐选择营造舒适的购物环境，通过设置促销区域激发顾客的购买欲望。

5. 避免死角和拥堵

在设计店铺动线时，设计人员要确保店铺内没有难以到达或视线受阻的死角区域。对于难以利用的空间，设计人员可以进行创意的陈列或装饰，或者将其设置成休息区。在客流高峰期，要注意通过合理的通道设计和商品陈列避免拥堵现象，例如，增加通道宽度、调整货架间距或设置排队区域等。

6. 灵活可调整

在设计店铺动线时，设计人员应考虑未来可能出现的变化及其相应的新需求。例如，预留足够的空间，以便在未来增加新的商品区域或展示区；使用可移动的货架和展示架，以便快速调整布局。动线设计应具有一定的灵活性，以便根据店铺运营情况和顾客反馈进行调整与优化。例如，可以根据季节变化、促销活动或新品上市调整商品陈列和动线布局。

另外，在大型零售门店中，零售企业还可以引入智能导航系统帮助顾客快速找到目标商品或区域。通过扫描二维码或使用手机 App 等方式，顾客可以获取详细的店铺地图和导航指引。

任务三　设计门店氛围感

设计门店氛围感是门店规划的重要部分，目的是通过视觉、听觉等多感官维度，营造与目标顾客群体相契合的独特氛围，从而提升顾客的购物体验和店铺的吸引力。设计门店氛围感主要从门店的灯光、色彩、声音等方面入手。

一、门店灯光的设计

灯光在商品销售中起着重要的作用。灯光对购买环境和商品的影响很大，同一件商品，打光和不打光的展示效果差异极大。门店内灯光明亮，会给人温和、亲切之感，更容易拉近顾客与商品之间的距离；而光线暗淡则可能会给人压抑感，顾客也会产生距离感。

门店灯光的设计一般包括自然照明、基本照明和特殊照明等。

1. 自然照明

自然照明是指门店中的自然采光，通过天窗、侧窗等获得室外光线，能够使顾客准确地识别商品的色泽，方便顾客挑选和比较商品。自然照明使顾客在心理上产生真切感与安全感，不会因灯光的影响而不能准确判断商品的颜色以致购买到不如意的商品。在采光方面，门店要尽可能地利用自然光源，如增加玻璃顶面、玻璃墙面的面积等。但自然光会受到季节、营业时间和气候的影响，不能满足门店内部照明的需要，需要照明设备作为补充。

2. 基础照明

由于门店规模、建筑结构形式不同，自然照明常常无法满足门店商品销售的需要。如今先进的灯光设计能够提升门店的美观度，突出商品展示效果，从而吸引更多顾客参观选购，刺激他们产生购买欲望。

在进行门店灯光设计时，要以方便顾客选购、凸显商品为主，灯具装置和灯光光源均要符合这一要求。门店可以灵活使用不同的采光方式，如镶装暗射灯光，使整个售货现场光线柔和；采用聚射灯光，凸显陈列的商品，使顾客在柔和、愉悦的氛围中挑选商品。

3. 特殊照明

特殊照明是为了突出部分商品的特性而布置的灯光，目的是凸显商品的质感和特性，更好地吸引顾客的注意力，激发他们的购买兴趣，常用于金银首饰、珠宝玉器、手表挂件等贵重、精密而又细致的商品。这样做不仅有助于顾客仔细挑选，甄别质地，还可以彰显商品的特质，给人以宝贵、稀有的心理感受。

二、门店色彩的设计

门店色彩的设计是指针对实体店铺内部和外部空间进行的色彩规划与应用，目的是通过色彩的选择、搭配和布局营造购物氛围，提升品牌识别度，吸引顾客注意力并促进销售。

心理学理论表明，人们在感知事物、认识形象上，色彩起着重要的识别作用，它能使人产生不同的心理感觉。因此，门店的色彩设计至关重要，设计人员要精心挑选一种具有代表性的颜色，将其广泛应用于门店的主色调设定、Logo 设计、建筑外观装饰、商品包装袋及员工制服等多个方面，以此构建门店独特且统一的色彩形象。

例如，北京王府井百货大楼选用的标准色是红色，以此体现热情似火的服务品质；北京蓝岛大厦选用了与店名相联系的浅蓝色，以体现温馨、耐心的企业服务质量；上海市第一百货商业中心则选用绿色，体现出希望和成长的发展愿景。

门店色彩设计需要考虑店铺的定位、目标消费群体、商品特性及整体空间布局等多种因素，同时还要遵循色彩搭配原则。

1. 门店色彩设计原则

在进行门店色彩设计时，设计人员需要遵循以下原则。

- 一致性原则：保持色彩方案与品牌形象一致。
- 和谐性原则：注重色彩之间的搭配和协调，避免色彩冲突和杂乱无章。
- 功能性原则：根据店铺的功能分区，合理安排色彩布局，实现空间有效利用。
- 创新性原则：在遵循品牌定位和色彩理论的基础上，勇于尝试新的色彩搭配和创意手法，创造新颖、独特的视觉形象，以吸引更多顾客的注意。

2．门店色彩设计策略

零售门店色彩设计是一个综合性过程，设计人员需要了解设计中的关键要素，并掌握一定的设计策略与技巧。

（1）品牌色彩一致性

设计人员要确保门店的色彩方案与品牌的核心色彩保持一致，这有助于建立品牌识别度，让顾客在视觉上形成对品牌的深刻印象。在设计过程中，理解并运用色彩心理学，例如，红色代表热情、活力，蓝色代表信任、专业，绿色代表自然、健康等，选择与品牌形象和商品特性相符的色彩。

例如，赵一鸣零食的门店招牌与室内卖场色彩设计整体协调一致，强化了品牌形象，如图 3-13 所示。

图 3-13 赵一鸣零食门店色彩一致性设计

（2）色彩搭配协调

在门店色彩设计过程中，设计人员要注意色彩搭配的和谐性与对比的鲜明性。使用相邻色或类似色进行搭配会显得整体更和谐，能够营造出温馨、舒适的购物环境，适用于追求为顾客打造放松购物体验的店铺。利用对比色设计（如黑与白、红与绿）更容易突出商品特性，吸引顾客的注意力，适用于展示重点商品或促销活动的店铺。

（3）自然光和人工照明相结合

门店色彩设计最好利用自然光，因为自然光中的色彩呈现最真实，有助于顾客更好地感知商品。在必要的情况下需要借助人工照明，通过调节灯光色温（如暖光、冷光）和亮度，可以增强或改变色彩的呈现效果。例如，暖色调的灯光可以营造温馨的氛围，适合家居、服装等店铺；而冷色调的灯光则显得更为现代、专业，适合电子产品等店铺。

（4）色彩引导与分区

在门店色彩设计中，色彩的变化可以引导顾客的视线流动。例如，使用明亮的色彩作为引导线，将顾客的注意力引向店铺深处或特定产品。设计人员还可以利用色彩辅助门店进行空间布局划分。例如，利用色彩将室内空间划分为不同的功能区，如入口区、展示区、试衣区、收银区等，帮助顾客快速定位并通畅移动。

（5）色彩与情感需求

在门店色彩设计中，设计人员还要考虑目标消费群体的情感需求，创造出能够引发情感共鸣的购物环境。例如，针对年轻消费群体的店铺，可以采用更加鲜艳、活泼的色彩；而针对中老年消费群体的店铺，应使用温馨、沉稳的色彩。此外，还要注意避免色彩设计给顾客带来视觉上的疲劳或不适感，如过于刺眼或混乱的色彩组合等。

案例链接

KKV 生活馆——绚丽色彩风，引领活力购物潮

KKV 生活馆是 KK 集团（广东快客电子商务有限公司）推出的首个旗舰品牌零售店，它凭借高美观度、高人气和高销售额，成为新兴的现象级热门主力店品牌。KKV 生活馆集合了品质日用、精美食品、进口酒类、匠心文具、3C 小家电等 14 种关于精致生活方式的主题，以满足 Z 世代消费人群追求精致生活的需求。

KKV 生活馆采用明黄色大型 Logo 和集装箱元素设计店头（见图 3-14），其外观极富视觉冲击力，并成为商圈的一抹亮点。店内空间宽敞，布局合理，商品陈列整齐有序。色彩鲜艳的集装箱式货架是 KKV 生活馆的一大特色，这些货架不仅具有实用性，还成为店内一道亮丽的风景线。

图 3-14　KKV 生活馆外观设计

进入 KKV 生活馆后，随处可见的大型陈列设计以黄色为主色系，同时搭配了各种绚丽的颜色。集装箱式货架，以及各种商品展示墙，包括饰品墙、泡面墙、口红墙、文具墙等，如图 3-15 所示，能够迅速吸引顾客的注意力。不同颜色的集装箱代表不同的商品区域，如黄色的集装箱是美妆区，蓝色的集装箱是文具区，能够让顾客轻松找到自己想要的商品。货架上的商品摆放得井井有条，标签清晰，方便了顾客挑选。

图 3-15　KKV 生活馆陈列设计

霓虹灯的装饰设计为 KKV 生活馆营造出时尚潮流感，让人充满活力、精力充沛。在店内的天花板、墙壁和货架上，顾客可以看到各种形状的霓虹灯，如星星、爱心、花朵等，这些霓虹灯闪烁着绚丽的光芒，给人一种梦幻般的感觉。可爱的卡通形象也是 KKV 生活馆的一大亮点，它们分布在店内的各个角落，如货架、墙壁、收银台旁等。这些卡通形象

造型各异，有的可爱俏皮，有的酷炫帅气，为整个门店增添了不少趣味。

在 KKV 生活馆购物不仅是一种物质上的享受，还是一种精神上的愉悦。店内的音乐轻快动听，营造出轻松、愉快的购物氛围。除了购物外，年轻消费群体更喜欢在店内打卡拍照，KKV 生活馆设置了休息区和拍照打卡点，顾客可以随时分享自己的购物体验。这些精巧的设计使其成为近年来年轻人打卡拍照的"网红"地标。

配套案例视频

三、门店声音的设计

在门店内适度播放音乐可以有效调节顾客的情绪，活跃购物气氛，使顾客得到放松。门店可以适时播放不同的背景音乐，例如，早晨开始营业时，播放欢快的迎宾乐曲，晚上临打烊时播放轻缓的送别曲等。

门店内经常会出现多种声音，但并不是所有声音都会对营业环境产生积极影响，其中有些噪声，如柜台前的嘈杂声、机械声响，可能会使顾客感到厌烦，门店经营者可以采用播放背景音乐的方式缓解噪声带来的不利影响。

在进行门店声音设计时，门店经营者需要注意以下几点。

1. 音量适中

门店经营者要控制好店内声音的音量，包括音响声音高低、员工声音高低等。音乐音量要适中，既能让顾客感受到音乐的氛围，又不会干扰他们的购物体验。一般来说，门店内的音乐应控制在 65~75 分贝，具体可根据现场感受调整。门店经营者还需通过音响系统的音量调节和均衡功能，确保门店内各个区域的音量均衡一致，避免出现声音忽大忽小的情况。

另外，还要考虑门店所处的位置，在一般居住区、商业街，门店外声音的音量规定为昼间不超过 60 分贝，夜间不超过 50 分贝。

2. 音调优美

门店播放的音乐应柔和得体，旋律优美，悦耳动听。门店播放的音乐不能以门店经营者的喜好而定，而是以目标消费群体的兴趣需求为准，要营造出温馨、舒适的购物环境，使他们能够安心选购。

音乐应与门店的品牌形象、商品特性和目标消费群体相匹配。例如，高端品牌可以选择轻柔、细腻的音乐，而年轻时尚的品牌可以选择更具活力和节奏感的音乐。

门店经营者要根据门店的营业时间和客流变化，灵活调整音乐播放的内容和节奏。例如，上班前播放轻柔的乐曲，顾客增多时播放具有针对性的品牌音乐，促销时选择节奏感强的乐曲等。

3. 广告适度

门店播放广告信息要适度，不宜过多播放自己的广告。如果一天到晚不间断播放广告，可能会引起顾客的反感，并引发负面效应。

4. 视听结合

在进行门店声音的设计时，门店经营者要注意通过声音与视觉元素的结合，营造出符合品牌形象和顾客需求的氛围。例如，在节假日或特殊活动期间，通过播放特定的音乐和布置相应的装饰物营造节日气氛。

门店经营者还可以在门店内设置互动体验区或活动区域,通过声音元素及与顾客的互动,提升顾客的参与感和购物体验。例如，在服装店设置音乐试衣间，让顾客在试穿衣服的同时享受音乐的陪伴。

5. 布点合理

门店经营者应根据门店的空间构造和顾客活动路线合理布置音响设备。一般来说，对于声波较长的喇叭，可以按照 30 平方米一个喇叭的方式进行布点。同时，要避免在收银台、过道、休息区等区域安装喇叭，避免影响顾客的正常活动。

另外，选择的音响系统应具备良好的音质和稳定性，能够准确还原音乐内容，确保音乐流畅自然，不能时断时续，时大时小，以免引起顾客的不适。

任务四　设计商品陈列

精心设计的商品陈列不仅能够吸引顾客的注意力，激发其购买欲望，还能有效提升店铺形象，促进销售增长。商品陈列设计已成为零售门店优化购物体验、实现差异化竞争的重要手段。

一、商品陈列的原则

零售门店的商品陈列是提升吸引力、促进销售转化的关键。门店经营者在进行商品陈列时要遵循以下原则，并通过灵活应用营造良好的购物环境，树立品牌形象，提升市场竞争力。

1. 最大化原则

最大化原则是指最大程度地增加顾客视线内的商品陈列数量，让顾客看到更多的商品，增加商品售出的概率。最大化原则还体现在利润的最大化上，门店经营者要将主推的畅销款商品摆放在门店最显眼的位置，使其占据更多的空间，以充分吸引顾客的视线。

2. 全品项原则

全品项原则是指在商品陈列时,要将同一品牌或企业的所有商品种类和规格都展示出来,确保顾客在选择时有更多的选项。在商品陈列时，要注意商品的分类清晰，将相同或相似的商品放在一起，便于顾客比较和选择。例如，在超市中，同一品牌的饮料、零食、日用品等有时会被集中陈列在一起，形成一个完整的品牌展示区。

3. 重点突出原则

重点突出原则是指商品陈列应突出重点，有所侧重。门店经营者要根据门店的销售策略、顾客需求及市场趋势，精心挑选出需要重点推广的商品（这些商品通常具有较高的销量潜力、独特的卖点或品牌影响力），然后通过特殊的陈列方式（如堆头陈列、主题陈列等）和视觉元素（如色彩、灯光等）的运用，增强这些商品的视觉冲击力，使其在众多商品中脱颖而出。

4. 易见易取原则

现在很多门店采用以自助式为主的销售方式，因此在进行商品陈列时应最大限度地展示商品，让顾客看到，并且易于拿取，便于挑选。

（1）易见原则

易见原则包括以下几点。

- 确保商品品名和价格标签正面朝向顾客，标签信息清晰可见，以便顾客快速识别商品信息。商品价格标签应与商品相对应，位置恰当。
- 确保商品不被其他物品遮挡，以便顾客一目了然地看到所有商品。
- 进口商品应贴有中文标识，详细显示商品的价格、规格、产地、用途等。
- 利用辅助工具引导顾客视线。例如，使用 POP 广告、指示牌等工具引导顾客发现目标商品。

（2）易取原则

易取原则包括以下几点。

- 高度合理：商品陈列的高度应考虑顾客的身高和伸手可及的范围，位于顾客腰部至眼睛之间的位置便于顾客轻松地拿取商品。
- 适当间距：商品之间应保持适当的间距，以便顾客轻松地取出和放回商品。

此外，对于重量较大或形状特殊或易脏手的商品，门店应提供必要的辅助工具（如夹子、托盘、手套等），以方便顾客拿取。

5. 先进先出原则

门店经营者要按商品的生产日期将先出厂的商品摆放在货架外面，后出厂的商品摆放在货架里面，避免商品滞留过期。端架、堆头上的商品每过一段时间就要翻动一次，把先生产的商品放在外面。

6. 协调统一原则

门店经营者要明确商品分类与层级，保持陈列方法与顺序的一致性；统一视觉元素，如色彩、高度与分割线，确保整体和谐美观；保持陈列区域整洁美观，充分利用空间丰富陈列，以营造协调统一的购物环境，提升顾客体验，增加其购买欲。

二、商品配置策略

门店内的商品配置及其位置摆放等直接影响着顾客的心理感受及购买行为，对门店商品销售的影响很大。因此，门店内的商品配置要合理，让顾客感觉新颖、舒适、实用、便捷。

1. 商品配置的方法

门店经营者可以从以下维度进行商品配置。

（1）根据顾客的购买习惯进行配置

根据顾客的购买习惯及其做决策的特点，可以将商品配置为即时消费品、精选细研品和特色专享品。

- 即时消费品：这类商品通常是顾客在日常生活中频繁使用且需要即时满足的，如食品、日常用品等。顾客在购买即时消费品时决策迅速，不需过多考虑，主要基于即时需求和便利性。因此，这类商品应放在门店最显眼、容易速购的位置，如门店前端、入口处、收银台旁、自动扶梯两侧等。
- 精选细研品：这类商品价值较高、需求弹性较大、挑选性强，如家电、家具等，顾客在购买过程中会进行多方面的比较和考虑，如价格、质量、款式、功能等。他们会花费较多的时间和精力挑选最适合自己的商品。因此，这类商品应集中摆放在门店宽敞、明亮的地方，以便顾客在充分比较后做出购买决策。
- 特色专享品：这类商品具有独特的品质、设计或品牌形象，是特定消费群体所追求和专享的。它们往往代表着一种生活方式、品位或身份象征，顾客在购买时会更加关注其独特性和专属性，如艺术品等。这些商品应放置在店内较深处，或者环境比较幽雅、客流量较少的地方，也可设立专柜来显示其名贵、高雅和特殊，从而迎合顾客的心理需求。

（2）根据顾客购物行走特点进行配置

顾客进入门店通常有一定的购物目标，他们会在门店内寻找并前往目标商品所在的区域。他们更倾向于选择购物路径短、易于到达的商品区域，不喜欢曲折弯路，不愿走到角落里，不愿走回头路，因此门店应设计多条购物通道，吸引顾客走主通道且能从主通道转入各个次通道，引导顾客有序地浏览全场，从而产生更多购买欲望。另外，考虑到大多数人习惯用右手拿取右侧的东西，一般把利润高的商品陈列在通道右侧。

（3）根据商品盈利程度进行配置

大多数门店在进行商品配置时，会事先对商品的盈利程度进行分析，将获利较高的商品摆放在门店最好的位置上，以促进销售，而将获利较低的商品摆放在较次要的位置上。门店的前端和入口处是顾客流动较频繁的区域，也可成为摆放高盈利商品的最佳地点。

（4）配合其他促销策略进行配置

门店要将商品配置与店内其他促销策略结合起来。例如，开展买赠活动，将主商品与其赠品相邻配置，方便顾客查看和选择；在门店内设置会员专区或会员商品展示区，为会员提供专属的折扣、积分兑换等优惠。

2. 商品配置表的制作

制定商品配置表是商品陈列的前期准备工作。门店在陈列商品之前，要把商品配置表规划好，再进行一些硬件的设置与进货。商品配置表是指在货架上对商品进行最有效的分配，并以书面表格形式规划出来。

商品配置表的制作一般分为以下几个步骤。

（1）根据市场调查，确定店铺的经营面积与经营范围。

（2）对经营的商品进行分类，并规划大、中、小类商品所占的面积。

（3）确定商品品项，将根据市场调查得到的商品畅销度和附近竞争门店的商品结构做一个综合比较，初步形成商品配置的设想。

（4）根据商品的关联性、需求特征、能见度等因素决定每一类商品的位置，并制作商品平面配置表。这一步需要综合考虑消费者购物动线、商品分类、货架布局等因素。商品配置表可以采用表格式或图式两种形式。

（5）配置商品到货架上。按照一定规律将门店中的货架进行编号，编号包括区域号、走道号、货架号等信息，然后将商品配置表落实到店铺经营中，按商品配置表执行商品的上架陈列，并注意陈列方法与技巧，如垂直陈列、互补陈列等。

（6）按照实际经营状况及顾客对商品配置与陈列的反应，对商品配置表进行变更或修正。经营者应定期观察并记录顾客的购物行为，收集顾客反馈，分析商品销售数据，及时调整商品配置表。

三、商品陈列的工具

商品陈列的工具主要有货架、端架、堆头等。

1. 货架

货架是最常见的商品陈列工具之一，通常由金属或木材、塑料、玻璃等制成，具有多层结构，可以根据需要调整高度和间距。货架的高度一般为 90～180 厘米，宽度为 40～70 厘米，深度为 40～50 厘米。

在货架上陈列商品，一般分为上段、黄金段、中段和下段。门店经营者一般依据商品销售的重要程度对货架进行划分，商品销售效果会随货架陈列高度的不同而变化。高度为 170 厘米的货架划分如下。

- 上段即货架的最上层，高度为 130～170 厘米，主要陈列商品为自有品牌商品、促销品等。
- 黄金段即货架的第二层，高度为 80～130 厘米，是顾客最容易看到、拿取商品的位置，是最佳陈列位置，主要陈列高利润商品、独家代理商品等。
- 中段即是货架的第三层，高度为 50～80 厘米，主要陈列低毛利商品或满足顾客需要的补充性商品。
- 下段即货架的最底层，高度为 10～50 厘米，主要陈列体积大、毛利低、易破碎且周转较快的商品，如整箱出售的啤酒、大桶食用油等。

2. 端架

端架是指在门店中货架的两端及前后端，以及在门店动线的转角处所设置的货架。端架是顾客通过流量最大、往返频率最高、可视度最好的地方，被视为门店最佳陈列位置之一。端架陈列做得好，可以极大地刺激顾客的购买冲动，引导顾客购物，缓解他们对特价商品的怀疑心理和抵触感。

端架主要用于对新商品进行介绍、推广，或陈列毛利率高的商品、价格敏感性高的商品、周转率高的商品、特卖商品等。端架的陈列模式主要有以下几种。

- 低价位商品陈列：指在一定时间内价格优惠的商品。
- 应季商品陈列：根据季节的变化，陈列不同的应季商品，吸引顾客视线，提醒顾客购买。
- 主题性陈列：拟定一个主题，陈列与该主题相关的商品。
- 促销陈列：陈列促销商品，并利用宣传广告、POP 广告强化促销效果，营造促销氛围。
- 新品陈列：陈列新引进的商品，促使顾客较快地认知和接受新商品。

端架的商品陈列直接影响着商品销量，需要符合以下要求。

- 品类集中，不可出现跨区域、跨品类陈列。
- 一个端架原则上只陈列一种单品，并符合二指原则（即货架上商品顶端与层板之间的距离要保持在食指和中指并拢的高度），侧面不留空洞。
- 同品牌、同规格、同价位、不同口味或颜色的商品陈列在一起时，必须纵向陈列，单品个数最多不超过 2 个。
- 商品价签放在与顾客视线平齐的层板中间位置，在陈列两个单品时放左边。
- 饮料等有整件售卖的商品，应在端架最低层进行整件陈列，且有明显的价格标志。
- 易碎商品陈列时必须加防护网。
- 每个端架必须配有大的价格牌，同一通道内确保高度一致，与排面垂直悬挂。
- 同一种商品在端架上陈列的时间不宜过长，以一周为宜，否则就会失去新鲜感和吸引力。
- 端架上的商品摆放要美观，色彩要协调，主题要突出，要确保摆放新颖且有创意。

3. 堆头

堆头是指门店中用于集中展示特定商品或促销商品的区域。堆头一般布置在货架的两侧、主通道、入口处、收银台旁等客流量较大的位置，被视为促销的黄金位置。

堆头的设计往往涉及以下几个方面。

（1）堆头高度

堆头的商品陈列高度要合理，这样既可以增加门店商品错落有致的感觉，又便于顾客挑选与拿取商品。考虑到顾客直立的视线范围为 1.5～1.7 米，而顾客推着购物车稍微弯腰时的视线范围为 1.3～1.5 米，因此堆头的高度要符合以下要求。

- 主通道的堆头高度不得超过 1.3 米，以增强门店的通透性。
- 货架端头的堆垛后部可与货架同高，但前部不得超过 1.3 米；也可以设置为上部为货架层板、下部为堆垛的形式。
- 靠墙堆垛可采用梯形陈列，后部可达 2 米，但前部不得超过 1.3 米。

（2）堆头形状

堆头的形状有很多种，门店经营者可以根据不同的商品选择不同的堆头形状。

- 平面形：堆头陈列的商品是平铺的，表面平整，这种形状简单直接，适合包装规整、易于平铺陈列的商品，如图 3-16 所示。
- 梯形：堆头下大上小，形成稳定的梯形结构。这种形状既可能是商品本身就是梯形的，也可以是表面陈列的商品通过摆放形成梯形，如图 3-17 所示。
- 特型：特型堆头是根据商品的特点及实际需要设计的特殊形状，如图 3-18 所示。这些形状往往与商品的形象或促销主题相契合，具有很强的视觉冲击力和吸引力。

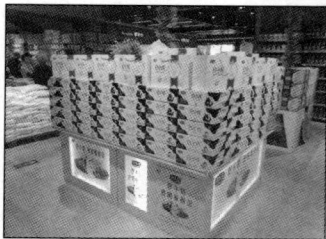

图 3-16　平面形堆头示例　　图 3-17　梯形堆头示例　　图 3-18　特型堆头示例

（3）堆头商品的选择

堆头是门店商品陈列的黄金位置，堆头商品的选择非常重要。堆头商品包括：门店有特色的商品，如自有品牌商品；新引进的商品，以实现宣传推广新商品的目的；限量销售的促销商品；销量比较高的季节性商品。

（4）堆头商品陈列管理

堆头商品陈列管理是门店商品管理中的重要环节，旨在通过科学、合理的陈列方式，提高商品的销售量和顾客的购物体验。堆头商品陈列管理要求如下。

- 遵循品牌集中和品类集中的原则。
- 同一通道内堆头高度必须统一，堆头间高度落差不能大于 5 厘米。
- 每个独立卡板原则上只能陈列一个单品，若是同一品牌、规格、价格，最多不可超过两个单品，两个单品陈列时需遵循纵向垂直原则。

- 一般而言，堆头商品的陈列需要符合"5平1线"原则，即堆头卡板摆放平齐、层板放置平齐、堆头高度平齐、商品摆放正面平齐、价格标示标牌平齐、上下垂直陈列一条线。

- 易碎商品陈列在堆头上时应采用护栏或割箱的方法，确保商品安全。割箱是指通过将商品的包装箱割开一个斜角或进行其他形式的切割，使商品能够更容易被顾客看到和取用。

4. 柜台

柜台既是门店营销人员的工作台，又是展示、陈列商品的展示台。它是在封闭型售货形式中，营销人员与顾客进行交易的工作现场。

柜台样式分为两种：一种是标准的长方体；另一种是前面为坡型的坡面柜台，其优点主要是顾客不用过度弯腰或低头就可方便地观看柜台下层的商品。柜台的高度一般设计在90～100厘米，宽度在50～70厘米，深度可自选，但一般在120厘米以上。柜台内部可以是单层或2～3层，底座高不应超过20厘米。玻璃柜台中一般装有固定或可转换角度的照明灯，以便起到陪衬柜内商品的作用。

四、商品陈列的方法

零售门店商品陈列的方法多种多样，门店经营者应根据自身特点和顾客需求灵活运用这些方法，以创造舒适、便捷的购物环境，提升顾客的购物体验和门店的销售额。

1. 整齐陈列法

整齐陈列法是指按货架的尺寸，将商品整齐地码放在货架上，以突出商品量感的方法。陈列的商品通常是门店想大量推销给顾客的商品及折扣率高的商品，或因季节性购买率高、购买量大的商品，如图3-19所示。

2. 端头陈列法

端头陈列法是指在门店中间陈列架的两头陈列商品的方法。端头一般是顾客流量最大、往返频率最高的地方，是门店最能吸引顾客注意力的地方。端头一般用来陈列门店需要推荐给顾客的商品，如新商品、利润高的商品、特价商品等，如图3-20所示。

图3-19 整齐陈列法示例　　　　图3-20 端头陈列法示例

3. 突出陈列法

突出陈列法是指商品超出通常的陈列线，面向通道突出陈列的方法。这种方法旨在打破单调感，吸引顾客进入中间陈列架，增加商品的露出度和吸引力。例如，在中间陈列架的前面搭建一个突出的台子，在上面码放商品，或者在中间陈列架下层的隔板上制作一个突出的板子，把商品放到板子上。这种陈列方法可以强化所陈列商品的地位，可以有效提高陈列商品的销售量。

4. 悬挂陈列法

悬挂陈列法是指将商品展开悬挂或安放在一定或特制的支撑物上，使顾客能从不同角度直接看到商品全貌或触摸到商品的方法。这种陈列方法比较适用于纺织、服装类商品或一些小商品等，如图 3-21 所示。这种方法能够充分利用空间，展示商品的细节和特色，同时方便顾客挑选和试穿。

5. 岛式陈列法

岛式陈列法是指在门店的入口处、中部等位置不设置中央陈列架，而配置特殊陈列用的展台陈列商品的方法，如图 3-22 所示。岛式陈列法可以让顾客从四面八方看到商品，起到较好的展示效果。

图 3-21　悬挂陈列法示例　　　　图 3-22　岛式陈列法示例

岛式陈列法的用具一般有冰柜、平台、大型的货柜和网状货筐等。用于岛式陈列法的用具不能太高，否则会影响门店的视野，也会影响顾客的观看与挑选。为了使顾客能够环绕岛式陈列展台选购商品，应给岛式陈列展台以较大的空间。

6. 关联陈列法

关联陈列法又称配套陈列法或连带陈列法，是指在门店中将功能互补或拥有相同使用场景的商品进行搭配陈列，以此引导顾客进行关联购买的方法。这种陈列方法打破了传统按品类陈列的界限，将不同但相互关联的商品组合在一起，以满足顾客的多种需求，并激发他们的购买欲望。

门店经营者要以主力商品为中心，尽可能将与此类商品有关联的商品集中陈列在同一场所，如牙膏、牙刷、牙杯等。

7. 主题陈列法

主题陈列法又称专题陈列法，是指门店根据季节、节日、促销活动或特定事件等为商品陈列设定一个明确的主题，通过精心设计的布局和装饰，营造出独特的购物氛围，以吸引顾客的注意力，进而促进商品销售的陈列方法，如图 3-23 所示。

进行主题陈列的商品可以是一种商品，也可以是一系列商品，它们的陈列要与其他商品的陈列有明显的区别，以突出推销重点。

8. 艺术陈列法

艺术陈列法强调在保持商品独立美感的前提下，通过巧妙的布局和艺术造型，使各种商品相互映衬，达到整体美的艺术效果，如图 3-24 所示。艺术陈列法可以采用直线式、形象式、艺术字式、单双层式、多层式、均衡式、斜坡式等方式进行组合摆放，赋予商品陈列以高雅的艺术品位和强烈的艺术魅力，从而对顾客产生强大的吸引力。这种陈列方法不仅关注商品的物理摆放，还注重通过独特的创意巧妙地运用视觉艺术手段增强商品的表现力。

图 3-23　主题陈列法示例

图 3-24　艺术陈列法示例

任务五　设计门店橱窗

　　门店橱窗设计作为门店与顾客沟通的第一扇窗，不仅是商品展示的平台，还是品牌形象塑造和创意表达的地方。一个精心设计的门店橱窗，能够瞬间捕捉行人的注意力，将门店的独特魅力与最新动态巧妙融合，营造出令人难忘的视觉体验。

一、门店橱窗设计的要求

　　门店橱窗设计是门店吸引顾客的重要手段。设计者可以根据门店的规模大小、橱窗结构、商品特点、消费者需求等因素进行合理设计。在设计门店橱窗时，设计者需要遵循以下几点要求。

1. 视觉体验良好

　　橱窗设计要考虑能给顾客带来良好的视觉体验，橱窗的高度应与普通人的身高相符。橱窗的中心线最好能与顾客视线平行，这样整个橱窗内所陈列的商品都尽收顾客眼中。

　　一般来说，橱窗底部的高度以离地面 80～130 厘米为宜，大部分商品可以在离橱窗底部 60 厘米的地方进行陈列，小型商品可以在离橱窗底部 100 厘米以上的地方进行陈列。模特展示架可以直接放在地上，不用增加高度。

2. 整体协调

　　橱窗设计不能影响门店的外观造型，其设计规模应与门店整体规模相适应。同时，橱窗设计还应考虑门店的经营性质和目标消费群体的喜好，确保设计方案的合理性和有效性。

　　布置橱窗时，设计者应根据橱窗面积确保整体色彩协调、高低疏密均匀、商品数量适宜。商品陈列要给人以整洁、有序、丰富的感觉，还要确保顾客从远处、近处及正面、侧面都能看到商品的全貌。

3. 主题明确

　　在橱窗进行商品陈列时，设计者要明确主题，无论是同种同类还是同种不同类的商品，均应系统地分种、分类，依主题陈列，使人一目了然地看到商品。另外，陈列的商品要有真实感，并且能够充分体现门店特色，使顾客看到后就会产生兴趣，进而产生购买欲望。

　　对于季节性商品，要按商品市场的消费习惯进行陈列，相关商品要相互协调，通过排列的顺序、层次、形状、底色及灯光等表现特定的诉求主题，营造气氛。

4．美观艺术性

橱窗相当于一间艺术品陈列室，设计者可以通过对商品进行合理的搭配展示商品的美感。橱窗内的商品陈列要符合顾客的审美需求，设计者可以运用多种艺术处理手法，如对称与不对称、重复与均衡、主次对比、虚实对比、大小对比、远近对比等，用构图把各种商品有机生动地结合起来，再现商品的外观形象和品质特征。

在设计橱窗时，设计者还要善于利用背景或陪衬物的间接渲染作用，满足顾客的情感需要，使橱窗具有较强的艺术感染力，让顾客沉浸在美的享受中，以增强对门店的视觉印象并形成购买动机。

5．功能实用性

设计者需要考虑橱窗的功能性，如防尘、防潮、防晒、防风、防盗等，全面考虑这些防护措施，确保橱窗内的商品安全、整洁，并延长使用寿命。在使用橱窗时，应定期打扫，保持清洁，特别是仔细清理食品类橱窗等容易积累灰尘的区域，要给顾客留下良好的印象。

此外，橱窗陈列需勤更换，及时展示畅销品、新潮时尚商品等，及时更换时效性较强的宣传商品和容易变质的商品，以保持橱窗的新鲜感和吸引力。一般来说，每个橱窗的更换或布置要在当天完成。

▎二、门店橱窗的构造形式

门店橱窗的构造形式多种多样，这些形式不仅影响橱窗的视觉效果，还直接影响商品展示的效果和顾客的购物体验。常见的门店橱窗构造形式主要有以下几种。

1．封闭式橱窗

封闭式橱窗的后背装有壁板，与门店完全隔开，使橱窗有了一个单独的空间，用于展示商品、艺术品或其他吸引顾客注意力的内容，如图3-25所示。壁板的材料可以是玻璃、木板、金属框架等。封闭式橱窗的设计自由度高，可以呈现多种场景和主题，能够营造气氛，便于展示品牌理念与品牌文化。封闭式橱窗广泛应用于各类零售门店，特别是需要营造特定氛围或展示高端商品的场所。

2．半封闭式橱窗

半封闭式橱窗的后背与门店之间采用半通透式的形式，这种橱窗能够兼顾门店和橱窗的多层面展示，形式灵活多变，应用范围广泛，如高档服装品牌店、珠宝店等，如图3-26所示。

图3-25　封闭式橱窗

图3-26　半封闭式橱窗

3．开放式橱窗

开放式橱窗没有背后墙体或隔板，直接与店内空间相连，以通透的展示媒介，如大屏幕、虚拟互动和真实场景等，为顾客提供更加直观、便捷的购物体验，如图 3-27 所示。开放式橱窗是一种新型的橱窗构造形式，它打破了传统橱窗的封闭性和空间限制，可以展示更多的商品，能够让顾客清晰地看到店内环境和商品细节，从而增强购物欲望，提升购物体验。

图 3-27　开放式橱窗

三、门店橱窗商品的选择与配置

门店橱窗作为门店的"脸面"，其商品的选择与配置在吸引顾客、营造氛围及促进销售方面扮演着至关重要的角色。

1．橱窗商品选择

门店经营者在选择橱窗商品时，需要掌握以下技巧。

（1）符合品牌定位

橱窗商品应能体现门店的整体风格和品牌形象，增强品牌辨识度，最好选择能够体现品牌特色的商品，如品牌主打商品或特色商品。

（2）吸引目标顾客

在选择橱窗商品之前，门店经营者应深入了解目标顾客的需求、偏好和消费习惯，分析他们的年龄、性别、职业等特征，选择符合其审美和需求的商品。

（3）考虑季节性和潮流性

门店经营者应根据季节变化和时尚潮流更新橱窗商品，保持橱窗内容的新鲜感。根据不同季节的特点挑选相应的商品，如夏季清凉透气、冬季保暖舒适的商品；选择热门、有市场竞争力的商品，热门商品往往更能吸引顾客的注意，提高橱窗的曝光率和转化率。

（4）注重商品搭配

橱窗商品应选取质量高、外观美观的商品，并注重商品的搭配和陈列，营造出新颖、美观、和谐的视觉效果，提升顾客的购物体验。在进行商品搭配时，还需考虑商品的多样性与互补性，丰富橱窗内容，以提升整体销售效果。

2．橱窗商品配置

在进行橱窗商品配置时，门店经营者可以遵循以下步骤。

（1）市场调研

门店经营者要提前做好市场调研，分析目标顾客的需求和偏好，以及竞争对手的橱窗展示情况，为橱窗商品的选择提供参考依据。

（2）明确主题

门店经营者要根据市场调研结果和门店的经营策略，为橱窗设定一个明确的主题，如新品推广、节日促销等，以便顾客能够快速理解橱窗的展示内容。

（3）确定焦点商品

门店经营者要根据主题，从门店库存中选择并确定一到两个焦点商品。

（4）设计布局

门店经营者要根据橱窗的形状和大小设计商品的布局和陈列方式，确保每个商品都能得到充分的展示。在进行商品搭配时，可以利用对比色和层次感等手法突出商品的特点，还可以运用灯光、色彩、位置等手段对焦点商品进行重点展示，以突出其主体地位，增强宣传力度，吸引顾客注意。

（5）实施配置

门店经营者要按照设计方案进行橱窗配置，注意细节处理和道具的使用，适当使用道具营造场景氛围，使橱窗展示更加生动、有趣。道具的选择应与商品和主题相协调。在橱窗配置过程中，注重细节处理，如商品的清洁保养、标签的规范粘贴、灯光的柔和度等，以提升顾客的视觉体验。

（6）优化更新

配置完成后，门店经营者要对橱窗的展示效果进行评估，根据顾客的反馈和店铺的销售情况进行必要的调整与优化。同时，注意保持橱窗的整洁和美观。另外，还要根据季节、节日或促销活动等因素，定期更新橱窗内的商品和陈列方式，以保持新鲜感和吸引力。

四、门店橱窗商品的陈列方式

根据不同的品牌风格、商品特点和橱窗尺寸的不同，门店经营者可以采用不同商品陈列方式。常见的门店橱窗商品陈列方式主要有以下几种。

1. 系统式陈列

系统式陈列将商品按照一定的逻辑顺序、分类标准或功能关系进行有条理的展示。这种陈列方式强调商品之间的关联性和系统性，使顾客能够清晰地了解商品的类别、特点，以及它们之间的相互关系。例如，书店按照图书的类别（如文学、历史、科技等）进行系统式陈列，顾客可以根据自己的兴趣领域快速定位到相关图书。

2. 场景式陈列

场景式陈列是一种将商品放置在模拟的生活场景或使用场景中的陈列方式。它通过营造一个真实的、富有吸引力的情境，让顾客能够直观地想象商品在实际生活中的使用方式和效果，从而激发顾客的购买欲望。例如，厨具店可以陈列橱柜、炉灶、厨具等商品，在橱柜里摆放整齐的餐具，炉灶上放置锅具，模拟烹饪场景，让顾客能够想象自己在厨房烹饪美食的情景。

3. 专题式陈列

专题式陈列是以一个特定专题为中心，围绕某一事物或事件，通过选择和布置与之相关联的不同品类商品，形成一个统一、协调且富有内涵的展示空间。专题式陈列主要适用于节日促销、季节促销或特定主题活动时的商品陈列。例如，围绕"春季新品""节日特惠"等主题布置橱窗，进行相关商品的陈列。

4. 特写式陈列

特写式陈列是指运用不同的艺术形式与处理方法，将商品某一特征进行集中、精细、突出的描绘和刻画，将商品的特色、功能或优势放大，使商品亮点得到突出和强调，增强顾客的视觉冲击力，促使顾客产生购买欲望。

特写式陈列通常用于新商品、特色商品或高价值商品的宣传展示，将商品放置在橱窗的显眼位置，并使用灯光、色彩等手段进行渲染，使其具有强烈的艺术感染力。特写式陈列一般有两种类型，即单一商品特写陈列和商品模型特写陈列。

- 单一商品特写陈列：在一个橱窗内只陈列一件商品，以重点推销该商品，例如，当门店要推出一款新颖时装时，可以将其单独陈列在橱窗中，重点推出，以吸引顾客。
- 商品模型特写陈列：用商品模型代替实物陈列。例如，服饰店可以将服饰按一定比例缩小，模特的比例也缩小，将缩小的服饰陈列在橱窗中，既显得服饰灵秀、可爱，也能彰显门店的特色。

5. 综合式陈列

综合式陈列是指将许多不同质地、不同类别和不同用途的商品，经过合理的分组和处理，陈列在同一个橱窗中，组成一个完整的橱窗广告。这种方式能够实现丰富多彩的效果，但在设计和布局上要避免杂乱无章，商品陈列要错落有致，留有适当的空白。

综合式陈列适用于小规模门店或特定主题的橱窗陈列。设计者可以通过横向陈列、纵向陈列或单元陈列等方式，将多种类型互不相关的商品混合陈列在一个橱窗内，引导顾客从左向右或从右向左、从上到下依次观赏。

- 横向陈列：将商品分组横向陈列，引导顾客按照从左向右或从右向左的顺序观赏。
- 纵向陈列：将商品按照橱窗容量大小纵向分为几个部分，前后错落有致，便于顾客从上而下依次观赏。
- 单元陈列：用分格支架将商品分别集中陈列，便于顾客分类观赏。这种陈列方式多用于小商品，能够激发顾客的购买兴趣。

📖 **案例链接**

东方商厦，八雅古韵尽显橱窗文化之美

上海东方商厦作为一家高端商场，一直致力于打造独特的品牌形象和市场竞争力。其"东方八雅"主题橱窗的设计体现了商场对文化艺术的追求和对消费者审美需求的关注。

"东方八雅"即琴、棋、书、画、诗、酒、花、茶，代表了我国传统文化的精髓，承载着丰富的历史内涵和人文价值。"东方八雅"主题橱窗的设计不仅是对传统文化的呈现，还是一种艺术创新和时尚融合的尝试。设计者将传统的文化元素与现代的设计理念和时尚元素相结合，创造出既具有传统文化韵味，又符合现代审美观念的橱窗作品。

"琴"主题橱窗布置了精美的古琴模型，周围以古典乐谱、音符等元素装饰，灯光聚焦在琴上，营造出优雅的艺术氛围，仿佛能让人听到悠扬的琴音。

"棋"主题橱窗以棋盘和棋子为主要元素，通过巧妙的布局和灯光设计，展现出对弈的场景，突出方寸之间的智慧与意趣，黑白棋子在灯光下形成鲜明对比，吸引着人们的目光，如图3-28所示。

"书"主题橱窗布置了巨大的毛笔、展开的画卷以及堆叠的书籍，背景采用了具有书法质感的壁纸，灯光柔和地照在这些物品上，彰显出书法的魅力和文化底蕴。

"画"主题橱窗则通过展示精美的画作、画具等，营造出艺术创作的氛围，让人们感受到绘画的魅力和艺术的表现力。

"茶"主题橱窗以茶叶、茶具为元素，并搭配绿色背景，尽显雅韵，如图3-29所示。

图 3-28 "棋"主题橱窗　　　图 3-29 "茶"主题橱窗

"东方八雅"主题橱窗以独特的文化内涵和艺术美感吸引了不少消费者的注意，满足了消费者对高品质、高品位消费的需求。同时，这种主题橱窗设计也为上海东方商厦营造了一种高雅的购物氛围，提升了商场的整体形象和品牌价值。

项目实训：江南布衣女装门店布局与规划

1．实训背景

江南布衣（JNBY）是我国的知名女装品牌，以简约而不失设计感、注重材质与剪裁的独特风格，深受都市女性的喜爱。品牌自创立以来，一直秉持"Less is More"的设计理念，致力于为追求生活品质与个性表达的现代女性提供高品质的服装选择。目前，江南布衣已在我国多个一线城市及重要二线城市开设了线下门店，并计划进一步扩大其市场覆盖。

2．实训要求

搜集江南布衣女装的市场定位、目标客户群、竞争对手分析等相关资料，了解当前市场趋势和消费者需求，并完成门店设计与商品陈列的规划任务。

3．实训思路

（1）门店设计

设计江南布衣女装门店的整体布局、装修风格和色彩搭配，确保门店形象与品牌形象保持一致，同时提升顾客购物体验。

（2）商品陈列

根据江南布衣女装的商品特点和季节变化，设计商品陈列方案，包括橱窗展示、货架布局、商品搭配等，以体现品牌的设计理念和商品特色。

（3）顾客服务

制定顾客服务流程和标准，包括迎宾、咨询、试衣、结账等环节，确保顾客在门店内享受到专业、贴心的服务，提高顾客满意度和忠诚度。

巩固提高

一、单选题

1. （　　）是用以识别门店、招揽顾客的标志。
   A. 店门材质　　　　B. 门面类型　　　　C. 门店招牌　　　　D. 门店商品

2. 门店招牌设计需注意（　　）的要求。
   A. 文字简洁　　　　B. 易于辨识　　　　C. 便于使用　　　　D. 以上都是

3. 广州百货大楼、无锡商业大厦采用了（　　）命法名。
   A. 抽象寓意　　　　B. 地域　　　　　　C. 人名　　　　　　D. 逆反

4. 按（　　）可以将门店划分为入口区、展示区、体验区、结算区、服务区等区域。
   A. 面积大小　　　　B. 功能　　　　　　C. 商品特点　　　　D. 销售流程

5. 在门店中货架的两端及前后端，以及在门店动线的转角处所设置的货架称为（　　）。
   A. 堆头　　　　　　B. 端架　　　　　　C. 货架　　　　　　D. 商品墙

二、判断题

1. 门店招牌的文字设计要复杂多变，颜色亮丽，最好使用繁体字，便于识别。
   （　　）

2. 商品陈列的原则是全面展示，不分主次。　　　　　　　　　　　　　（　　）

3. 商品价格管理的重点是商品价格一旦确定，便固定不变。　　　　　　（　　）

4. 在门店中将功能互补或拥有相同使用场景的商品进行搭配的陈列方法称为专题陈列法。
   （　　）

5. 常见的门店橱窗构造形式有封闭式、半封闭式和开放式。　　　　　　（　　）

三、问答题

1. 零售门店店门设计的要求有哪些？

2. 零售门店商品配置的方法主要有哪几种？

3. 零售门店橱窗陈列方式有哪些？

项目四 线下门店商品管理

知识目标

- ➤ 了解商品分类、商品结构与商品组合的相关知识。
- ➤ 了解订货管理、进货验收与调拨货物的方法。
- ➤ 掌握存货控制策略与存货管理的方法。
- ➤ 掌握理货的内容与方法。
- ➤ 掌握商品定价管理与商品标价签管理的方法。
- ➤ 了解盘点的对象、内容、原则与流程。

技能目标

- ➤ 能够分析、评价门店商品组合的优劣程度。
- ➤ 能够完成订货、进货验收和货物的调拨。
- ➤ 能够有效进行存货管理、理货管理与价格管理。
- ➤ 能够配合团队人员进行商品盘点。

素养目标

培养敬业精神，对待工作认真负责，在商品管理中确保商品的准确性和完整性，勇于探索新的商品管理方法，提升解决问题的能力。

项目导读

在零售业的激烈竞争中，线下门店的商品管理非常重要，它不仅关乎门店的运营效率和销售业绩，还直接影响消费者的购物体验和满意度。商品管理是一个复杂而精细的过程，涵盖了从商品规划、进货、存货、理货到定价、盘点等一系列环节。通过学习本项目内容，读者能够提升门店经营的专业能力和实战技能。

知识导图

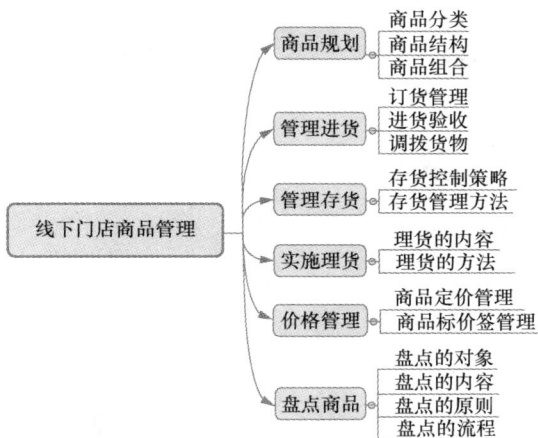

案例导入

小米之家——精细化商品管理，构建科技零售新典范

小米之家以智能科技产品为核心，打造专业的电子商品线，其电子商品线涵盖了手机、平板电脑、笔记本电脑、智能电视、其他智能家居设备等领域。小米之家推出了小米手机、小米电视等主力商品，小米手机以高性价比和出色性能吸引了众多消费者，小米电视则凭借高清画质和智能操作系统成为家庭娱乐的首选。这些商品都具有较高的市场需求和广泛的消费者群体，属于畅销商品。

除了畅销商品外，小米之家还会定期推出新品，如新款智能音箱、小米手环等。这些新品通常具有创新性的功能和设计，能够吸引消费者的关注。在新品上市期间，小米之家会通过陈列展示、促销活动等方式进行大力宣传推广，提高新品的知名度和销量。

同时，小米之家还提供了各种配套商品，如手机壳、充电器、耳机等，满足消费者的一站式购物需求。在商品组合方面，小米之家注重商品之间的协同效应。例如，小米手机可以与小米手环、小米智能音箱等设备进行互联互通，为消费者提供更加便捷的智能生活体验。

在商品订货环节，小米之家采用先进的供应链管理系统，通过对销售数据的分析精准订货。小米之家与供应商紧密合作，严格把控商品质量，只有符合标准的商品才能进入订货环节。

在商品收货环节，验收人员严格核对商品信息，进行外观检查，对电子商品进行通电测试。若发现问题，立即与供应商联系退换货或补充发货，并分类存储，为理货和销售做好准备。

在商品理货环节，理货人员根据商品种类、销售情况和陈列要求进行理货，将畅销商品放在明显的位置，保持充足的库存，并定期整理货架，按照"先进先出"的原则摆放库存商品，根据市场需求及时调整陈列布局。

小米之家还规定每月进行商品盘点，使用专业设备扫描条码记录库存数量，重点盘点高价值电子商品。另外，小米之家发现异常会及时调查处理，然后加强库存管理。

小米之家凭借精细化商品管理，不仅为消费者提供了良好的购物体验，还提高了门店的销售额和购物满意度，成为科技零售新典范。

任务一　商品规划

商品规划是指对商品进行分类、组合，形成一定的商品结构，以便于门店进行商品管理和销售。

一、商品分类

对品种繁多的商品进行分类，是零售企业进行科学化、规范化管理的需要。这有利于分门别类地对商品进行采购、配送、销售、入库和核算等操作，提高管理效率和经济效益。商品分类是指根据一定的目的、特征和标准，将商品按照一定的逻辑顺序和层次结构进行系统化的分组与归类。商品分类有助于更好地认识、理解、管理和销售商品。

也可以说，商品分类是将所有商品来源、生产方式、运输方式、销售方式、处理方式、陈列方式、用途、功能、成分等不同的商品加以分门别类，并赋予特定代号，使其能够系统、有秩序地被管理。一方面，从经营者的立场出发，商品分类要达到易于管理和易于统计、分析、决策的效果；另一方面，从消费者的立场出发，商品分类要达到方便购买、便于消费或使用的效果。

商品分类的依据通常包括商品的用途、原材料、生产工艺、功能、特性、品牌、价格等多个方面。企业可以根据自身的经营特点和市场需求，选择合适的分类依据。

1. 特性/用途分类法

按照商品特性和用途的不同，将商品分为以下几类。

（1）食品类

食品类是指供人们食用的各种商品，包括农产品类、肉类及其制品、鲜乳及乳制品、水产类、罐头类、饮料类、酒类、调味品、糖果饼干类、保健食品等。

（2）日用品类

日用品类是指人们在日常生活中经常使用的物品，如洗漱用品、家居清洁用品、儿童玩具、餐具、家居物品、护理用品等。

（3）服装鞋帽类

服装鞋帽类是指服装、鞋帽、针织品和纺织品的集合，包括男装、女装、童装，以及各种箱包商品等。

（4）数码电子类

数码电子类是指使用数字技术或数字化处理的商品，如计算机、手机、数码相机、游戏机，以及智能家居设备等。

（5）五金电料类

五金电料类是指五金工具、电工工具、工具配件、水暖器材、五金杂品，以及木瓦工具等，如榔头、钳子、扳手、锉刀、泥刀、自来水管、水龙头、暖气片、阀门、螺丝、螺母、水表、电表、插座、插头、开关、电线、灯罩等。

（6）金银珠宝类

金银珠宝类是指以金、银、铂等金属和钻石、宝石、翡翠、珍珠、水晶等为原料，经加工和连接组合、镶嵌等方法，制成具有各种图案造型的装饰品、工艺品等，包括项链、戒指、耳环、手镯、挂件、别针、发卡等。

（7）家电类

家电类包括洗涤电器、制冷电器、清洁电器、小家电、家用厨房电器、家用保健电器等。其中，洗涤电器包括洗衣机、甩干机等；制冷电器包括电冰箱、电冰柜、空调等；清洁电器包括吸尘器、加湿器、空气净化器等；小家电包括电熨斗、电风扇、电淋浴器等；家用厨房电器包括消毒柜、油烟机、燃气灶、烤箱、微波炉等；家用保健电器包括按摩椅、按摩仪、智能足浴器等。

（8）家具类

家具类是指以木材、金属、塑料、藤、竹等为主要原料制成的供人们生活、学习、工作、休息用的各种普通家具和具有特定用途的专用家具，包括家用就寝、就餐、起居、书房使用的床、柜、箱、架、沙发、桌、椅、凳、茶几、屏风等，也包括医院、学校、图书馆、办公场所等专用的办公桌椅、文件柜、书柜等。

（9）体育、娱乐用品类

体育、娱乐用品类包括体育用品、健身器材、游艺器材、棋牌、戏装道具、乐器、照相器材等。

（10）文化办公用品类

文化办公用品类包括学习用品、办公用品和计算机及其配套设备等。

2. 商品角色分类法

按照商品在门店运营过程中所承担的角色，可将商品分为目标性商品、常规性商品、季节性商品和便利性商品。

- 目标性商品：指能够代表门店特色和形象、销售业绩好的商品，这类商品能满足消费者的需求，促进其他商品销售增长，属于最大种类和最多款式且资源占用最大的商品类别。
- 常规性商品：指能够让消费者联想起门店，满足消费者大部分需要，平衡销售额增长与利润增长的商品。
- 季节性商品：指随着季节变化销售情况也发生变化的商品，这类商品能够满足消费者的日常需要，是平衡销售额增长与利润增长的时效性商品，如夏季销售的风扇、空调等。
- 便利性商品：指满足消费者随时购买、具有增进消费者从事某项活动的便利性且能增加顺带购买的商品，突出门店"一站购买"的形象，帮助门店增加利润。

3. 消费习惯分类法

按照人们的消费习惯，把消费者可能购买的关联性商品放在一起，可将商品划分成大分类、中分类、小分类和单品4个层次。

（1）大分类

大分类是门店中最笼统的分类方式。大分类的主要标准是商品特征，如畜产品、水产品、水果蔬菜、日配加工食品、一般食品、日用杂货、日用百货、家用电器等。为了便于管理，超级市场的大分类一般不超过10个。

（2）中分类

中分类是将大分类细分出来的类别，其分类标准有以下几个。

① 按商品功能与用途划分。例如，日配加工食品大分类下，可细分出牛奶、豆制品、冰品、冷冻食品等中分类。

② 按商品制造方法划分。例如，畜产品大分类下，可细分出熟肉制品的中分类，包括咸肉、熏肉、火腿、香肠等。

③ 按商品产地划分。例如，水果蔬菜大分类下，可细分出国产水果与进口水果的中分类。

（3）小分类

小分类是将中分类进一步细分出来的类别，其分类标准有以下几个。

① 按功能用途划分。例如，畜产品大分类、猪肉中分类下，再细分出"排骨""五花肉""里脊肉"等小分类。

② 按规格包装划分。例如，一般食品大分类、饮料中分类下，再细分出"听装饮料""瓶装饮料""盒装饮料"等小分类。

③ 按商品成分分类。例如，日用百货大分类、鞋中分类下，再细分出"皮鞋""布鞋""塑料鞋"等小分类。

④ 按商品口味划分。例如，一般食品大分类、饼干中分类下，再细分出"甜味饼干""咸味饼干""奶油饼干"等小分类。

（4）单品

单品是不能进一步细分的、完整独立的商品，如"355毫升听装可口可乐""1.25升瓶装可口可乐""2升瓶装可口可乐""2升瓶装雪碧"，属于4个不同单品。

需要说明的是，商品分类并没有统一、固定的标准，各零售门店可根据市场和自身的实际情况对商品进行分类。但需要注意，商品分类应当以方便消费者购物、方便商品组合、体现企业特点为原则。

▌二、商品结构

商品结构是指零售企业按照一定的标准把商品分成不同的类别，并确定不同类别的商品在商品总构成中的比重。合理的商品结构不仅能满足消费者的需求，还能实现零售经营目标，提高门店的经济效益。

1．商品结构的构成

从门店经营角度出发，将商品结构分为主力商品、辅助商品、关联商品与刺激性商品。

（1）主力商品

主力商品是指在门店经营中，无论是数量还是销售额都占主要比重的商品。一个门店的主力商品体现了它的经营方针、经营特点以及该门店的性质，所以门店应将注意力放在主力商品的经营上，主力商品的经营效果决定门店经营的成败。如果主力商品周转慢，就很难完成门店的销售目标；如果主力商品周转快，就可以保证门店取得较好的经营成果。

在选择主力商品时，门店经营者应选择在市场上具有竞争力的商品或名牌，尤其是畅销商品。这就要求经营者必须掌握所经营的主力商品的发展趋势、增长状况和竞争能力，同时还要掌握消费者的需求动向和购买习惯的变化。

门店掌握了主力商品的变化情况，也就掌握了经营的主动权。如果在经营中发现主力商品的某些品种滞销，就必须及时采取措施加以调整，防止因某些品种的影响而使门店的销售额下降。

在零售门店，主力商品一般可以分成以下几类。

① 感觉商品：在商品的设计和格调上都要与门店形象吻合并给予足够的重视。

② 季节商品：在当季配合促销活动可以显著提高销量的商品。

③ 选购性商品：与竞争者相比较，容易被选择的商品。

（2）辅助商品

辅助商品是指在价格、品牌等方面对主力商品起辅助作用的商品，或者以增加商品宽度为目的的商品。辅助商品是对主力商品的补充，可以与主力商品无关联性。

辅助商品的作用是配合主力商品的营销策略，丰富门店的品种系列，扩大目标消费者的范围，形成较好的销售气氛。对于辅助商品，经营者必须考虑其季节性和流行性，不要将过时商品作为辅助商品，否则会造成商品积压，影响资金周转。经营者在配备辅助商品时，应做到勤、少、快，并随着季节变化而做出适当的调整。

辅助商品通常有以下几类。

① 物美价廉的商品：在商品设计规划方面不需要过多重视，但要求价格较低且实用性强。

② 常备商品：对于季节性不太敏感，但与主力商品具有关联性且容易被消费者接受的商品。

③ 日用品：不需要特意到各地去挑选，随处可以买到的一般目的性商品。

（3）关联商品

关联商品是指在用途上与主力商品有密切联系的商品。关联商品具有方便消费者购买、增加主力商品销量的作用。关联商品的配备能够迎合消费者购买中要求便利的消费倾向。

关联商品通常有以下几类。

① 易接受商品：在门店中，只要消费者看到，就很容易接受且立即想买的商品。

② 安定性商品：具有实用性，但与设计、格调、流行性无直接关系的商品，即使卖不出去也不会成为滞销品。

③ 常用商品：在消费者需要时可以立即购买的商品。

（4）刺激性商品

刺激性商品是指一些品项不多，但对推动门店整体销售效果意义重大的商品，包括具有光明前景（很可能成为主力商品）的新开发商品（包括自有品牌商品），以及门店精心挑选用于短期促销、容易促使消费者冲动性购买的商品。这类商品通常以主题促销方式陈列在门店进口端头货架，带动整个门店销售。

刺激性商品主要有以下几类。

① 战略性商品：配合战略需要，用于吸引消费者，在短时间内达到一定销量的商品。

② 开发商品：为考虑未来的销售量，门店积极开发，配合供应商选出的重点商品。

③ 特选商品：通过精心的陈列组合，强调其独特的卖点。这类商品通常具有强烈的诉求力，消费者看到后容易产生即时购买的欲望，从而对整体销售产生显著的推动作用。

2. 商品结构优化

商品结构优化可以节省陈列空间，提高门店的销售额，也能保证主力商品的销售份额，有助于商品的推陈出新。商品结构优化需要依据以下指标。

（1）商品销售排行榜

现代零售企业的销售系统和库存系统都是连接的，后台的计算机系统很容易整理出企业每天、每周、每月的商品销售排行榜。该排行榜可以反映出每一种商品的销售状况，经营者可以对滞销商品的滞销原因进行深入分析。

如果有些商品持续滞销并无法改变的话，就应该撤柜。撤柜之前需要注意，一些新上柜的商品会有一个熟悉期和成长期，需要观察一段时间，不要急于撤柜。还有一些如针线等生活必需品，虽然销售额很低，也不是盈利商品，但它们可以拉动门店主力商品的销售，保留它们是很有必要的。

（2）商品贡献率

仅根据商品销售排行榜挑选商品是不够的，经营者还应考核商品贡献率。销售额高、周转率高的商品，商品利润不一定高；而周转率低的商品，商品利润也不一定低。没有利润的商品销售额再高，对门店的经济效益帮助也不大。门店经营要有利润，没有利润的商品在短期内可以存在，但不应长期占据货架。考核商品贡献率的目的在于找出门店商品贡献率高的商品，并进一步提高其销售转化率。

（3）损耗排行榜

商品损耗直接影响商品毛利。一种商品的毛利再高，但如果损耗过大，损耗带来的成本大于毛利，也不利于门店的长期经营。对于损耗大的商品，经营者可以采取少订货的措施，或者要求供应商承担合理损耗。

（4）周转率

商品的周转率也是商品结构优化的指标之一。商品的周转率高，说明其销售速度快，市场需求旺盛。这类商品应得到更多的关注和资源，如增加库存、优化陈列位置等，以进一步提高销量。商品的周转率低，表示市场需求不足或存在其他问题。这类商品需要被重新审视，需要减少库存、调整价格、进行促销或考虑下架。

通过分析周转率，经营者可以更科学地管理库存，避免库存积压和资金占用，将资源更多地分配给周转率高的商品，有助于提升整体库存的流动性和资金的使用效率。

（5）商品的更新率

零售门店要周期性地增加一些新的商品品种，从而吸引更多的顾客群体。一般来说，商品的更新率应控制在 10%以下，最好在 5%左右。需要注意的是，增加的新商品不要超出固有的价格带，价格很高但没有销量和利润的商品要坚决被淘汰。

（6）商品的陈列

在优化商品结构的同时，经营者也要优化门店的商品陈列。例如，考虑增加主力商品和高毛利商品的陈列面，适当减少无效的商品陈列面。

对于同一类商品的价格带陈列和摆放也是调整的对象之一。顾客在购买商品时，往往有不同的价格偏好和预算。将同一类商品按照价格带进行陈列，可以更好地满足顾客的多样化需求，使其能够快速找到符合自己预算的商品。在陈列商品时，经营者需要根据价格区间进行布局。通常将高端商品放置在显眼的位置，以吸引顾客的注意力；中端商品应占据主要陈列区域，以满足大多数顾客的需求；低端商品可以放在相对次要的位置，但要确保顾客能够轻松找到。

（7）其他指标

当一些特殊节日来临时，经营者要对商品进行补充和调整。例如，正月十五和冬至，应对汤圆和饺子等商品品种的配比及陈列进行调整，以提高这些品种在门店的销量。

三、商品组合

商品组合是指一个零售企业经营的全部商品的结构，即各种商品线、商品项目和库存量的有机组成方式。商品线是指商品在技术和结构上密切相关、具有相同使用功能、规格不同但满足同类需求的一组产品。商品项目是指企业商品目录上列出的每一个商品，是商品线的具体组成部分，很多零售企业都拥有众多的商品项目。

商品组合的特性是指商品组合的长度、宽度、深度和关联度。商品组合长度是指每条商品线上不同规格的商品项目的数量。商品组合宽度是指零售企业不同商品线的数量。商品组合深度是指企业各商品线上平均具有的商品项目的数量。商品组合关联度是指企业各条商品线在最终用途、销售分配渠道及其他方面的密切相关程度。

商品组合宽度越大，说明企业的商品线越多；商品组合宽度越小，说明企业的商品线越少。同样，商品组合深度越大，企业商品的规格、品种就越多；商品组合深度越小，则企业商品的规格、品种就越少。商品组合深度越小、宽度越小，则商品组合的关联度越大，反之则关联度越小。

1. 商品组合的类型

商品组合的类型因商品组合的长度、宽度、深度和关联度的不同而不同。商品组合主要分为以下类型。

（1）全线全面型

全线全面型商品组合是指企业尽可能地增加商品组合的宽度、长度和深度，以全面满足整个市场的需要。全线全面型商品组合有广义和狭义之分。广义的全线全面型商品组合是指能向整个市场提供各方面的商品服务，不受商品线之间关联性的约束；狭义的全线全面型商品组合是指只提供属于某一个行业的全部商品。

（2）市场专业型

市场专业型商品组合是指企业向某个专业市场（某类顾客）提供其所需的各种商品。例如，晨光文具、得力文具专注于办公用品的销售，包括笔、纸、文件夹、订书机、打印机等，满足不同企业和个人的办公需求，其往往与办公家具、办公设备等相关商品进行组合销售，提供一站式的办公解决方案。

（3）商品线专业型

商品线专业型商品组合是指企业专门经营某一类商品，并将其商品提供给各类顾客。例如，某服装门店销售各类服装，如男装、女装、童装、中老年服装等。

（4）特殊商品专业型

特殊商品专业型商品组合是指企业根据自己的专长，经营某些满足特定需要的特殊商品项目。例如，某家药店专门销售治疗某种疾病的特效药。这种类型的商品组合由于商品特殊，市场开拓范围有限，但竞争力也较小。

> **📖 案例链接**
>
> ### 川小兵围绕火锅商品线，打造一站式购物平台
>
> 川小兵火锅食材超市是一家新型的火锅食材零售店，自 2007 年创立以来，始终专注于火锅与烧烤食材的供应，致力于为社区家庭及野外消费人群提供一站式采购便利。
>
> 川小兵火锅食材超市以火锅食材为核心、烧烤食材为补充进行商品规划，围绕食材这

一商品线进行商品组合，为消费者提供一站式采购服务，赢得了广大消费者的欢迎和喜爱。

川小兵火锅食材超市精心挑选并供应各类火锅食材，主要包括肉类、海鲜、蔬菜与调料。

- **肉类**：提供新鲜现刨牛羊肉片、手工丸类，以确保每一口都能带来好的口感享受。
- **海鲜**：提供特色虾滑、海鲜酱等，满足海鲜爱好者的味蕾需求。
- **蔬菜与调料**：提供各类青菜拼盘、自制火锅底料及蘸料，确保荤素搭配，营养均衡。

作为补充，该超市还提供适合烧烤的肉类（如羊肉串、牛肉串等）以及烧烤相关的工具（如烧烤箱、煎锅、地桌、帐篷、桌椅等），方便消费者进行野外烧烤。另外，随着超市的不断发展，超市还根据季节变化推出相应的季节互补商品，如冰激凌等，以满足消费者在不同季节的需求。

川小兵火锅食材超市通过商品线专业型商品组合策略的成功实践，不仅实现了火锅与烧烤食材的互补销售，还提高了客流量与销售额，积累了良好的口碑，吸引了更多加盟商。

2. 商品组合的原则

在规划商品组合时，经营者需要在明确商品组合类型的基础上坚持以下原则。

（1）商品线统一原则

商品线统一原则要求同时陈列的品种要处在同一商品线上，品种之间的价格上限和下限要大体对称。如果将一条普通的裤子和一件高端上衣摆在一起，就是失败的组合。为了使商品线和价格带保持一致，经营者要仔细观察顾客在店内的反应。

（2）用途分类原则

用途分类原则是指经营者将商品按照其功能和用途进行归类，从而更好地满足顾客的需求，提高商品的销售效率和管理效率。经营者要深入了解每种商品的主要功能和用途，以便将其准确地归类到相应的商品组合中。例如，食品可以按照其在人们日常饮食中的用途或角色分为主食、副食、饮料等；家居用品可以按照其功能分为厨房用品、卧室用品、客厅用品等。经营者需要关注顾客的需求和偏好，根据其购买习惯和使用场景对商品进行进一步细分，然后根据门店的定位和目标消费群体构建合理的商品组合。

（3）确定比重原则

确定比重原则是指按照消费特点和购买频率确定某一部分或大类内的比重。简单来说，该原则要求经营者根据消费需求量和购买频率有意识地扩大某一部分品种，在某些品种内有意识地扩大某些项目、规格和种类。经营者只有坚持确定比重原则，才能做到有轻有重，有深有浅，既符合实际销售规律，又能给顾客留下鲜明的印象。

（4）方便购买原则

方便购买原则是指保证顾客方便、轻松、愉快地选择和购买商品。除了门店布局要做到使顾客不需要询问就能找到自己需要的商品外，更重要的是关联性品种的合理组合，要求将顾客同时使用、同时购买的品种组合在一起，以节约顾客寻找商品的时间。例如，按照厨房用品、卫生用品、家居用品等一些使用标志确定分类组合，而不是按照针织品、纺织品、棉布、化纤、毛料等材料标志确定分类组合。

3. 商品组合的分析方法

分析评价门店商品组合优劣程度的标准有很多，总结起来有以下几点。

- 是否具有理想的盈利能力。理想的投资收益水平是企业营销活动所追求的核心目标，也是商品组合合理与否的最终体现。

- 是否具有明显的发展能力。发展能力是指在门店现有的商品组合中至少有一部分商品或商品项目处在生命周期的成长阶段或成熟期，具有良好的零售市场前景。评价发展能力的指标主要是销售增长率。
- 是否具有较强的竞争能力。评价商品在同类商品中的竞争能力的重要指标是市场份额，即一家门店在一定时期内，某种商品的销量在市场同类商品中所占的比重。门店市场份额的提高是竞争能力增强的结果，也是评价现有商品组合优劣的重要标志。

经营者分析评价门店现有商品组合的方法如下。

（1）波士顿矩阵分析法

波士顿矩阵分析法由波士顿咨询公司（BCG）首创，其根据门店商品组合中商品品种在特定时期的市场份额和销售增长率的不同，将商品分为4类，即星级商品、显著商品、门槛商品和问题商品。以市场份额为横坐标，以销售增长率为纵坐标，每一坐标从低到高分成两部分，形成4个象限，每一象限中可放入不同的商品线，然后进行分类评价。

这4类商品在一个矩阵中，企业可以很清楚地看到哪种商品对企业的发展具有重要的作用，哪种商品对企业的发展具有负面影响，以及哪种商品可以作为将来发展的重点商品。

（2）贡献分析法

门店中每一种商品对总销售额和总利润所做的贡献是不同的。例如，某商品组合中有5个商品品种，第1个商品品种的销售额和利润分别占商品组合总销售额和总利润的50%和30%，第2个商品品种的销售额和利润均占商品组合总销售额和总利润的30%，这两个商品品种共占总销售额的80%和总利润的60%。在这种情况下，一旦这两个商品品种遇到强有力竞争，整个商品组合的总销售额和总利润将会受到重大影响。这种总销售额和总利润来源高度集中于少数品种之上的商品组合，往往具有很大的风险性。

因此，经营者必须考虑巩固第1个和第2个商品品种的市场地位，以保证获利水平，同时要加强第3个和第4个商品品种的市场营销。另外，第5个商品品种的销售额和利润只占整个商品组合的5%，其发展前途渺茫，经营者应予以清除，以转移资金进行新商品的销售。

（3）利润分析法

利润分析法主要用于分析门店的预期利润目标能否实现。例如，假设某门店经营A、B、C三条商品线，预计下一年度A商品线的利润占门店总利润的60%，B商品线的利润占30%，C商品线的利润只占10%。

据预测，在未来的发展趋势下，A商品线的利润将逐年下降，B商品线的利润呈先涨后降的趋势，而C商品线的利润将逐年增长。到第6年，C商品线将为门店赢得更多的利润，B商品线次之，A商品线最少。届时A、B、C三条商品线的总利润不能达到门店预期的利润目标，会出现较大的利润缺口。

经营者通过利润分析法就可以掌握以上情况，适时地对商品组合进行科学的调整，弥补利润缺口，保证商品组合的合理化。

经过分析，经营者应根据自身条件和所处环境的变化，适时地调整商品组合，使其保持最佳的组合状态。商品组合的调整措施主要包括扩大商品组合、缩减商品组合、延伸商品线、更新商品线及缩短商品线等。门店始终保持有效的商品组合，有利于提高经营水平与盈利能力。

任务二　管理进货

零售门店的进货管理是指对门店商品采购和补货过程进行有效的规划、组织、控制和协调，以确保门店能够以合理的成本获得适销对路的商品，满足顾客需求，同时实现门店的经营目标。

一、订货管理

合理的订货管理能够确保门店商品供应充足，避免发生缺货和货品积压现象，从而提高销售效率和顾客满意度。

1. 订货类型

常见的订货类型主要有以下几种。

（1）计划性订货

计划性订货是根据以往销售数据对未来订货量做出预估计划。在确定订货量时需要考虑门店管理数据（如保质期、销量、库存数量等）、节假日及门店环境因素（如法定节假日、学校假期等）、门店促销活动及企业物流、生产排班要求等因素。

（2）门店调拨

当计划订货量不能满足当日销售时，零售门店可以针对就近的连锁门店进行调拨支援，以满足当日销售需求。这种方式可以迅速补充缺货，提高顾客满意度。

（3）非销售品订货

非销售品订货主要针对门店的半成品、原辅料、包装物品、清洁用品等做出订货计划。这些物品的订货量通常根据门店用量情况、到货周期及仓库情况确定。

（4）补充式订货

销量超过预期时，零售门店应及时调整商品生产及调配货源，补齐当期缺货。这种方式适用于周边配货，特别是门店与工厂距离较近、工厂生产排班较多的情况。

（5）线上订货

随着电子商务的发展，越来越多的零售门店采用线上进货渠道补充货源。常见的线上订货平台有京东掌柜宝、阿里巴巴 1688 等。

2. 订货方式

订货方式主要有传统订货方式和电子订货方式。

（1）传统订货方式

传统订货方式主要有以下几种。

① 厂商铺货。供应商直接将商品放在货车上，依次将商品送给各订货方，缺多少补多少。这种方法适用于周转率快的商品或新品。

② 厂商巡货、隔天送货。供应商派巡货人员提前一天到各门店处查询需补充的商品，隔天再予以补货。该方式的优势是供应商既可以安排巡货人员到门店整理货架、贴标签，又可以给客户提供经营管理的建议和当前的市场信息等，还可以向客户推荐新品。

③ 电话口头订货。门店通过电话向供应商口头说明订货的相关信息。因为电话口头订货方式需要每天跟若干个供应商订货，货物数量庞大，所以使用人工记录花费时间较长且错误率高。

④ 客户自行取货。如果与供应商相距不远，门店也可以亲自去供应商处订货，一般适用于传统的杂货店。

⑤ 业务员订货。由门店的业务员将订货单带到供应商处实施订货。如果对货物需求较急，业务员也可以通过电话跟供应商联系订货。

（2）电子订货方式

为了适应激烈的市场竞争，电子订货方式随之出现。电子订货方式是一种借助计算机信息处理，取代传统人工书写、输入、传送信息的订货方式。它比传统的订货方式更能满足高频率的订货和快速响应的要求。电子订货方式及其具体说明如表4-1所示。

表4-1　电子订货方式及其具体说明

电子订货方式	具体说明
订货簿或货架标签配合手持终端机及扫描器	订货人员随身携带订货簿和手持终端机在货架区进行检查，找出缺货商品，扫描缺货商品的条形码，然后录入补货数量，全部巡视完成后，把所有订单详情发送给配送中心
POS订货	订货人员先在POS收银机的商品库存档内设定一个安全存量，每卖出一批商品，都会在库存系统中自动扣除该商品售出的数量。如果系统库存比预先设定的安全存量低，在确认库存后会及时把库存不足、需要补充商品的订单通过通信网络发送给配送中心
订货应用系统	订货人员通过订单处理系统与供应商制定一个通用的订单格式，在规定时间范围内将其发送出去

3. 订货流程与OTB计划

订货流程与OTB计划在零售门店订货管理中发挥着不可或缺的作用。它们共同作用，确保门店能够高效、准确地满足顾客需求，同时优化库存和成本结构，提升市场竞争力。

（1）订货流程

订货流程通常包括以下几个步骤。

① 需求预测。基于历史销售数据、市场趋势和促销活动等因素，对未来一段时间内的商品需求进行预测。

② 询价并确定供应商。进行市场采价，与供货商的价格进行比较，作为商品采购价格的基础。选择供货商，洽谈商品供销事宜。

③ 制订订货计划。根据需求预测结果，制订详细的订货计划，包括订货量、订货周期和交货时间等。线下企业可以通过对采购金额进行控制，从而合理配置自己的库存，保证企业盈利和存货之间的平衡。

④ 编制订货计划表。订货人员根据订货计划编制订货计划表，如表4-2所示，然后查看样货，看样选订。

表4-2　订货计划表

品名	编号	产地	单位	单价	数量	合计金额	备注

⑤ 订货确认。确保订货信息的准确性，包括商品种类、数量、价格、交货期等，并与供应商进行确认。

⑥ 拟定合同。与供应商议定商品供应价格，拟定并发出订货合同。

⑦ 交货确认。实行严格的交货确认程序，检查供应商的交货质量，并详细分析交货情况及质量漏洞；商品到达门店后，进行验货入库，并核对订货与送货量。

（2）OTB 计划

零售企业常采用 OTB 计划，即企业根据预估营业额、利润率和商品周转率规划采购金额和数量。OTB 计划的核心在于确定给定时期内（如一个月）计划采购额与采购员承诺购买款项之间的差额，这个差额代表采购员在该时期内可以留待购买的商品数量。随着每次购买数量的增加，OTB 计划中的剩余采购限额会相应减少。

制订 OTB 计划的步骤如下。

① 商品需求预测和预算。企业要做好自己的商品需求预测和预算，这主要是对采购数量和门店金额的控制。整个 OTB 计划的核心是对金额的控制，使企业有效控制采购成本，提高采购效率。

② 确定管理控制单位。在日常的连锁零售管理中，管理控制单位可以分为部门、大类、中分类、小分类 4 个级别。企业应根据自己的门店和自身实力确定管理控制单位。

③ 制定销售预测。销售预测的管理范围包括整个连锁零售企业、各个商品部门及商品类别。精确的销售预测是制订 OTB 计划的重要步骤，对未来销售的错误估计会导致整个过程发生偏差。大型零售公司范围和部门范围的销售额通常使用统计方法进行预测，如趋势分析法、时间序列分析法和多元回归分析法。

④ 计算计划库存水平。存货必须满足销售预期的需要，并保留余地。计算计划存货水平的方法有基本库存法、百分比差异法、周供货法及存销比率法等。

⑤ 确定计划扣减额。在日常管理工作中，会存在一些问题使期初存货加采购额与销售额加期末存货之间存在一定的差额，这个差额就是计划扣减额，包括预期折扣、其他折扣及库存短缺等。

⑥ 计算计划采购额。计划采购额是 OTB 系统的核心工作，其计算公式为：计划采购额（售价计算）=本期计划采购额+本期计划扣减额+计划期末存货－期初存货。

4. 订货技巧

门店进货环节非常重要，直接关系到门店经营效益的好坏。订货人员在进货时需要注意以下几点。

（1）从多家供应商进货

从多家供应商进货的好处在于促使供应商之间在商品质量、价格、服务等方面展开竞争，可以有效防止进货人员与供货商之间发生不正当交易，也可以及时掌握商品信息、商品动态，从而有的放矢地调整订货策略。

（2）订畅销货

除了可以从商品本身销售情况得出结论外，经营者还要考虑商品流行时间，以及对供应商品进行全面考虑。例如，想要采购的新商品可能是畅销商品，也可能不是，那就适量采购，视适销情况再决定是否多进货。

（3）依靠信息订货

准确的市场信息是做出正确订货策略的依据，可以通过建立工作手册、缺货登记本、顾客意见本等途径尽可能获取正确的信息。

ZARA 精准预测，开启进货管理新航道

ZARA 既是服装品牌，也是专营 ZARA 品牌服装的连锁零售品牌。ZARA 通过巨大的零售渠道，将设计、生产、经销和零售整合在一起，产品包括女装、男装、童装、鞋靴等。

ZARA 的服装以时尚、休闲和简约为主，致力于为消费者提供时尚、优质、实惠的时装产品，其目标消费群体广泛，涵盖不同年龄层和风格偏好的消费者。

ZARA 借助先进的数据分析系统，实时监测销售数据，结合地区、季节、消费者习惯等因素预测市场需求，为进货决策提供依据，通过少量多次进货降低库存风险。ZARA 专卖店每周会根据销售情况下单两次，款式更新快，同时也降低了库存成本。ZARA 采购团队与供应商紧密合作，能够迅速对社交媒体热门趋势做出反应，调整进货计划，快速引入相关商品，满足消费者对时尚潮流的追求。此外，ZARA 还拓展进货渠道，与时装工作室、"网红"合作，关注国际时尚创新中心，获取灵感和资源，丰富商品种类，满足消费者的个性化需求。

ZARA 凭借独特的经营模式、严格的进货管理、精准的市场预测，以及采购团队对时尚潮流的敏锐洞察力，在全球时尚服装市场中占据了重要地位，成为快时尚领域的代表性品牌。

▌二、进货验收

进货验收的目的是确保所采购的商品符合门店的订货要求，包括数量、质量、规格等方面。通过验收，验货人员可以及时发现并处理不符合要求的商品，避免给门店带来损失。

进货验收的内容主要包括以下几项。

1. 核对发货单

验货人员需要仔细核对门店的订货单与供应商的发货单，确保两者在商品项目、数量、价格、销售期限、送货时间、结算方式等方面完全一致。

2. 清点商品数量

验货人员需要清点商品的数量，不仅要核对大件包装的数量，还要开包拆箱，分类清点实际的商品数量，并核对每一个包装内的商品品名、式样、型号、颜色等是否与订货单相符。如果有需要称重的商品，验货人员需要检查商品实际克重与单据中的克重是否一致。

如果发现商品短缺或溢余，验货人员应立即填写商品短缺或溢余报告单，并报告给上级或采购部门，以便及时通知供应商并协商解决办法。

3. 检查商品质量

验货人员需要对收到的商品质量进行全面检查，包括商品的外观、包装、保质期等方面。验货人员需要检查商品是否带有质量检验合格证或卫生检验合格证；进行抽样检查，扫描商品条形码，核对扫描后显示的商品描述与品名是否一致；检查特殊商品的防伪标记，拒收假冒商品；检查商品是否在保质期内。

质量验收方法主要有感官检验法和仪器检验法等。在交接时间较短和指定交接地点等条

件的约束下，验货人员通常采用"看""闻""听""摇""拍""摸"等感官检验法。而仪器检验法则是通过利用试剂、仪器等设备对商品的成分、技术标准等进行物理和化学分析，检验方式更科学，但过程复杂，受验收人员的经验、作业环境和生理状态等因素影响。

一旦发现商品存在质量问题，如破损、变形、过期等，验货人员应拒收，并填写质量问题报告单，通知供应商进行退换货处理。如果是进口商品，还需检查商品上的中文标志，若无中文标志，验货人员可拒收。

4. 填写验收单

商品验收完毕，验货人员需要填写验收单，详细记录商品的数量、质量、规格等信息，并签字确认。验收单是门店与供应商之间进行结算和索赔的重要依据，必须认真填写并妥善保管。

在进货验收阶段，验货人员应在规定的时间内完成验收，避免影响门店的正常营业和库存周转。另外，验收应在指定的区域进行，避免影响门店的整洁和顾客的购物体验。

对于验收不合格的商品，验货人员要进行退换货处理，首先写明退换货的原因，如商品质量不佳、商品过期、订货和送货失误等；其次填写退换单，注明名称、数量、退换原因及要求等；最后告知供应商，以便供应商及时处理。进行退换货处理时，为了节约成本，可以与进货相配合，利用进货回程顺便将退换货带回。

📖**案例链接**

永辉超市严控商品验收，引领品质零售

永辉超市是我国 500 强企业之一，它不仅是国家级"流通"及"农业产业化"双龙头企业，还是我国首批将生鲜农产品引进现代超市的企业之一。生鲜业务是永辉超市的核心优势之一。通过严格的供应链管理、高效的物流配送体系及精细化的商品管理，永辉超市为消费者提供新鲜、优质的生鲜商品。

验收部在接到配送商品后，验收人员会依据配送单认真检验周转箱或带包装商品的数量。验完数量后，验收人员会根据实际情况对配送商品的数量、质量与司机进行全检或抽检。

在质量检验方面，对于生鲜商品，验收人员会仔细检查其新鲜度。例如，蔬菜是否色泽鲜艳、有无黄叶烂叶；水果是否饱满、有无明显损伤和腐烂迹象；肉类色泽是否正常、有无异味，以及检验检疫标志是否齐全；包装食品包装是否完好无损、生产日期和保质期是否符合要求等。

验收无误后，验收人员会在配送单上郑重签字，让司机带回。同时，永辉超市明确规定已验收商品一律不退，这是为了确保验收工作的严肃性和准确性。如果在验收过程中发现质量问题，验收人员会让司机证明，并根据商品来源进行分类处理。如果是配送的商品有质量问题，会找生鲜配送中心主管处理；如果是直送的商品有质量问题，则找采购主管处理，并且要求当天必须处理完，隔日一律不予处理，以保证问题能够得到及时解决，不影响超市的正常运营。

对于直送商品，验收人员更要把好质量关。他们深知直送商品的质量直接关系到超市的声誉和顾客的满意度。在验收直送商品时，验收人员会做到及时入库，确保每一件入库商品都经过严格的检验和记录。当发现商品的鲜度、等级、质量不达标时，验收人员会果断拒收并及时通知采购部门。同时，验收人员会做好货物差异的记录，详细记录拒收商品的原因、数量等信息，以便采购部门与供应商进行沟通和协调。

　　验收部的专业人员凭借丰富的经验和专业知识，对大量的配送商品进行严格的验收。他们会运用各种检测工具和方法，确保商品质量符合标准。

三、调拨货物

　　调拨货物是指门店工作人员在各门店之间进行货物调动，包括调入和调出。调拨货物一般由调入门店安排人员及车辆到调出门店调货，调入门店人员凭店长签名的调货函件调拨商品，调货函件上必须注明调拨商品的名称、编码、规格、数量等信息。

　　调拨货物的具体流程如下。

　　（1）申请

　　门店根据库存情况、销售需求或特殊事件（如促销活动、季节性变化等）向总部或物流中心提出调拨货物申请。申请中应明确调拨的货物种类、数量、期望到货时间以及调拨的原因。

　　总部或物流中心接到申请后，会对申请的合理性进行审核。审核内容包括但不限于库存情况、调拨成本、运输可行性等，审核通过后会制订调拨计划，并通知相关门店和物流部门。

　　（2）制单

　　调拨货物申请通过后，调出门店或总部会开始制单。制单是指根据调拨货物申请，在系统中或手工填写调拨单据，明确调拨的详细信息，如调拨单号、调出/调入门店、商品信息、数量、调拨日期等。

　　制单完成后，会生成一式多联的调拨单据，由调出门店、调入门店、财务等各部门留存。

　　（3）商品出仓

　　调出门店仓管员根据调出单的信息进行备货，并在调出单上签名，提货人或送货人也需要在调出单上签名。

　　（4）验收

　　调入门店收到调拨商品后，收货员与仓管员按调出单上的品名、数量等信息进行实物验收，并签名确认，若有差异，立即通知店长。

　　（5）单据录入

　　调入门店文员根据有双方仓管员（收货员）签名确认的调出单，在当天按实际收货数量录入调入单，并提交审核。

　　（6）单据保管

　　调入门店和调出门店分别保管各自的单据，以备后续查询和审计。单据应妥善保存，防止丢失或损坏。调入门店和调出门店每月核对一次，总部相关部门每周查询调拨差异并进行分析处理。

　　以服装店为例，同一品牌方为不同的门店供货，需要考虑"哪家门店卖得快，就将货品集中到哪家门店"，对于某款商品，销售了一段时间就会出现缺码断货的情况，这时及时调拨货物就非常重要，可以帮助门店抓住更多的销售机会。一般品牌方需要比较每家门店商品的销量与周转速度，如果 A 店周转速度最快，B 店周转速度最慢，可以考虑将 B 店剩余商品的一部分调到 A 店，确保资源分配合理，提高商品销量。

任务三　管理存货

有效的商品存货管理是保证门店健康运行的前提。商品存量过大，会占用门店的资金，增加门店的运营成本；商品存量过小，则会增加缺货风险，导致门店出现缺货现象，影响门店的销售业绩。因此，持有适量的商品存货是门店顺利经营的保障。

一、存货控制策略

存货控制直接关系到门店的运营效率和盈利能力。有效的存货控制能够帮助门店避免发生库存积压和缺货现象，降低资金占用和运营成本，同时提高顾客满意度和门店竞争力。常用的商品存货控制策略如表 4-3 所示。

表 4-3　常用的商品存货控制策略

控制策略	内容说明
精准需求预测	利用历史销售数据、市场趋势分析等手段，建立预测模型，对商品需求进行精准预测，避免发生库存积压和缺货现象
优化采购计划	根据需求预测结果，制订合理的采购计划，包括采购数量、采购时间等，做好供应商管理，确保采购计划的顺利执行和及时供货
加强库存监控	利用现代化管理软件，实时监控库存情况，包括存货数量、库存周转率等指标，通过数据分析，及时发现库存异常和潜在问题，并采取相应的调整措施
确定存货处理制度	当存货产生时，应有明确的存货处理制度，明确告诉工作人员采用什么方法，在什么时间，通过什么渠道将存货处理完
定期盘点与调整	定期进行库存盘点，确保库存数据的准确性和可靠性，根据盘点结果对库存进行调整和优化，如处理滞销商品、调整库存结构等
做好存货分类管理	存货分类管理做得越好，对存货的出清越有帮助，例如，按商品的品质，可分为可售品、瑕疵品、报废品；按商品的销售情况，可分为畅销品、滞销品、一般商品等
强化供应链管理	与供应商建立紧密合作，实现信息共享和协同，通过加强供应链管理，提高供应链的响应速度和灵活性，降低库存风险和运营成本
提升销售能力	在激烈的市场竞争中，销售能力强的门店往往能创造出令人振奋的业绩，商品存货控制得当，门店运营顺畅，这有赖于销售人员的持续学习和不断提升的销售能力

二、存货管理方法

零售门店商品存货管理的目的是确保商品库存的最优水平，以满足顾客需求，降低运营成本并提高门店利润。商品存货管理方法主要有以下几种。

1. ABC 分类法

ABC 分类法是将库存商品按照重要程度和价值进行分类管理的方法。门店经营者根据历史销售数据和市场趋势，将商品存货分为 A、B、C 三类。A 类存货价值高、数量少，需要重点管理；B 类存货价值中等、数量适中，需要适当控制；C 类存货价值低、数量多，需要实行总量控制，不用过多关注和管理。然后，针对不同类别的存货采取不同的管理措施，如定期盘点、定量订货等。

2. 定期订货法

定期订货法是按预先确定的订货间隔时间进行补货的库存管理方法，每次的订货数量可能发生变化，但订货间隔期保持不变。门店经营者首先确定订货周期，然后在每个订货周期结束时，根据存货的现有量和需求量确定订货数量。这种方法适用于存货消耗速度相对稳定的情况。

3. 定量订货法

定量订货法又称连续检查库存系统或固定数量法，当库存量下降到某个预先设定的订货点时，就按照固定的订货量发出订货请求，以确保库存水平维持在目标范围内。定量订货法的关键在于把握订货时机，它主要通过控制订货点和订货批量两个参数控制订货量，从而达到既满足库存需求，又能使总费用最低的目的。

采用定量订货法需要解决以下问题：确定订货点，明确什么时候订货；确定订货批量，明确一次订多少货；确定订货如何具体实施，以及库存系统的基本库存、安全库存、周转率等。

4. 定期盘点法

定期盘点法是每隔一定的时间间隔（如每月、每季度或每年）对库存物料进行盘点的方法。其原理在于通过实际清点库存数量，与账面记录进行对比，从而发现库存差异并采取相应的纠正措施。定期盘点法有助于零售门店及时了解库存状况，避免库存短缺或积压，确保库存数据的准确性和可靠性。

5. 先进先出法

先进先出法是指按照货物入库的顺序，先入库的货物先出库。这种方法在存货管理中非常重要，特别是在处理易变质、有效期较短或价格波动较大的商品时。使用此方法时，新入库的货物不能打乱原有货物的顺序，验货人员可以使用标签、条形码或库存管理系统标识和追踪每个批次的货物。

🔵 任务四　实施理货

门店商品理货是对所出售的商品进行分类、盘点、陈列与摆放操作，是贯穿销售活动始末的一个重要辅助工作，是充分而完善地完成每天营业工作的保证。门店经营者要重视理货工作，从中了解顾客的购买情况、企业的宣传效果和促销效果，从而获得真实的市场信息，帮助企业调整营销策略。

▌ 一、理货的内容

门店理货员需要了解顾客需求，做好理货工作，服务好顾客并维护与供应商的关系。理货的内容包括以下几项。

1. 陈列商品

理货员的首要工作就是让商品完好地展现在顾客面前，引起顾客的注意，让顾客看得见、摸得到。商品陈列要美观、整齐，摆放要丰富、醒目。商品陈列得当，既能吸引顾客的注意力，又能给顾客以视觉美感，增强顾客购买的信心。理货员要熟悉不同商品的存放货位，做到心中有数，每天闭店后要及时整理，对号入座。

2. 及时补货

在一些节假日、销售旺季或举办促销活动时，理货员要提前与仓库、供应商和物流部门做好沟通，及时补货，做到货源充足，不断货；保障门店商品销售，及时对端架、堆头和货架上的商品进行补货。

对于有季节性差异的商品，理货员要根据商品特点做出适当的位置调整，对旺季的商品或销售状况良好的商品进行及时补位，避免货架上摆满滞销的商品，影响门店的销售。

3. 调换商品

理货员发现货架或柜台有不合格的商品时，要及时更换，这是对顾客负责。理货员要随时检查货架商品，发现表面不整洁、破损和有质量问题的商品时，应主动将商品从货架上撤下来，及时更换。

4. 检查标价签

理货员要保证销售区域的每种商品都有正确的条形码和正确的价格标签，保证商品与价格标签一一对应；检查有无过期、错误、损坏、污浊的价格标签和标牌，如果有，要及时更换，还要检查标签放置的位置是否正确。

5. 布置 POP

门店商品销售不仅要靠商品的陈列及商品质量、价格、包装等方面打动顾客，还要靠店面广告吸引和说服顾客。理货员要恰当布置卖点广告（Point of Purchase，POP），把 POP 放在适当的位置，如商品附近、收银区、店面、入口和出口等，如图 4-1 所示。

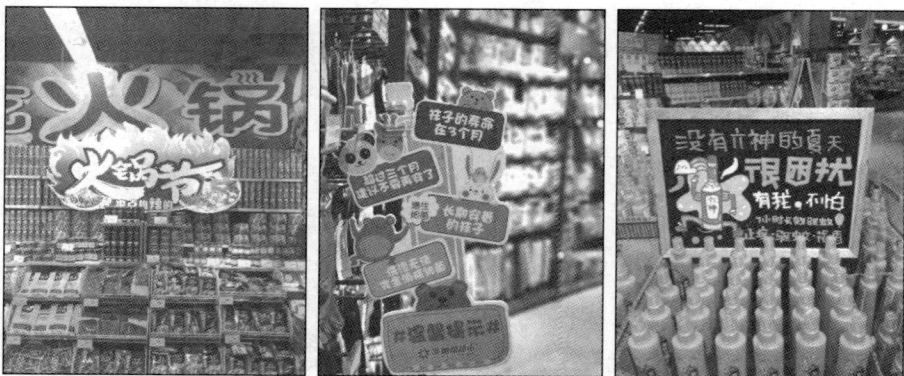

图 4-1　门店布置的 POP

除了以上工作外，理货员还要保持门店的卫生，保持购物通道顺畅，及时清理垃圾及障碍物等；负责门店的安全操作；树立防盗意识，对特殊商品进行防盗处理，对容易丢失的商品和可疑人员予以特别关注。

二、理货的方法

理货的方法有很多，常见的门店理货方法有以下几种。

1. 陈列图理货法

零售门店通常有预先设计好的商品陈列图，理货员按照商品陈列图进行商品的有序摆放。例如，超市饮料区的陈列图会规定不同品牌、规格的饮料在货架上的具体位置，理货员按照指定的层数、排数将饮料放置在相应的货架上，确保商品陈列的标准化和规范化，方便顾客寻找商品，同时也有助于提升门店的整体形象。

2. 分类理货法

分类理货法是指按照商品的类别进行理货。例如，将食品类（可细分为休闲食品、生鲜食品、粮油副食等）、日用品类（可细分为洗护用品、家居清洁用品等）、服装类等分别进行整理。在每个类别内部还可以进行进一步细分，例如，在洗护用品中，将洗发水、沐浴露、护发素等分别归类摆放。这有助于提高理货效率，也便于顾客根据自己的需求快速找到商品区域。

3. 关联理货法

关联理货法是指将关联商品放置在相邻位置。例如，在文具区，将笔记本、笔、修正带等关联商品陈列在一起；在厨房用品区，把锅具和锅铲、围裙等关联商品摆放在附近。这种理货方法方便顾客一次性购买相关的商品，从而提升顾客的购买体验，增加关联销量。

4. 清洁整理理货法

在理货过程中，理货员对商品及其陈列设施进行清洁整理，擦拭商品及商品包装上的灰尘，清洁货架、货柜等。对于有污渍或者损坏的商品包装，要及时进行处理，如更换包装或者将商品退回仓库，以保证商品外观整洁，提升商品的吸引力。

5. 先进先出理货法

对于有保质期或新旧批次的商品，理货员要遵循"先进先出"的原则，特别注意商品陈列顺序，确保先到期的商品先销售出去。在补货时，将新到货的商品放置在货架后排，先到货的商品放置在货架前排。以面包为例，新生产的面包放在货架后排，即将到期的面包放在货架前排，这样可以减少商品过期造成的损失。

任务五 价格管理

商品价格管理就是合理制定和调整门店商品的价格，从而保证商品的销量。从这个意义上讲，门店商品价格管理的重点在于随需应变。商品价格是影响顾客购买行为的重要因素。给商品制定一个让顾客心动的价格，可以吸引更多的顾客，并促使他们产生购买行为，最终实现门店盈利的目的。

一、商品定价管理

合理的商品价格可以帮助门店吸引顾客、提高销售额，并保持市场竞争力。商品定价的影响因素有很多，如成本、商品特点、市场需求及竞争状况等。门店经营者在制定商品价格时往往会侧重某一因素，形成不同的定价方法。

1. 商品定价方法

常用的商品定价方法有以下几种。

（1）成本加成法

成本加成法是指根据商品成本和期望的利润率确定商品价格的方法。这种策略相对简单，但需要确保售价能够覆盖商品成本并保证利润。采用这种定价方式，需要准确核算商品的成本，并确定恰当的利润百分比（即加成率）。

（2）市场定价法

市场定价法是指根据市场需求和竞争情况确定商品价格的方法。通过对竞争对手的定价和商品特点的分析，零售商可以决定自己的定价策略，如高价策略、低价策略、差异化定价策略等。市场定价法能够准确反映市场需求和竞争情况，但需要进行详细的市场分析和竞争状况调研。

（3）品牌定价法

品牌定价法是指根据商品的品牌价值和品牌定位确定商品价格的方法。这种方法要求企业建立一定的品牌知名度和美誉度，使顾客愿意为品牌付出更高的价格。品牌定价法适用于具有明确品牌定位和品牌溢价能力的企业，但需要在市场中建立和维护品牌形象。

（4）动态定价法

动态定价法是指零售商根据市场供求变化和顾客需求差异灵活调整商品价格的方法。动态定价法常用于电商平台，经营者通过价格弹性分析等手段，根据市场需求的变化做出相应调整。这种方法可以更好地满足顾客的个性化需求，提高企业的市场竞争力。

（5）损失导向定价法

损失导向定价法是指在销售周期结束前，经营者根据未销售的库存情况进行商品价格调整以减少损失的方法。损失导向定价法是通过降价促销等手段快速清理库存，需要经营者在库存管理和销售预测方面具备较强的能力。

2. 商品定价策略

门店常用的商品定价策略有新商品定价策略、心理定价策略和折扣定价策略。

（1）新商品定价策略

门店经常会采购一定数量的新商品，新商品定价是商品价格管理的关键环节，它关系到新商品能否被消费者接受并购买。门店在推出新商品时，常采用以下策略。

- 撇脂定价。撇脂定价即高价投放新商品，售价远高于成本，其目的在于短期内迅速盈利。销售对象主要是收入水平较高的人和猎奇尝新者。这种定价的优点是门店能够迅速实现预期盈利目标，掌握市场竞争及新商品销售的主动权。

- 渗透定价。渗透定价即低价投放新商品，使新商品在市场上广泛渗透，从而提高市场占有率，然后随市场份额的增加逐渐提高价格、降低成本，以实现盈利目标。这种定价策略能迅速打开新商品的销路，但薄利往往导致商品的成本回收期较长，难以应付在短期内骤然出现的竞争。

- 满意定价。满意定价是介于撇脂定价和渗透定价之间的定价策略，其价格水平适中，同时兼顾门店和消费者的利益，使各方面都能接受，其优点是价格比较稳定，在正常情况下可按期实现盈利目标。

（2）心理定价策略

心理定价策略即依据消费者购货时的心理确定商品价格的策略，主要形式如表4-4所示。

表 4-4　心理定价策略的主要形式

名称	说明
整数定价	整数定价就是把商品价格定为整数，没有零头。例如，电视机 3 000 元/台。一般耐用消费品或高档商品可采用此方法
尾数定价	尾数定价就是把商品价格定为带零头的数字。例如 9.9 元、39.8 元等，消费者会感到商品物美价廉
声望定价	声望定价是指利用消费者仰慕名牌商品或知名品牌商品的心理制定商品价格的方法，通常将价格定成整数或高价，旨在提高潜在消费者的认知价值，创造高品质的印象
招揽定价	招揽定价是指门店为了有效地吸引消费者进店，特意把少数几种商品价格定低，甚至低于成本，借以吸引消费者，达到连带销售其他商品的目的
习惯性定价	消费者因为日常生活需要会经常重复地购买某些商品，从而使这些商品的价格自然而然地在心中形成一种定式。门店对这类商品定价时，应充分考虑消费者的这种习惯性倾向，并比照市场同类商品价格进行定价

名称	说明
制造差价	门店利用消费者的差异性心理,即当消费者看到商品价格有差异时,一般会认为商品品质之间也会有差异,而价格高的商品,其质量也好,从而选择价格高的商品
不同档次定价	同类商品通常会有许多规格和型号,它们之间的成本也不尽相同,门店会把这类商品分成若干档,每档商品定一个价格,这样就可以在不影响经营利润的前提下简化销售过程,满足消费者需求
最小单位定价	最小单位定价指门店以数量的不同包装同种商品,基数价格的制定以最小包装单位为依据,销售时参考最小包装单位的基数价格与所购数量收取款项

（3）折扣定价策略

折扣定价策略是指门店在出售商品时,在基本价格的基础上再给消费者一定价格优惠的一种定价技巧。折扣定价策略主要有以下形式。

- 现金折扣。现金折扣是指如果消费者在规定的期限内付清货款,可按原价给予一定折扣。
- 数量折扣。数量折扣是指消费者购买的商品达到一定数量或金额时,可享受一定折扣。
- 季节性折扣。经营季节性商品的门店,对在销售淡季购买商品的消费者给予折扣优待,鼓励他们购买。
- 限时折扣。食品有一定的保质期,门店为了确保在保质期内将商品销售出去,可采用限时折扣的方法进行销售。
- 特卖品折扣。随着市场上消费流行时尚的变化,一些商品的款式、包装等会显得过时,这样的商品就成为门店的特卖品,需要提供大幅度的折扣进行销售。

二、商品标价签管理

商品标价签管理的核心目的是确保商品信息真实、准确、清晰,便于消费者查看和理解,从而保障消费者的合法权益,促进消费者购买。

1. 商品标价签的种类

商品标价签的种类繁多,根据不同的分类标准和应用场景,可以归纳为表 4-5 所示的几种类型。

表 4-5　商品标价签的类型

依据	名称	特点	应用
按材质和形式分类	纸质标价签	最为常见的一种标价签,使用纸质材料制作而成,使用起来比较便捷	适用于一般商品的标价
	磁力标价签	使用磁性材料制作而成,可以牢牢吸附在钢制货架上	适用于钢制货架上的商品标价
	电子标价签	利用电子纸技术制作而成,可以通过无线网络更新价格信息,节省手动更换标价签的时间成本	适用于需要频繁更新价格信息的商品标价
	悬挂式价签	一般挂在杆子上或装在导轨里,整齐规范,容易拆换	适合超市的普通商品区使用
	大屏/彩屏价签	价签屏幕大,色彩丰富,可以展示更多信息	适合超市生鲜区、生鲜水果店使用
	台摆式价签	一般放置在桌台或橱窗上,方便顾客查看产品信息	适用于奢侈品、家电、智能设备或单价相对较高的商品标价
	冰插式价签	可以插在碎冰里且不会被冻坏	适用于冰鲜商品的标价
	夹式价签	可以夹在篮筐边缘,不容易弄丢,取下也很方便	适用于篮筐装的生鲜品的标价

续表

依据	名称	特点	应用
按标价方式分类	直接标价签	直接在标价签上标注商品的售价	适用于大多数商品的标价
	折扣标价签	标注商品的原价和折扣价，以及折扣信息	适用于促销活动期间的商品标价
	价目表	详细列出各类商品的价格信息	适用于商品种类繁多的超市、商场等
按功能分类	普通标价签	仅标注商品的售价，功能单一	适用于日常销售商品的标价
	多功能标价签	除了标注商品售价外，还展示商品的条形码、产地、货号、等级等信息	适用于超市、商场、专卖店等
	智能标价签	具有电子显示功能，可以实时更新价格信息，还可以与消费者的智能手机进行交互	适用于需要频繁更新价格信息且追求高科技感的场所，如智慧门店、未来零售店等

2. 商品标价签的填写

商品标价签的填写内容包括商品名称、商品编号、规格和单位、价格、产地、等级、生产日期、条形码、促销信息等。对于某些特殊商品，如金银珠宝饰品，标价签上还应标明含量、纯度、重量等关键信息。

门店经营者在填写商品标价签时，需要遵循以下要求与规范。

* 信息准确：在填写标价签之前，务必核对商品信息，确保所有数据准确无误，零售价应保留小数点后两位，精确到分。
* 字体清晰：使用清晰易读的规范汉字，字迹工整，不得涂改，不得出现错别字。
* 排版美观：标价签的排版应整洁美观，以提升商品形象，吸引消费者注意。
* 定期更新：随着商品更新换代或市场变化，标价签上的信息应进行相应调整，确保信息的时效性。
* 遵守法规：填写标价签时，应遵守《中华人民共和国价格法》《中华人民共和国消费者权益保护法》等相关法律法规，规避法律风险。

3. 商品标价签的管理

商品标价签管理的基本要求如下。

* 商品标价签上的信息必须真实、准确，不得含有虚假、误导、欺诈性的内容。
* 商品标价签所示价格不得高于生产厂家外包装所标注的商品价格。宣传海报上标示价格必须与商品标价签所示价格保持一致。
* 门店应使用统一的商品标价签，标价签的样式、颜色、大小等应符合相关规定，以便于消费者识别和阅读。
* 销售商品中不同品名或相同品名的商品有产地不同、规格不同、等级不同、材质不同、花色不同、包装不同、商标不同等情况之一者，实行一货一签。
* 标价签的摆放应横平竖直，依据标价签的大小及经营场所的实际情况，做到美观整洁，确保不皱褶、不破损。

任务六　盘点商品

盘点商品是指对库存商品进行清点核实的过程，目的是了解当前库存商品的实际数量、状况以及是否与账面记录相符。在盘点商品的过程中，零售企业会组织相关人员对库存商品进行逐一清点，核对商品的数量、规格、型号、批次等信息，并与账面记录进行对比，以发现可能存在的差异。这些差异可能是因为入库、出库、库存转移等环节中的操作失误、盗窃、损耗等造成的。

一、盘点的对象

盘点的对象主要指门店的商品，包括陈列区商品和库存区商品。为了准确、完整地将区域内的所有商品进行盘点，盘点人员要对所有盘点区域内的货架、端架、促销区、仓储货架等进行编号。

1．陈列区商品

陈列区包括正常货架陈列区、冷冻陈列区和促销陈列区。盘点人员要盘点的商品包括：正常货架陈列区展示的所有商品；冷冻陈列区中的商品，包括日配部门的冷冻陈列柜、冷藏陈列柜中所有的商品；促销陈列区中的商品，包括堆头、挂墙、端架上的所有商品。

2．库存区商品

库存区包括货架库存区和仓库库存区。

货架库存区即销售区域货架的顶层，是用来存放商品库存的空间。货架库存区所有的商品都在盘点的范围内。

仓库库存区指后仓、冷藏库、冷冻库、周转仓等。仓库库存区所有的商品也都是盘点对象。

二、盘点的内容

商品盘点的内容主要包括商品数量、商品质量、保管条件、仓储设备及库存安全状况等。

1．商品数量

通过盘点查明库存商品的实际数量，核对库存账面数量与实际库存数量是否一致，这是盘点的主要内容。

2．商品质量

盘点人员要检查库存商品质量有无变化，包括受潮、锈蚀、发霉、干裂、鼠咬，甚至变质情况；检查商品有无超过保管期限，是否存在长期积压现象；检查技术证件是否齐全，是否证物相符，必要时还要进行技术检验。

3．保管条件

盘点人员要检查库房内外储存空间与场所利用是否恰当；储存区域划分是否明确，是否符合作业情况；货架放置是否合理；商品进出是否方便、简单、快速；工作联系是否便利；搬运是否方便；传递距离是否太长；通道是否宽敞；储区标志是否清楚、正确，有无脱落或不明显的情况；是否有废弃物堆置区；温度、湿度是否控制良好；堆码是否合理稳固；保管条件是否与各种商品的保管要求相符合，如苫垫是否严密、库房是否漏水、场地是否积水、门窗通风洞是否良好等。

4．仓储设备

盘点人员要检查各项设备的使用和养护是否合理，是否定期保养；储位、货架标志是否清楚明确，有无混乱，是否充分利用；计量器具和工具（如皮尺、磅秤及其他自动装置等）

是否准确，使用与保管是否合理，检查时要用标准件校验。

5. 库存安全状况

盘点人员要检查各种安全措施和消防设备、器材是否符合安全要求；使用工具是否齐备、安全；商品堆放是否安全，有无倾斜；货架头尾防撞杆有无损坏变形；建筑物是否损坏而影响商品储存；对于地震、水灾、台风等自然灾害有无紧急处理对策等。

三、盘点的原则

盘点的目的是真实反映目前库存数量、库存结构是否合理。在盘点过程中，盘点人员需要遵守以下盘点原则。

1. 真实性原则

商品盘点要求盘点所有的点数、资料必须是真实的，不允许作弊或弄虚作假以掩盖漏洞和失误，这是确保盘点结果准确性的基础。

2. 准确性原则

盘点的过程要求准确无误，无论是资料的输入、陈列的核查还是盘点的点数，都必须准确。准确性是评估盘点效果的关键指标。

3. 完整性原则

所有盘点过程的流程，包括区域的规划、盘点的原始资料、盘点点数等都必须完整，不要遗漏区域、遗漏商品。完整性保证了盘点工作的全面性和系统性。

4. 清晰性原则

盘点过程属于流水作业，不同的人员负责不同的工作。所有资料必须清楚，人员的书写必须清楚，货物的整理必须清楚，这样才能使盘点顺利进行。清晰性有助于提高工作效率和减少误差。

5. 协调性原则

盘点是几乎全店人员都参与的营运过程。为减少停业的损失，加快盘点的时间，门店各个部门必须有良好的配合协调意识，以大局为重，使整个盘点按计划进行。每个人都要具备团队协作意识，这是确保盘点工作顺利进行的重要保障。

此外，根据具体的零售门店情况，经营者还要遵守一些额外的盘点原则，如售价盘点原则、即时盘点原则、自动盘点原则等。

- 售价盘点原则：以商品的零售价作为盘点的基础，库存商品以零售价金额控制，通过盘点确定一定时期内的商品溢损和零售差错。
- 即时盘点原则：在营业中随时进行盘点，不必等到"停止营业"或"月末盘点"。
- 自动盘点原则：利用现代化技术辅助盘点作业，如使用掌上型终端机、收银机和扫描器等。

四、盘点的流程

各个零售门店盘点的流程依据实际情况会有所不同，但大体的程序是一致的。下面以某门店盘点的总流程为例进行详细说明。

（1）通知盘点

总部要确定具体的盘点时间，通知所有参与盘点的部门及人员做好盘点准备。

（2）成立盘点小组

门店在接到上级部门的盘点通知后，于盘点日一个月前成立门店的盘点小组，全面进行年度盘点的准备工作。

（3）规划盘点区域

盘点小组将所有需要盘点的区域进行编号，将不需要盘点的区域划分出去。

（4）设置盘点图

盘点小组对整个门店所有盘点区域的商品陈列图进行确认，将盘点区域的商品陈列图输入计算机系统中。

（5）准备盘点表及用具

盘点小组将盘点表、盘点单和盘点用到的文具等必要的物品事先备齐。

（6）人员安排

盘点小组要做好人员安排，安排所有参加库存区盘点、陈列区盘点的人员，以及盘点指挥中心和盘点资料处理中心的人员，详细到工作时间、就餐时间、报到地点等。

（7）商品整理

在盘点进行前，盘点小组要对销售区域、库存区域的所有盘点商品进行整理，使其符合盘点的要求。

（8）盘点培训

针对盘点小组人员、管理层、参加盘点人员，门店经营者要组织相应的培训。

（9）库存区预盘点

在盘点日前一天，盘点小组要对整个门店的库存区域进行提前盘点，其资料要与陈列区的盘点资料一起输入。

（10）停止营业

盘点前两小时门店停止营业，盘点公告则在一周前以广播、告示等方式知会顾客。

（11）陈列区盘点

关店后进行陈列区的盘点，将劣质品、破损品、污损品区分放置，并注明其数量，把商品品名、数量及价格分别记入盘点表中。

（12）盘点结果的确定

盘点小组将陈列区、库存区的所有盘点数据输入计算机中进行处理，并对差异报告进行分析、重盘等，最终确定本次的盘点库存金额，由财务部计算本营运年度的盘点损耗率。

（13）盘点结束

盘点结束后，门店经营者立即恢复营业，包括系统恢复、收货恢复、楼面恢复等。

（14）盘点报告

盘点结束后，由盘点小组人员对盘点情况、背景知识进行整理分析，上交门店店长进行批阅和处理。

> ▰▰▰ **案例链接**
>
> **月度盘点常态化，助力乐福超市商品管理精细化**
>
> 乐福超市是一家中型综合超市，经营品类涵盖食品、日用品、生鲜、服装等。其门店面积约 2 000 平方米，员工 50 余人。乐福超市一直致力于为顾客提供丰富多样的商品选择和优质的购物体验。随着业务的不断发展，乐福超市的商品种类和数量日益增多，商品管

理日益复杂。

为了确保库存数据的准确性，及时发现和解决商品管理中存在的问题，乐福超市规定每月进行一次盘点，通过盘点全面了解超市内各类商品的实际库存情况，与系统库存数据进行对比，找出差异并进行调整。同时，盘点也有助于发现商品的丢失、破损等情况，为超市的商品管理提供有力依据。

乐福超市在盘点前会做好准备工作，包括成立盘点小组、确定盘点时间、整理商品陈列、准备盘点工具等。

- 成立盘点小组：由店长担任组长，各部门主管为组员，负责统筹和协调盘点工作。同时，从各部门抽调熟悉商品的员工组成盘点执行队伍。
- 确定盘点时间：选择在非营业高峰时段，如周一晚上进行盘点，以减少对顾客的影响。
- 整理商品陈列：在盘点前，各部门对商品进行整理，确保货架陈列整齐，便于盘点计数。同时，对仓库中的商品进行分类整理，标记好货位。
- 准备盘点工具：包括盘点机、纸笔、标签等。

进行盘点时，乐福超市将盘点执行队伍分为若干小组，每个小组负责一个区域或品类的商品盘点。例如，一组负责食品区，二组负责日用品区等。各小组按照分工对负责区域的商品进行逐一盘点，使用盘点机扫描商品条码，记录商品数量。对于没有条码的商品，手工记录商品名称和数量。在盘点过程中，要求盘点人员认真、仔细，确保数据准确。

盘点完成后，乐福超市会将盘点结果输入计算机系统，与系统库存数据进行核对。对于差异较大的商品，会再次进行盘点核实，找出原因并进行调整。最后，组织参与盘点人员召开盘点总结会议，对盘点过程中出现的问题进行总结，提出改进措施。例如，加强商品管理，规范入库、出库流程，提升员工盘点技能，减少盘点错误等。

此外，每月定期盘点还可以促进超市内部各部门之间的协作与沟通。在盘点过程中，各部门员工共同参与，分工合作，不仅提高了工作效率，还增强了团队的凝聚力。通过对盘点结果的分析和总结，超市管理层可以制定更加科学合理的采购计划和销售策略，优化库存结构，提高资金周转率，从而提高超市的整体经营效益。

项目实训：巴拉巴拉童装商品管理案例分析

1. 实训背景

森马服饰是我国知名的服装品牌，目前森马服饰拥有两大主要品牌，一个是以成人休闲服饰为主的森马，另一个是以儿童消费为主的童装品牌巴拉巴拉。巴拉巴拉以时尚、舒适、高品质的产品特点，能够满足不同年龄段儿童的穿着需求，其产品线涵盖了服装、鞋类、配饰等多个品类，为消费者提供了一站式的购物体验。

2. 实训要求

在网上搜索森马服饰童装品牌巴拉巴拉的相关资料，包括商品类型与结构、商品价格管理、商品进货与存货管理等，了解门店的理货与盘点等流程。

3. 实训思路

（1）搜索巴拉巴拉童装资料

在网上搜索巴拉巴拉童装资料，了解其商品类型、商品结构及商品组合形式。

（2）进行门店调研，了解商品管理的相关流程

如果周边有巴拉巴拉门店，同学们可以分成小组，分别到附近的巴拉巴拉门店观察商品的陈列与商品价签，了解商品价签的种类与填写规范。

（3）整理资料

将搜集与调研得到的相关资料进行整理，以文本的形式撰写一篇关于门店商品管理的报告。另外，还要针对商品管理优化提出具体的建议和改进措施，为未来的商品管理工作提供参考和借鉴。

📈 巩固提高 ●●●●●

一、单选题

1. 根据（　　　）不同，商品可以分为目标性商品、常规性商品、季节性商品和便利性商品。

    A. 商品功能、用途　　B. 商品角色　　　　　C. 商品包装　　　　D. 消费习惯

2. 下列不属于商品结构优化指标的是（　　　）。

    A. 商品贡献率　　　　　　　　　　　B. 商品销售排行榜

    C. 商品的更新率　　　　　　　　　　D. 商品的质量

3. 商品组合的（　　　）是指企业各条商品线在最终用途、销售分配渠道及其他方面的密切相关程度。

    A. 长度　　　　　　　B. 宽度　　　　　　　C. 关联度　　　　　D. 深度

4. 有效的（　　　）能够帮助门店避免发生库存积压和缺货现象。

    A. 存货控制　　　　　B. 商品组合　　　　　C. 商品陈列　　　　D. 价格管理

5. 门店（　　　）是对所出售的商品进行分类、盘点、陈列与摆放操作，是贯穿销售活动始末的一个重要辅助工作。

    A. 商品盘点　　　　　B. 商品订货　　　　　C. 商品验收　　　　D. 商品理货

二、判断题

1. 合理的订货管理能够确保门店商品供应充足，避免发生缺货和积压现象，从而提高销售效率和顾客满意度。　　　　　　　　　　　　　　　　　　　　（　　　）

2. 定量订货法是按预先确定的订货间隔时间进行补充的库存管理方法。　（　　　）

3. 商品价格管理的重点是商品价格一旦确定，便固定不变。　　　　　　（　　　）

4. 商品标价签的填写内容包括商品名称、商品编号、规格和单位、价格、产地、等级、生产日期、条形码、促销信息等。　　　　　　　　　　　　　　　　（　　　）

5. 商品盘点是指对库存商品进行清点核实的过程，目的是了解当前库存商品的实际数量、状况以及是否与账面记录相符。　　　　　　　　　　　　　　　　（　　　）

三、问答题

1. 零售门店商品组合的类型有哪些？

2. 零售门店进货验收的内容有哪些？

3. 商品盘点需要遵守哪些原则？

线上店铺规划

知识目标

➢ 了解常见的第三方电商平台。
➢ 掌握创建独立网站和搭建小程序商城的流程。
➢ 掌握店铺装修的色彩设计原则与配色方法。
➢ 了解店铺首页的构成元素。
➢ 掌握店招、全屏轮播海报、促销活动区及商品展示区的设计方法。

技能目标

➢ 能够按照相关要求开通线上店铺。
➢ 能够根据商品及相关规则进行店铺装修。

素养目标

设计人员要树立审美意识和敏锐的设计思维，同时不断学习与探索新的设计理念和技术，以保持店铺设计的创新性和竞争力。

项目导读

在数字化时代，线上店铺已经成为商家连接消费者的重要桥梁，它不仅是商品展示的平台，还是品牌形象塑造和市场营销策略实施的关键场所。线上店铺的开通与装修设计是运营的前提与基础，零售企业只有注重店铺装修的每一个细节，才能打造出吸引力强、销量不断上升的在线购物空间。

知识导图

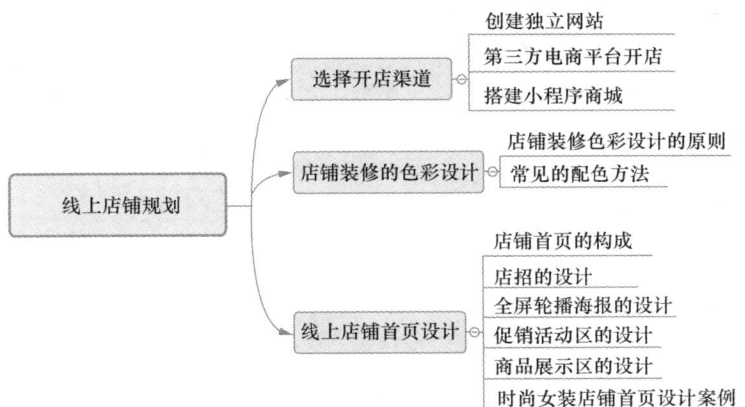

```
                                    ┌─ 创建独立网站
                    ┌─ 选择开店渠道 ─┤─ 第三方电商平台开店
                    │               └─ 搭建小程序商城
                    │
                    │               ┌─ 店铺装修色彩设计的原则
线上店铺规划 ───────┼─ 店铺装修的色彩设计 ─┤
                    │               └─ 常见的配色方法
                    │
                    │               ┌─ 店铺首页的构成
                    │               ├─ 店招的设计
                    │               ├─ 全屏轮播海报的设计
                    └─ 线上店铺首页设计 ─┤─ 促销活动区的设计
                                    ├─ 商品展示区的设计
                                    └─ 时尚女装店铺首页设计案例
```

案例导入

安踏运动——精练装修设计造就品质商城

安踏作为我国知名的体育品牌，其官方商城的设计独具特色，并成功通过商城装修提升了营销效果。

安踏官方商城在装修时充分融入了品牌元素，如品牌 Logo、品牌口号、品牌色彩等，使消费者在进入商城后能够立即识别出安踏品牌，增强品牌认知度。

安踏官方商城将商品按照男子、女子、儿童进行分类，再细分为鞋类、服装、配件等类别，方便消费者快速找到所需商品，提高购物效率。

安踏官方商城的页面布局简洁明了，促销活动、新品推荐等置于显眼位置（见图 5-1），以吸引消费者注意。同时，安踏官方商城还提供了详细的商品细节、尺码表、其他消费者的评价等信息，方便消费者做出购买决策。安踏官方商城注重视觉体验，通过高清的商品图片、动态的视频展示、精美的页面设计等方式，为消费者提供沉浸式的购物体验。

配套案例视频

图 5-1　安踏官方商城的新品推荐展示

任务一　选择开店渠道

　　为了拓宽销售渠道，形成线上线下闭环，提升市场竞争力，零售企业纷纷开通线上商铺。零售企业可以根据自身实际情况选择不同的渠道开设线上店铺，既可以创建独立网站开通店铺，也可以选择在第三方电商平台上开店，还可以搭建小程序商城进行商品销售。

一、创建独立网站

　　零售企业可以自主创建网站并搭建店铺，突破传统实体店的地域限制，面向全国甚至全球的消费者销售商品。无论消费者身在何处，只要有网络连接，就可以访问企业的网站购买商品。开通网店能够与实体店形成互补，为消费者提供更多的购物选择和更便捷的购物方式。零售企业可以利用网站进行多渠道营销，整合社交媒体、电子邮件、搜索引擎等渠道，吸引更多的潜在消费者。

　　创建独立网站是指零售企业根据自身的情况，自主设计或委托专业人士制作独立的网站销售商品。一般创建独立网站的流程如下。

1. 购买服务器

　　服务器是网站运行的基础，零售企业要选择一个稳定、可靠、安全的服务器，可以根据自己的需求选择虚拟主机、云服务器或独立服务器，在购买时要关注服务器的性能、带宽、存储空间等参数。

2. 选择域名和空间

　　域名是企业网站的地址，零售企业应选择简洁易记、与企业品牌相关的名称，并确保域名的可用性和合法性，建议使用常见的域名后缀，如 com、cn、net 等。这些后缀更易于被消费者接受和识别。在选择域名时，还应查询其历史记录，确保没有不良记录（如被搜索引擎惩罚或被标记为恶意网站等）。

　　零售企业应根据网站的类型和规模选择合适的空间大小。小型个人网站可以选择较小的空间，中型网站或企业需要选择较大的存储空间支持其数据和文件的存储，而大型企业或电商网站则需要选择更大的空间满足其高访问量和数据存储需求。

3. 页面设计

　　搭建网站时，企业要设计清晰的网站结构，包括首页、商品页面、服务页面等，确保消费者能够轻松找到所需信息；根据企业品牌形象和目标受众的喜好，设计美观、易用的网站页面；注重消费者体验，确保网站易于浏览；布局要合理，色彩与品牌形象相符，字体适中且易于阅读。

　　同时，准备高质量的图片、文字和视频等内容，进行编辑和校对，确保所有信息准确无误后上传至网站，以吸引消费者并为其提供有价值的信息。内容要具有原创性、可读性和真实性，避免抄袭和拼凑。

4. 程序开发

　　在程序开发之前，零售企业要进行深入的需求分析，包括了解业务目标、目标消费群体、功能需求以及设计要求等。例如，业务目标有商品销售、品牌推广、客户服务及信息发布等，不同的业务目标决定网站有着不同的功能重点和设计方向。对于以商品销售为主的网站，需要重点开发商品展示、购物车、支付系统等功能；而对于以品牌推广为主的网站，则更注重页面设计的美观性和品牌故事的传达。

5. 网站推广

网站搭建完成后，零售企业要利用各种渠道进行网站的推广和营销，如社交媒体、搜索引擎广告等，通过创作优质的内容，吸引消费者的关注和分享，提高网站的知名度和影响力。

企业还需要进行搜索引擎优化，包括关键词优化、页面标题和描述优化、网站结构优化等，以提高网站在搜索引擎中的排名。同时，要优化网站的加载速度和移动端显示效果，提升消费者体验。

6. 网站管理与维护

企业要定期更新网站内容，保持网站的新鲜感和吸引力；随时关注网站的运行状况，及时解决出现的问题，并根据市场变化和消费者需求，对网站进行调整和优化。

网站运营者还要确保网站的安全性和合规性，采取一系列的安全措施，例如，安装防火墙，定期备份数据等。在网站运营中，运营者要遵守相关法律法规，保护消费者隐私和数据安全。

创建独立网站比在第三方电商平台开店更复杂，而且由于网站是新建的，缺少消费者基础，不容易获得消费者的信任，所以需要后期不断进行宣传推广。创建独立网站开店，虽然不需要缴纳店铺保证金，但网站的搭建与后期的管理与维护往往需要花费更多的人力与资金，需要运营团队才能维持网站的正常运行。

二、第三方电商平台开店

创建独立网站往往需要投入大量资金进行技术开发、服务器维护、网络安全保障等工作，而选择第三方电商平台开店，则可以显著降低这些方面的投入，减轻资金压力。第三方电商平台通常提供完善的支付、物流、售后服务等基础设施，企业无须为这些服务额外付费或投入人力。此外，第三方电商平台还会定期推出各种促销活动、广告资源等，帮助企业降低营销成本。

第三方电商平台在发展过程中已经积累了大量的消费群体和流量资源。企业通过入驻第三方电商平台，可以迅速接触到这些潜在消费者，提高品牌知名度和曝光率。而且第三方电商平台会根据消费者的购物行为、兴趣爱好等信息进行数据分析，为企业提供精准的营销机会。企业可以根据这些数据调整商品策略，优化营销活动，提高转化率。

依附第三方电商平台开店，选择第三方电商平台是第一步。不同类型的第三方电商平台在平台定位、人群定位、资源配备、宣传推广等方面有着不同的特点。零售企业应先了解自己所具有的优势和劣势，然后根据自身的资源和竞争力，结合第三方电商平台优势选择适合自己的开店平台。当店铺拥有一定的规模之后，零售企业也可以选择同时在多个第三方电商平台上运营店铺，以拓展商品的销路。

一般来说，个人卖家适合在淘宝网等消费者对消费者（Consumer to Consumer，C2C）电商平台上开设店铺，企业或商家既可以选择在天猫商城、京东商城等商家对消费者（Business to Consumer，B2C）电商平台上开设店铺，也可以选择在阿里巴巴网等商家对商家（Business to Business，B2B）电商平台上开设店铺。

1. 淘宝网

淘宝网是深受大众欢迎的网购零售平台。近年来，随着淘宝网规模的不断扩大和用户数量的快速增加，淘宝网逐渐由原来的 C2C 网络集市变成集 C2C、团购、拍卖、分销等多种电子商务模式于一体的综合性零售平台。

用户可以通过 PC 端和手机淘宝两个渠道开通淘宝店铺。下面以通过

扫一扫

开通淘宝店铺

PC 端开通淘宝店铺为例，开通步骤如下。

（1）打开淘宝网首页，登录淘宝账号，单击"免费开店"超链接，如图 5-2 所示。

图 5-2　单击"免费开店"超链接

（2）进入淘宝入驻页面，可以查看入驻流程、资质与费用和行业热招等内容，单击"0元开店"按钮，如图 5-3 所示。

图 5-3　单击"0 元开店"按钮

（3）进入淘宝商家入驻页面，选择店铺类型，在此选择"个人"，根据提示填写店铺名，选中"开店协议签署"区域中的复选框，然后单击"提交"按钮，如图 5-4 所示。

图 5-4　填写店铺信息

（4）在支付宝认证页面中，单击"去认证"按钮，如图 5-5 所示，按照提示完成支付宝认证（个人店铺要绑定/认证个人类型支付宝账号）。

图 5-5　支付宝认证页面

（5）完成支付宝认证后，在填写主体信息页面中用手机上传个人证件信息，系统自动识别出经营地址、个人姓名、身份证号等相关信息。单击"下一步"按钮进行实人认证，按照提示由信息登记的证件持有人本人完成信息认证，如图 5-6 所示。

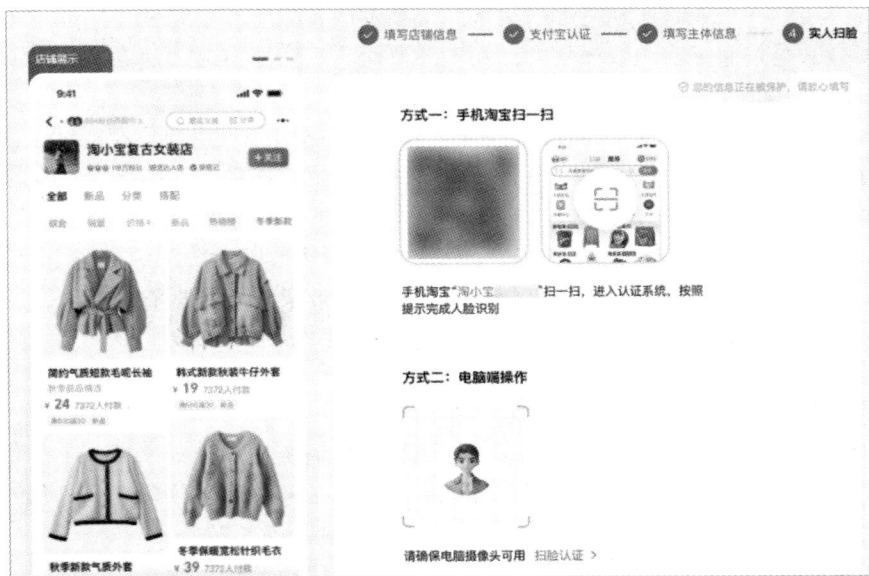

图 5-6　实人认证

（6）提示开店成功，如图 5-7 所示，随后可以完成商家创业档案的填写以及发布商品。

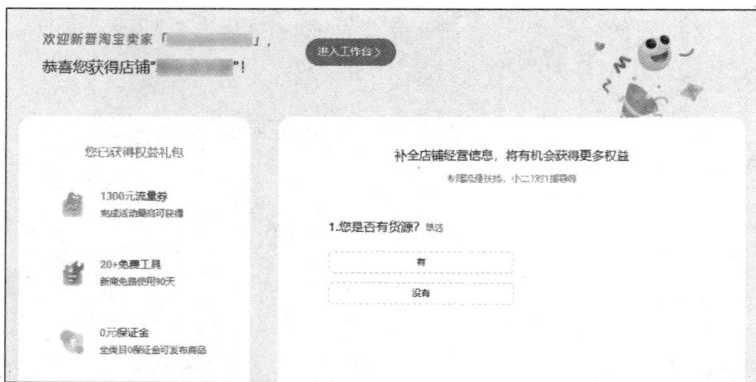

图 5-7　开店成功

2. 天猫商城

天猫商城是由淘宝网打造的 B2C 购物平台，其主要目标用户是在网络购物中追求较高服务质量和较好商品质量、能够接受较高价格的消费者。天猫商城是大卖家和大品牌的集合，能为消费者提供 7 天无理由退换货和正品保障服务。与淘宝网集市店铺相比，天猫商城更能让消费者产生信任感。

天猫商城的店铺分为旗舰店、专卖店、专营店和卖场型旗舰店。其中，卖场型旗舰店是以服务类型商标开设且经营多个品牌的旗舰店。不同的店铺类型，其经营的品牌数量及授权要求是不同的，入驻天猫商城时，需要缴纳的费用也不同。

零售企业入驻天猫商城需要缴纳的费用包括保证金、软件服务年费和软件服务费（实时划扣）。

* 保证金是企业在天猫商城经营必须缴存的，用于保证企业按照《天猫服务协议》、天猫规则经营，以及在企业有违规行为时用于向天猫及消费者支付违约金。保证金的金额根据店铺类型和经营类目而定，一般在几万元到十几万元。企业在申请店铺之前，可以到天猫商城官网查阅具体的保证金标准。

* 软件服务年费是企业在天猫商城经营必须缴纳的费用，一个自然年缴纳一次。软件服务年费根据不同类目分为 3 万元和 6 万元两档。根据类目销售额达标情况，天猫会给予返还50%或100%软件服务年费的优惠。

* 软件服务费是企业在天猫商城经营需要按照其销售额的一定比例缴纳的费用，不同类目的软件服务费费率不同，大部分类目在 2%～5%。服务费费率按照最末级的类目对应的费率收取，不叠加。其中，赠品、邮费、购物金等"其他类目"不收取服务费。

零售企业入驻天猫商城的流程如下。

（1）入驻准备

入驻前，企业申请人需查询申请资格，确认具备申请资质。天猫商城要求入驻企业必须是合法登记的企业用户，不接受个体工商户或境外企业入驻。企业营业执照必须为最新版本，且经营范围需符合天猫商城的要求。

扫一扫

入驻天猫商城

企业申请人需提前准备好入驻资料，包括企业营业执照、法定代表人身份证正反面、品牌授权书、商标资质等。销售不同类目的商品，其入驻要求有所不同，企业申请人需仔细阅读天猫商城的相关规定，准备的资料需加盖开店企业公章。如果企业申请人提交的申请材料不齐全，就会被退回，并被要求重新提交。建议企业申请人事先将资料准

备齐全，以便于一次性通过审核。

（2）提交入驻资料

企业申请人访问天猫超市官网，在天猫官网首页导航栏中单击"商家支持"下拉按钮，然后在下拉列表中选择"商家入驻"选项，如图5-8所示。

图5-8　选择"商家入驻"选项

进入商家入驻页面后，即可正式申请入驻，首先是提交入驻资料，根据经营需求选择店铺类型，包括旗舰店、专卖店、专营店和卖场，如图5-9所示。

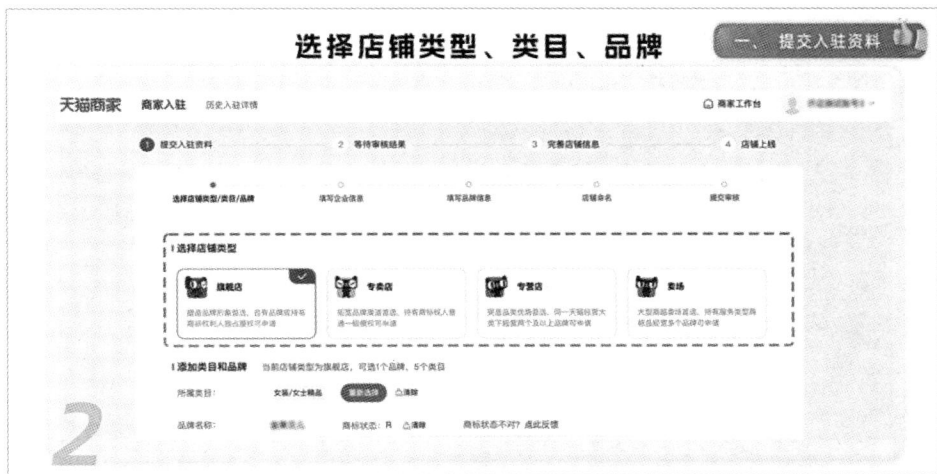

图5-9　选择店铺类型

根据所经营的商品类别选择合适的类目，并填写企业信息和品牌信息，包括企业名称、营业执照注册号、法定代表人姓名及身份证号码等。填写店铺名称，上传店铺Logo，填写店铺简介等，填写完所有信息并确认无误后，提交入驻申请。

（3）平台审核

零售企业提交入驻资料后，天猫审核团队会进行品牌评估和资质审核（见图5-10），其中，资质审核包括初审和复审，一般会在1～3个工作日内完成。如果审核通过，企业申请人会收到邮件通知。如果未通过审核，企业申请人会收到详细的原因说明，按提示修改后再次提交。

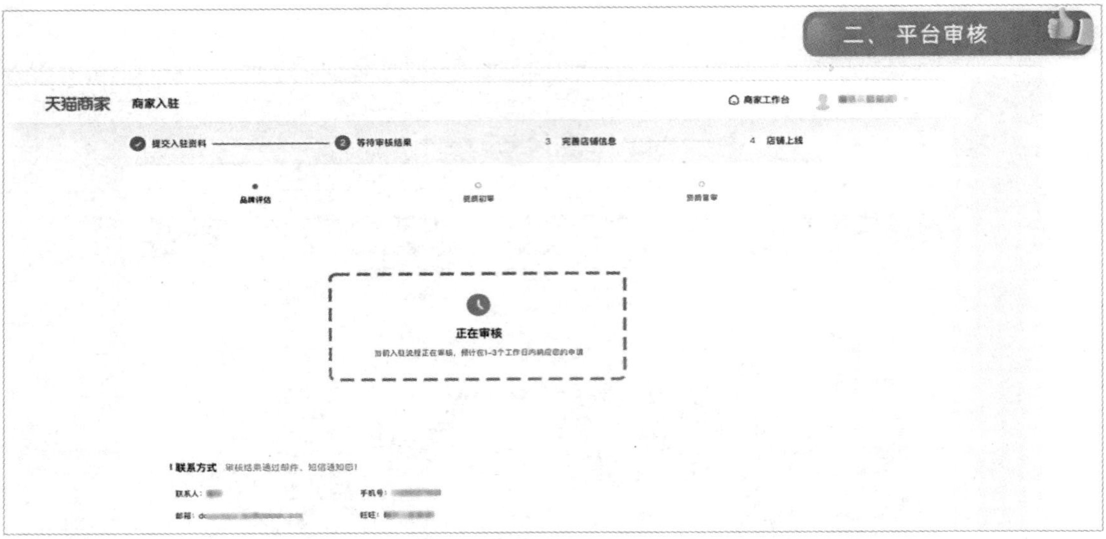

图 5-10　平台审核

（4）完善信息

审核通过后，企业申请人就可以激活账号并登录，设置密码，填写手机号码，完成支付宝实名认证，如图 5-11 所示。激活账号后用新账号重新登录，进入后签署协议，并缴纳相关费用，包括保证金和软件服务年费。保证金根据店铺类型和经营类目不同而有所差异，旗舰店、专卖店 R 标 5 万元，TM 标 10 万元；专营店 R 标 10 万元，TM 标 15 万元。平台使用费是每年固定的费用，一般在 3 万元或 6 万元。缴存相关费用需要在 15 天内完成，否则此次申请会失效。

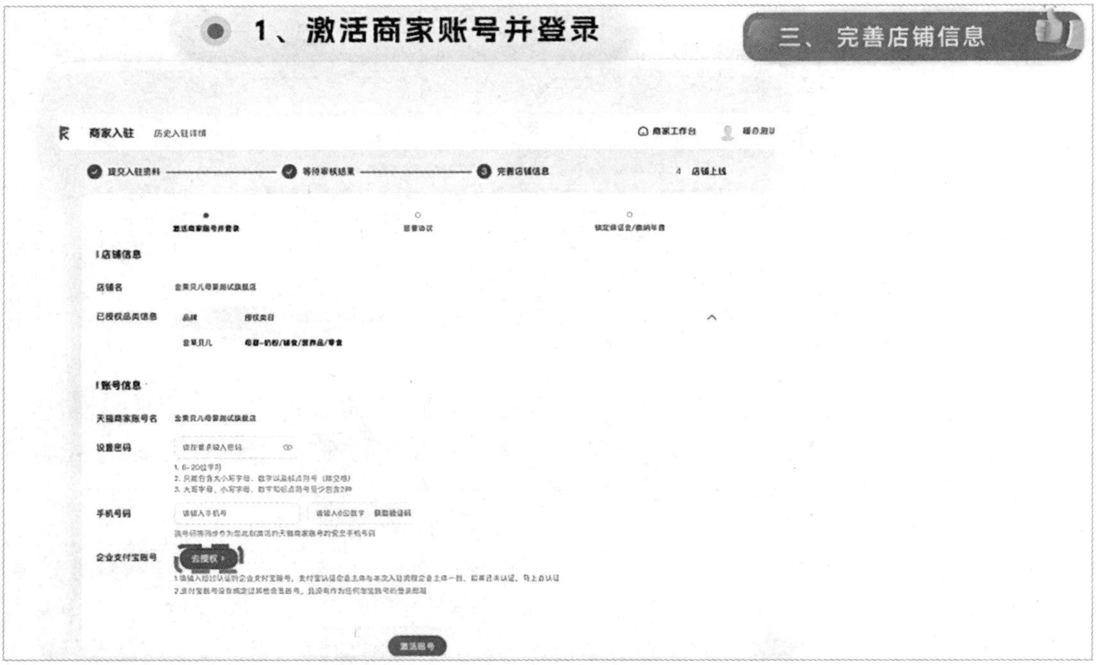

图 5-11　激活账号

（5）店铺上线

店铺开通以后，零售企业的工作人员可以进行店铺装修、商品发布等，开启商品销售。

3. 京东商城

京东商城是我国领先的电子商务平台之一，以"多、快、好、省"为核心理念，为消费者提供优质的在线购物体验。京东商城不仅有京东自营的店铺，也可允许第三方商家入驻。京东商城拥有自建的物流中心，为商家提供集仓储、运输、配送、客服、售后于一体的供应链解决方案。

企业入驻京东开放平台的基本流程如表 5-1 所示。

表 5-1　企业入驻京东开放平台的基本流程

步骤	操作	具体内容
入驻前准备	了解招商信息	卖家可以选择京东商城列举的品牌，也可向京东推荐优质的品牌； 申请入驻的企业用户要按要求提供入驻所需的相关文件
	注册账号	进入入驻流程前，企业需先注册企业账号，用于入驻关联
	准备资质材料	准备入驻所需资料和费用，准备的资料要加盖开店企业公章； 如果企业提供的申请资料不齐全，申请资料会被退回，并要求重新提交。因此，企业申请人最好事先将所需资料准备齐全，一次性通过审核
	开通京东钱包	开通京东钱包可在入驻审核后的开店任务中直接使用，注册京东钱包及钱包实名认证一般需要 2 个工作日（开通京东钱包不影响企业店铺入驻资质的提交及审核）
	提交入驻资料	提交入驻所需的资料； 选择店铺类型/品牌/类目； 填写企业信息； 为店铺命名
审核	京东审核（初审、复审）	资质真实有效； 授权有效，链路完整； 生产、经营范围，产品安全性资质完整，符合国家行政法规许可要求（初审约 2 个工作日，复审约 5 个工作日）
	审核进度查询	企业可以查询入驻审核进度。对于入驻过程中的重要信息，京东平台会以邮件形式发送至企业入驻联系人信息中填写的邮箱
开店及缴费	完善店铺信息	补充店铺联系人及地址信息
	注册钱包及缴费	在线支付平台使用费、质保金； 保证京东钱包内有充足的余额； 在 30 天内完成平台使用费、质保金的缴纳
	店铺上线	解锁全部菜单，登录京东后台正常运营

4. 拼多多

拼多多是专注于拼团购物的第三方社交电商平台，它以拼团为特色，用户通过发起与朋友、家人、邻居等的拼团，以更低的价格购买商品。这种模式鼓励用户分享和邀请他人参与，借助社交网络实现快速传播和用户增长。

对于用户，拼多多提供网上购物、拼团、多多买菜、百亿补贴等服务。对于商家，后台数据中心提供全面的店铺数据指标，帮助店铺进行数据化管理。拼多多商家版 App 有利于商家管理多个店铺，与用户高效沟通，精准运营商品，快速处理订单并实时掌握数据，还支持 0 元一键开店。2024 年 8 月，拼多多还向报名参与站内资源位活动的商家推出技术服务费可退权益，降低了商家的经营成本。

拼多多店铺分为个人店和企业店。其中，个人店有个体经营户、个体工商户两种店铺类型；企业店有普通店、专营店、专卖店、旗舰店4种店铺类型。

商家入驻拼多多的基本流程如表5-2所示。

表5-2　商家入驻拼多多的基本流程

基本流程	具体说明
准备资料	查询入驻所需资质（不同的店铺类型、主营类目所需的入驻资质不同）； 商家最好事先准备好所有资料，一次性通过审核
入驻申请	选择店铺类型、主营类目； 根据页面提示正确填写自己的入驻信息，上传相关资质材料； 填写自己的店铺名称
提交审核	审核时效：个人店及普通店的审核时效为2个工作日，旗舰店、专卖店、专营店的审核时效为3个工作日（以实际审核为准）； 短信通知：无论商家是否通过审核，拼多多都将通过短信通知商家审核结果
开店成功	商家可以登录拼多多商家管理后台，也可以下载拼多多商家版App管理店铺

5. 社交平台

社交平台是互联网上基于用户关系的内容生产与交换平台，是人们用来沟通感情、分享意见、见解、经验和观点的工具。为了深度挖掘社交平台的价值，更好地实现流量变现，一些社交平台开通了电商功能，用户可以在这些社交平台上开设网店销售商品。

抖音、快手作为短视频、直播领域的代表平台，均已开通电商功能，用户可以在抖音、快手上开设网店，实现流量变现。

小红书是以商品导购为主要内容的社交平台，在该平台上，购物达人与用户之间具有良好的互动关系，购物达人会向用户分享好用的商品进行"种草"，然后用户在浏览笔记后购买推荐的商品。

在社交平台上开设的网店兼具社交属性和电商属性，对于个人卖家来说，在社交平台上开设店铺是其实现流量变现的方式之一；对于品牌商来说，在社交平台上开设店铺是其积累私域流量、进行品牌宣传、提升品牌影响力的有效方式之一。

三、搭建小程序商城

在数字化时代，小程序商城以轻量级、即用即走的特点，成为众多商家拓展线上业务、触达消费者的重要手段。搭建一个属于自己的小程序商城，不仅能够提升品牌形象，还能有效拓宽销售渠道，实现商业增长。

搭建小程序商城一般要经过以下流程。

1. 明确目标和定位

在搭建小程序商城之前，首先要明确商城的定位，是想打造一个全品类的综合商城，还是专注于某一细分领域的垂直商城。明确的目标和定位可以为小程序商城建设提供方向上的指引，确保每一步都有章可循，沿着既定目标迈进。

2. 市场调研和分析

企业通过市场调研了解目标受众的需求、偏好与竞争对手的优劣势，可以为小程序商城制定差异化策略。同时，分析行业趋势，把握市场先机，可以为小程序商城注入持续的生命力。

3. 选择平台和工具

微信小程序凭借庞大的用户基础和完善的生态体系，成为众多商家搭建小程序商城的首选。企业要选择合适的开发平台或工具，如使用微信官方提供的开发者工具，或者借助第三方服务商的 SaaS 平台，都能大大简化开发流程，降低技术门槛。

企业要想使用微信官方的小程序平台，就要访问微信公众平台，单击"立即注册"按钮，选择小程序类型进行注册，填写必要信息。完成注册流程后，登录小程序账号进行认证操作，提交相关资料（如营业执照等），并支付认证费用。若有需要，按照要求进行备案。

4. 设计商城页面

用户体验是小程序商城成功的关键。精美的界面设计、流畅的交互体验，能够迅速吸引用户的眼球并给用户留下深刻印象。注重色彩搭配、页面布局、图标设计等细节，可以让小程序商城既美观又实用，提高用户留存率。

目前有很多平台提供小程序在线设计工具，企业可以浏览平台上的各种模板，并选择与业务需求和风格相符的模板，然后对小程序的页面布局、颜色搭配、字体等进行个性化设计，还可以添加自己的品牌标志、特色图片等元素，让小程序更具辨识度。

5. 规划商城核心功能

企业可以根据前期调研结果规划商城的核心功能，如商品展示、购物车、订单管理、支付结算、用户评价、客服系统等，确保每一项功能都能满足用户需求，提升用户购物体验。同时，加入一些创新功能，如 AR 试穿、个性化推荐等，以差异化优势吸引用户。

6. 添加优质内容

优质内容是吸引用户、提高转化率的关键。精心撰写商品描述、制作吸引人的商品图片或视频，以及撰写有价值的营销文案，都能有效提升用户的购买欲望。此外，定期更新商城内容，保持新鲜感，也是留住用户的重要手段。

7. 发布小程序商城

当小程序商城搭建完成后，企业要进行全面检查，确保各项功能正常、页面显示无误。确认无误后，即可在小程序制作平台上直接提交发布申请。等待平台审核通过后，小程序商城就可以正式上线，为用户提供服务。

8. 推广与运营商城

搭建小程序商城后，企业要让更多用户知道并使用小程序商城，可以利用社交媒体、KOL 合作、线上线下联动等方式进行推广，提高小程序商城的知名度。同时，通过数据分析优化运营策略，如精准营销、用户画像构建、活动策划等，持续提高用户活跃度和转化率。

案例链接

观夏小程序商城，一座东方美学香氛"陈列馆"

观夏是诞生于 2018 年的东方文化香氛品牌，从东方的文化、艺术中寻找香气灵感，在我国及全球产地采取珍萃植物成分，创造出五感融通的东方香气。

观夏小程序商城仿佛一处艺术展或线上客厅，处处设计简洁且充满细节，如图 5-12 所示。用户可以在观夏小程序商城中感受到品牌精心营造的空间感，从而联想到对应的生活方式。观夏小程序商城的整体色调以淡雅、温馨为主，与品牌的东方禅意美学相呼应。界面布局清晰明了，摒弃过多的装饰和冗余信息，使用户能够轻松浏览和购物。

观夏小程序商城为每个商品提供了高质量的图片，支持放大查看细节，让用户能够更全面地了解商品。部分商品还配备了视频展示，通过动态的画面展示商品的特色和细节。

观夏小程序商城内的商品按照不同的品类进行分类，如香水香膏、室内香氛、香氛礼盒、文化香氛等，方便用户快速找到所需商品，如图 5-13 所示。同时，每个品类下还设有详细的子分类，如按时节、材质等划分，使用户能够更精准地筛选商品。

图 5-12　观夏小程序商城　　　　图 5-13　商品分类

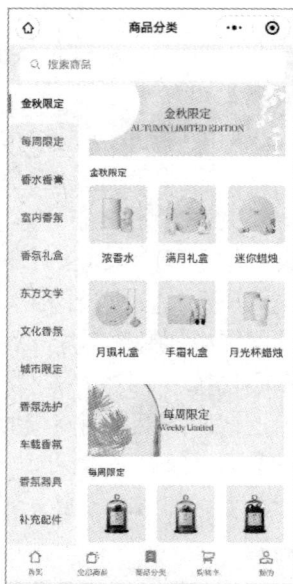

观夏小程序商城通过下拉页面等设计，引导用户了解家居场景中如何使用香氛和香薰，使用户能够联想到对应的生活方式，增强购物体验。

另外，观夏小程序商城还建立了完善的会员成长体系，将会员分为不同的等级，等级越高，享受的权益就越多。这种设计能够激励用户进行更多的消费和互动，增强用户黏性。观夏的积分体系较为成熟，兑换方式众多，用户的积分价值感较高。用户可以通过购物、参与活动等方式积累积分，并用积分兑换商品或优惠券等。

配套案例视频

任务二　店铺装修的色彩设计

在线上店铺装修中，店铺装修的色彩设计既要符合店铺的主题，又要体现出店铺的品牌文化及正面形象。恰当的色彩可以传达品牌价值观与个性，增强辨识度，让消费者迅速感受到店铺特色，增强其对品牌的认同感。

一、店铺装修色彩设计的原则

色彩是吸引人注意力的首要因素，在店铺装修各种元素中，最直观、最容易影响消费者心理的设计元素就是色彩。卖家若想装修出具有突出视觉效果的店铺,在店铺装修色彩设计中需遵循以下 4 个主要原则。

1. 色彩与品牌定位一致

店铺色彩应与品牌的整体定位和形象保持一致。如果品牌定位为高端、奢华,那么店铺色彩可以选择黑色、金色等,以展现出稳重和高贵的感觉;如果品牌定位为年轻、时尚,那么店铺色彩可以选择粉色、蓝色等,以体现活力和创新。通过色彩的选择传达品牌的价值观和个性,让消费者在看到店铺的瞬间就能联想到品牌的特点。

2. 色彩数量不宜过多

店铺装修的色彩数量不宜过多,一般控制在 3～5 种。过多的色彩会使店铺显得杂乱无章,难以给消费者留下深刻的印象。选择几种搭配协调的色彩,可以营造出统一、和谐的视觉效果。同时,要注意色彩的主次之分,明确主色调和辅助色调的关系,使店铺的整体风格更加鲜明。

3. 色彩对比度适中

色彩对比度不宜过高或过低。过高的色彩对比度会给人刺眼的感觉,容易引起视觉疲劳;过低的色彩对比度则会使店铺显得平淡无奇,缺乏吸引力。适中的色彩对比度可以突出重点,引导消费者的视线,同时也能营造出舒适的视觉环境。例如,选择一种主色调,然后搭配一到两种辅助色调,通过色彩的深浅变化和明暗对比增加层次感。

4. 适用不同场景

店铺色彩可以根据不同的场景和季节进行调整。例如,在节日或促销期间,可以使用更加鲜艳、欢快的色彩营造节日氛围;而在冬季,则可以选择暖色调增加温暖感。通过色彩变化,与店铺的营销活动、季节变化等相结合,可以提升消费者的购物体验和参与感。

二、常见的配色方法

色彩能够对人的心理和生理状态产生一定的影响。而配色的作用在于通过改变空间的舒适程度和环境气氛,影响消费者的视觉感受,进而刺激消费者的购买欲。在店铺装修设计中,常用的配色方法主要有同一色相配色、类似色相配色、相反色相配色、渐变效果配色和重色调配色。

1. 同一色相配色

同一色相配色是指选择同一色相但不同明度和饱和度的颜色进行搭配,通过调整色彩明暗或纯度的变化,可以实现同相色的层次变化。明度上的调整可以增强色彩间的识别性,纯度上的调整则可以达到吸引视线的效果。同一色相配色能够让色彩固有的感觉更加明显,给人以和谐、统一的感觉。

2. 类似色相配色

类似色相配色是选用在色相环上相邻的颜色进行搭配。这种配色方式既保持了一定的色彩协调性,又增加一些变化和活力。例如,黄色和橙色的搭配可以营造出温暖、活泼的氛围,适用于儿童用品店或美食店铺。类似色相配色可以使店铺看起来更加丰富多彩,同时又不会过于刺眼或杂乱。

3. 相反色相配色

相反色相配色即互补色配色,使用色相环上完全相反的两个颜色进行搭配。这种配色方法可以产生强烈的对比效果，使页面看起来更加生动和醒目。例如，红色与绿色、蓝色与橙色等是常见的互补色配色。在需要强调某些元素时，可以使用互补色吸引消费者的注意力。但需要注意的是，互补色如果搭配不当，可能会产生过于刺眼的效果，在使用时需要谨慎控制色彩的饱和度和明度。

4. 渐变效果配色

渐变效果配色是指使用同一色相或类似色相的颜色，通过调整色彩的亮度、纯度或色相形成渐变效果。这种配色方法能够营造出一种流畅、和谐的感觉，使页面看起来更加统一和协调。渐变效果配色常用于商品展示、背景设计等场景，能够提升页面的视觉效果和吸引力。

5. 重色调配色

重色调配色通常指使用黑色、深灰色等深色作为主色调，再搭配其他色彩进行点缀和衬托。这种配色方法能够营造出一种稳重、高端的氛围，适用于高端品牌、奢侈品等店铺的设计。需要注意的是，重色调配色可能会使页面看起来过于沉闷和压抑，在使用时需要适当搭配其他明亮色彩进行点缀和调和。

任务三　线上店铺首页设计

线上店铺首页如同实体店的门面，其精致、美观的设计能够赋予消费者信任与品牌认同感，增强吸引力，进而提高店铺的转化率。

一、店铺首页的构成

店铺首页是消费者访问店铺时首先看到的页面，是引导消费者深入了解店铺和商品的重要窗口。一个设计合理、信息丰富的店铺首页能够吸引消费者的兴趣，提升购物体验，进而促进销售。店铺首页的构成通常包括店招、导航栏、全屏轮播海报、促销活动区、商品展示区和底部信息区，如图5-14所示。

1. 店招

店招位于店铺首页的最上方，是店铺的重要标志。店招主要展示店铺的名称、Logo、促销语等关键信息。一个好的店招应与店铺出售的商品相关联，与店铺的整体风格相统一。店招的设计要求布局合理、美观大方、易于识别，能够直观、明确地告诉消费者店铺的经营范围，以及店铺的卖点、特点和优势。

2. 导航栏

导航栏紧挨着店招，用于引导消费者浏览店铺的各个页面。导航栏包括首页、商品分类、新品推荐、促销活动、关于我们等主要页面的链接。导航栏的设计要求清晰易懂、分类合理，让消费者能够轻松找到自己感兴趣的内容。

3. 全屏轮播海报

全屏轮播海报通常位于店铺首页的核心位置，是展示店铺重点商品、促销活动或品牌形象的重要区域。全屏轮播海报的数量最好在3张以上，可以是店铺热推商品，也可以是品牌的介绍或者优惠活动的介绍。这些海报往往带有链接属性，能够带动商品的销售量。全屏轮播海报的切换速度应适中，避免过快或过慢。

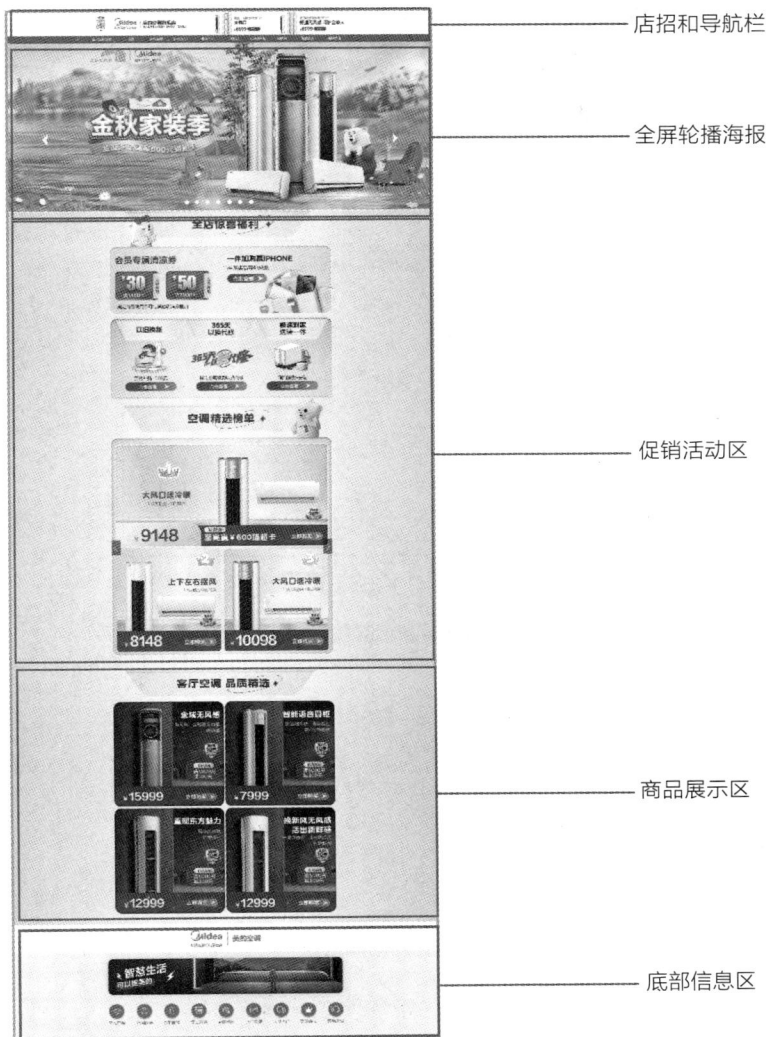

图 5-14　店铺首页的构成

图中标注（从上到下）：店招和导航栏、全屏轮播海报、促销活动区、商品展示区、底部信息区

4. 促销活动区

促销活动区用于展示店铺的各种促销活动，如满减优惠、买一送一等。这个区域可以通过醒目的图片、文案和活动规则吸引消费者参与促销活动，提高店铺的销售额。促销活动区的设计应突出活动的吸引力和紧迫性，激发消费者的购买欲望。

5. 商品展示区

商品展示区用于展示店铺内的热卖商品。这个区域应避免同款商品多次出现，陈列要有序、整洁。商品可以通过系列划分或功能划分进行展示，以便消费者能够快速找到心仪的商品。

6. 底部信息区

底部信息区通常包括店铺的联系方式、店铺介绍、友情链接、购物保障等信息。在风格上，底部信息区要符合整个店铺风格，但可以根据店铺的实际情况进行适量的增减。

▌二、店招的设计

不同电商平台对店招的图片尺寸要求各异。以淘宝网为例，店铺默认招牌高度建议不超过 120 像素，如图 5-15 所示。建议店铺自定义招牌尺寸为 950 像素×120 像素，加上导航条高度 30 像素，共 150 像素，如图 5-16 所示。一般来说，默认招牌的使用率相对较低，自定义招牌的使用率相对较高。

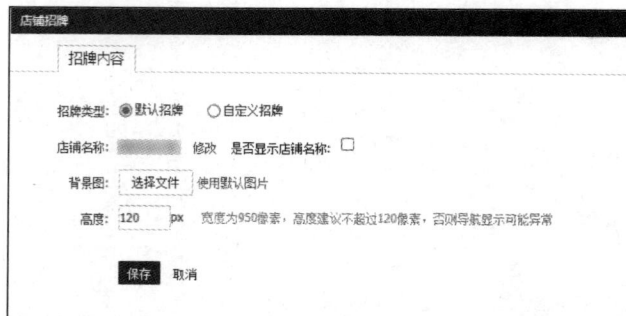

图 5-15 店铺默认招牌高度设置

图 5-16 店铺自定义招牌高度设置

为了让店招有特点且便于记忆，在设计过程中通常采用简短、醒目的广告语等辅助内容，并通过适当的配图增强店铺的辨识度。店招设计可以从风格统一、突出品牌、信息精练和布局合理等方面着手。

1. 风格统一

为了塑造店铺的品牌形象并提升店铺的品位，设计人员在设计店招时应注意与导航栏风格统一，可借助色彩、装饰元素及风格的相似性营造视觉一致性，塑造独特的店铺装修风格，使消费者在短暂的浏览时间内对店铺产生良好的印象。

2. 突出品牌

店招包含店铺的 Logo、名称或品牌标志，以建立品牌形象和认知。Logo 的设计应简洁、易于识别，并能体现店铺的特色。选择易于识别的字体和颜色，使品牌名称和 Logo 在不同的设备与屏幕尺寸上都能清晰可见，可以适当加大字体大小或使用特殊效果吸引消费者的注意力。例如，使用立体效果、阴影或发光效果突出品牌标志。

3. 信息精练

店招上的信息应简洁明了，避免堆砌过多的内容，一般包含收藏店铺、关注按钮、促销商品等，要确保消费者能够迅速理解，如图 5-17 所示。

图 5-17　店招信息精练

4. 布局合理

店招的布局应遵循消费者的浏览习惯，将 Logo 安排在左侧或中部，并在附近留白。促销信息可以根据 Logo 的位置灵活调整，但要避免文字过多导致视觉疲劳。

店招的布局应层次分明，突出重点信息，可以通过调整字体大小、颜色、粗细等方式区分不同层次的信息。例如，将品牌名称用较大的字体和鲜艳的颜色突出显示，次要信息则用较小的字体和较淡的颜色，如图 5-18 所示。

图 5-18　店招布局合理

三、全屏轮播海报的设计

位于店招和导航栏下方的全屏轮播海报区域，既可展示单张海报，也能呈现多张海报组成的轮播效果，凭借广阔的展示面积和丰富的信息含量，成为吸引消费者注意力的核心焦点。

1. 布局技巧

全屏轮播海报作为店铺首页的核心视觉元素，既是店铺的门面担当，也在推广主推商品方面发挥着积极的作用，是店铺视觉营销设计中一个不容忽视的重要区域。全屏轮播海报常见的 4 个布局技巧如下。

（1）不杂乱

全屏轮播海报的设计首先避免杂乱无章。若出现过多元素、色彩或文字，会使消费者产生视觉疲劳，同时也可能掩盖全屏轮播海报的核心信息。设计人员要明确全屏轮播海报的核心信息和主题，并围绕这个核心展开设计。

例如，在宣传一款新推出的连衣裙时，全屏轮播海报的主体是这款连衣裙的精美图片，其他元素（如文字说明、装饰图案等）应该为突出这款服装服务，而不是喧宾夺主，如图 5-19 所示。色彩的选择也应简洁明了，避免使用过多的颜色，以免造成视觉上的混乱。

图 5-19　连衣裙全屏轮播海报

（2）细节做点缀

在保持整体简洁的基础上，设计人员可以适当运用细节点缀全屏轮播海报。这些细节可以是精美的花纹、小巧的图标或者独特的材质质感等。细节的作用是为全屏轮播海报增添精致感和趣味性，吸引消费者的注意力。例如，在一款化妆品的全屏轮播海报中，在化妆品周围添加一些绿叶图案，或者在文字边缘添加一些细腻的光影效果，这些细节能够让海报更加生动，如图 5-20 所示。

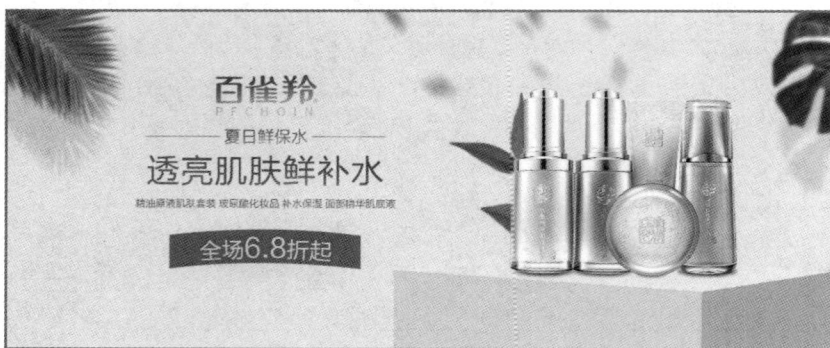

图 5-20　化妆品全屏轮播海报

（3）元素排列有序

在全屏轮播海报设计中，元素的排列顺序和主次关系至关重要。一个有序的元素排列可以使全屏轮播海报看起来更加整洁，同时引导消费者的视线流动。通常情况下，主要元素应该占据全屏轮播海报的核心位置，并且在大小、颜色、亮度等方面进行突出处理，以吸引消费者的目光。次要元素则围绕主要元素进行布局，起到辅助和衬托的作用。

（4）留白

在设计全屏轮播海报时，设计人员应避免过度堆砌元素，而是保留适当的空白区域，给予全屏轮播海报"呼吸"的空间。恰当的留白不仅能令全屏轮播海报显得更加简洁、高雅，还能为消费者提供足够的视觉缓冲，避免造成视觉上的压迫感。同时，留白能够有效地强调全屏轮播海报中的主要元素，使其更加突出，引人注目，如图 5-21 所示。

图 5-21　女装全屏轮播海报

2. 设计要点

要使全屏轮播海报达到既美观又吸引消费者注意的效果，设计人员必须对海报的主题、构图和配色进行综合考虑。

（1）主题

主题是全屏轮播海报的核心，它决定了海报的整体风格和传达的信息。在设计全屏轮播海报时，设计人员应明确海报的主题，如商品推广、品牌宣传、活动预告等，并根据主题选择合适的元素和风格。例如，如果主题是节日促销，就可以选择与节日相关的色彩、图案和文案，以营造节日氛围。

（2）构图

构图是海报设计的基础，对海报的视觉层次和吸引力起着决定性作用。全屏轮播海报的构图应平衡，避免过于拥挤或空旷，主要分为左右构图、左中右三分式构图、上下构图、底面构图和斜切构图 5 种形式。图 5-22 所示为左右构图。

图 5-22　左右构图

（3）配色

全屏轮播海报的颜色要与店铺整体风格相协调，符合主题氛围，可以选择一种主色调，搭配一两种辅助色调，让海报色彩更加丰富且具有层次感。颜色的对比度要适中，既不能过于刺眼，也不能过于暗淡。高对比度颜色虽然能够吸引消费者的注意力，但使用不当会使海报过于刺眼；低对比度颜色则会让海报显得平淡无奇。

3. 表现手法

采用合适的表现手法，能够确保全屏轮播海报中的关键信息被消费者迅速且精确地获取，从而引发他们对商品的亲近感，并增强对商品的信赖度。全屏轮播海报的表现手法多种多样，主要分为直接展示法、对比衬托法和突出特征法 3 种。

（1）直接展示法

直接展示法是一种将商品或主题直接呈现在消费者面前的表现手法，追求直观、真实、简洁的视觉效果。在全屏轮播海报中，直接展示法可以通过高清晰度的商品图片、真实的场景再现和简洁有力的文字说明，如图 5-23 所示，迅速吸引消费者的注意力，使其对商品或主题产生直观的认识和兴趣。

（2）对比衬托法

对比衬托法是通过对比的方式突出商品或主题的特点，如颜色对比、大小对比、形状对比、明暗对比等，使消费者在视觉上产生强烈的冲击力和记忆点。

图 5-23 直接展示法

（3）突出特征法

突出特征法是通过强调和突出商品或主题的独特性吸引消费者的注意力。这种表现手法要求设计人员深入了解商品或主题的特点，可以通过放大、突出或强调商品的某个特征实现。例如，在一款汽车的全屏轮播海报中，突出汽车的独特设计、高性能发动机等特征，让消费者对商品产生兴趣。但是，在使用突出特征法时不要过度夸张，要保持真实性和可信度。

四、促销活动区的设计

促销活动区位于海报下方，其主要作用是展示主推商品以及促销活动的相关信息。该区域主要由优惠券、商品分类和促销展示区 3 个部分组成。在实际设计时，设计人员可依据店铺的具体需求进行删减。

1. 优惠券的设计技巧

优惠券通常位于海报的底部区域，而其上最为显眼的信息往往是优惠金额，这也是消费者最关心的内容，如图 5-24 所示。在设计优惠券时，设计人员还需补充其他关键信息，包括适用范围、使用前提、有效期限等。

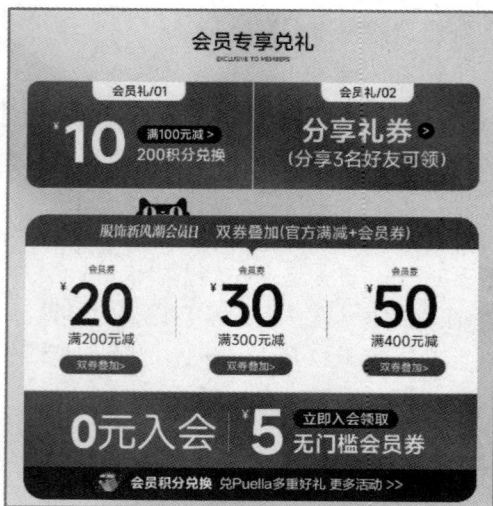

图 5-24 店铺优惠券

（1）适用范围

适用范围要明确指出优惠券可以在哪些店铺以及以何种方式使用。例如，是适用于全店商品，还是仅限于特定商品，如单品、新品或某一系列。明确适用范围有助于引导消费者消费，优化店铺流量分配。

（2）使用前提

通过设定使用前提，可以在刺激消费者消费的同时有效保障店铺的利润空间。例如，消费者在店内消费满300元可以使用30元优惠券，满500元可以使用50元优惠券。

（3）有效期限

如果店铺开展短期的推广活动，建议将优惠券的有效期限设置为接近消费者的消费周期，通常为1个月左右。对于促销活动，优惠券的有效期限应与促销天数相匹配。设定有效期限可以激发消费者的紧迫感，以提高优惠券的使用率。

2. 商品分类的设计技巧

商品分类通常位于优惠券展示区域的下方。在设计商品分类模块时，为了充分发挥其导航与引导功能，如果店铺已确立特定的装修风格，商品分类模块的设计应以此为基准，确保视觉上的和谐统一，如图5-25所示。

图5-25　商品分类模块

商品分类的名称要清晰明了，可以采用中文或英文表述，具体取决于目标消费群体的语言偏好。此外，可以根据实际需求增添分类图标，以便消费者能够快速且直观地识别各个分类。

横向排列的商品分类图片的宽度应限定在950像素以内，以保证在大多数显示器上能够完整显示；而纵向排列的商品分类图片的宽度则不宜超过160像素，以避免在显示器分辨率较低（如1024像素×768像素及以下）时商品分类栏右侧商品列表布局错乱。

3. 促销展示区的设计技巧

设计人员要根据店铺的目标受众群体，确定展示区的设计风格和展示内容。了解受众的喜好、购物习惯和需求，有助于设计更符合其期望的促销展示区。

（1）突出重点商品

促销展示区要突出重点商品，精选具有代表性、热门或高利润的商品，给予这些重点商品较大的展示空间，配上高清图片和醒目的标题，让消费者一眼就能看到其特点和优势。

（2）营造促销氛围

设计人员可以选择与促销主题相符的颜色营造促销氛围，如红色、黄色等，但要注意色彩的协调性，避免刺眼和混乱。使用简洁有力的促销标语，如"金榜推荐""买一送一""店铺热卖"等，突出活动力度和吸引力，同时促销标语字体要大而醒目，如图5-26所示。

图 5-26　营造促销氛围

（3）引导消费者行动

设计人员可以在促销展示区中设置明确的购买按钮，如图5-27所示。按钮位置要易于找到，能够通过鲜艳的颜色和清晰的文字引导消费者点击购买。此外，还要为促销商品提供推荐搭配，如搭配销售的商品或相关配件，增加购买金额，可以通过图片和文字说明展示优势。

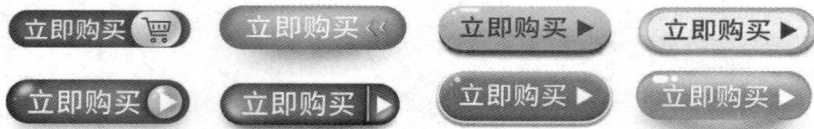

图 5-27　购买按钮

（4）信息要适量

设计人员要合理分布商品图片、促销标语、购买按钮等元素，以便于消费者浏览和操作。信息要适量，只展示关键的商品信息和促销活动内容，避免消费者感到混乱和疲惫。

五、商品展示区的设计

商品展示区是店铺首页的核心模块，一个精心策划与设计的商品展示区能够有效吸引消费者的注意力，促使他们点击感兴趣的商品图片，进而引导至详情页，最终实现销售转化的目标。

1. 常见的设计方式

商品展示区借助精美的商品图片和简洁的描述，能够快速传达商品信息。常见的商品展示区的设计方式有以下几种。

（1）一行多列整齐排版

这种展示方式将商品整齐地排列成一行和多列（见图 5-28），展现出商品的丰富性、整洁性和美观性，其营销效果显著。消费者能够快速找到自己喜欢的款式或颜色，进而对商品进行深入了解。

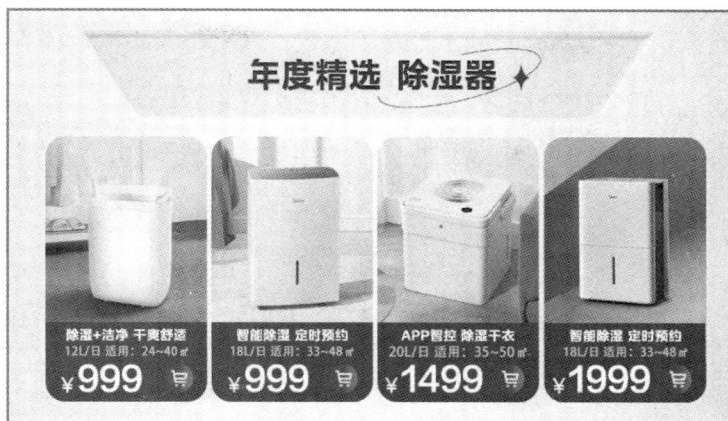

图 5-28　一行多列整齐排版

（2）主推商品突出展示

主推商品突出展示是指在商品陈列时的主推商品的画面占比明显大于其他商品的画面占比，形成主次分明的视觉效果，如图 5-29 所示。这种方式能够更好地展示主推商品，提高其转化率。

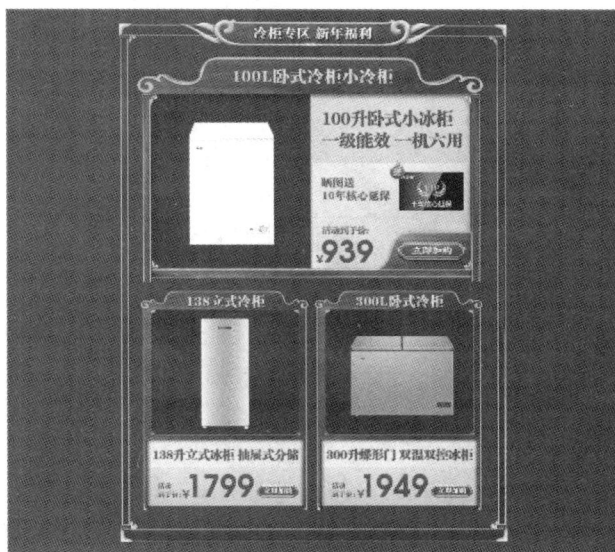

图 5-29　主推商品突出展示

（3）图文结合展示

图文结合展示是指在商品陈列时采用"商品+文案"的展示方式，全方位地呈现单品信息。这种方式能够更全面地展示商品的特点和优势，提高单品转化率。若店铺首页出售的商品数量较少，可采用图文结合展示方式以突出商品特色；若商品数量较多，则需谨慎使用，以避免首页屏幕过长而影响消费者的浏览速度和购物体验。

（4）搭配关联展示

搭配关联展示是指在特定区域内，将具有明显搭配关联的商品陈列在一起，形成互补和延伸的商品组合。例如，当消费者在购买 A 商品时，可能会顺便注意并购买陈列在旁边的 B 商品或 C 商品。这种展示方法能够有效提高店铺的销售额，增加消费者的购买量和购买频次。

2．常见的布局方式

常见的商品展示区的布局方式有折线型布局和随意型布局两种，下面将分别介绍这两种布局方式的特点。

（1）折线型布局

折线型布局通常以一种有规律的折线形式排列商品，这种布局方式能够有效引导消费者的视线。消费者在浏览网店首页时，视线会自然地沿着折线的走向移动，从而更容易关注每个展示的商品。例如，当商品以从左上到右下的折线排列时，消费者的目光首先被左上角的商品吸引，然后顺着折线依次浏览其他商品，如图 5-30 所示。

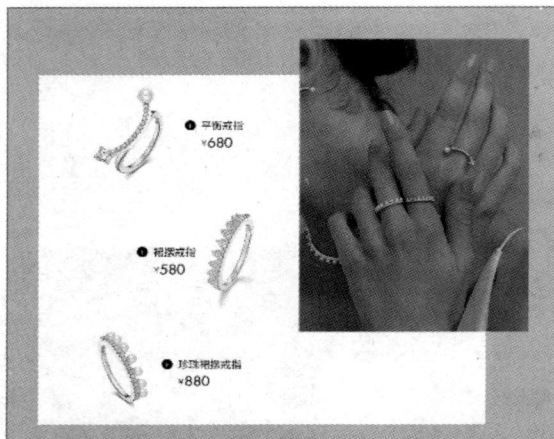

图 5-30　折线型布局

（2）随意型布局

随意型布局更加灵活，可以根据商品的更新、促销活动等情况随时进行调整。它不像折线型布局需要严格按照规则排列，而是根据实际需要随时添加、删除或调整商品的位置，更好地适应店铺的运营需求。例如，一些首饰类店铺采用随意型布局，将商品以随意的方式摆放，营造出一种艺术氛围，与店铺的定位相契合，如图 5-31 所示。

图 5-31　随意型布局

六、时尚女装店铺首页设计案例

本案例是为某时尚女装店铺设计首页，首页布局简洁大方，无过多复杂元素，便于消费者快速找到所需信息。使用红色和黄色渐变色背景，配上穿着黄色卫衣的女孩形象，共同营造出热闹、欢快的促销氛围，如图 5-32 所示。

扫一扫

时尚女装店铺首页
设计案例

图 5-32　时尚女装店铺首页

（1）运行 Photoshop CC 2020 软件，按【Ctrl+N】组合键，在打开的"新建文档"对话框中设置各项参数，单击"创建"按钮，新建一个图像文件。单击"视图"|"新建参考线"命令，在弹出的对话框中设置店招的水平参考线分别为 120 像素和 150 像素、垂直参考线分别为 360 像素和 1560 像素，然后单击"确定"按钮，如图 5-33 所示。

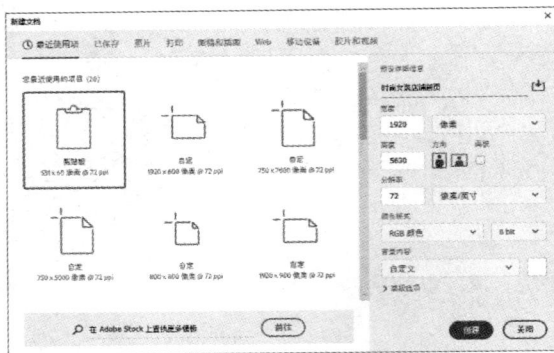

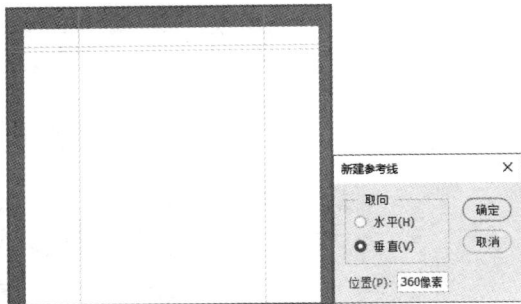

图 5-33　新建图像文件

（2）开始制作店招和导航栏。选择横排文字工具 **T**，在店招区域输入店铺名称等文字。打开"字符"面板，设置文字属性，其中设置文字颜色分别为 RGB（230，49，39）、黑色、RGB（52，52，52）和白色，如图 5-34 所示。选择直线工具 **／** 和圆角矩形工具 **▢**，绘制修饰图形和收藏按钮，如图 5-35 所示。

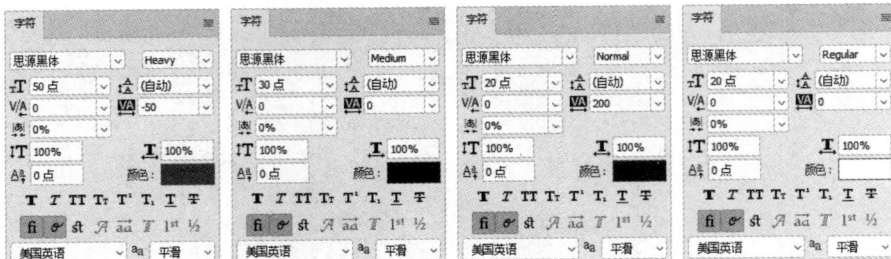

图 5-34　设置文字属性

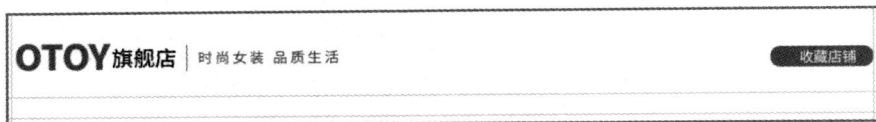

图 5-35　绘制修饰图形和收藏按钮

（3）选择矩形工具 **▢**，绘制一个矩形作为导航栏，在"属性"面板中设置各项参数，其中设置填充颜色为 RGB（53，53，53）。选择横排文字工具 **T**，输入导航文字，在"字符"面板中设置文字属性。打开"素材文件\项目五\时尚女装店铺首页\01.png、02.png"，将其分别导入图像窗口中，并调整其大小，如图 5-36 所示。

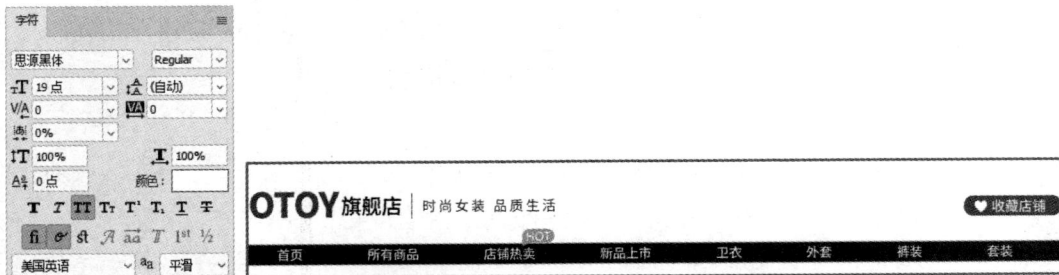

图 5-36　制作导航栏

（4）在"图层"面板下方单击"创建新组"按钮🗀，新建"店招"图层组，将前面制作好的店招图层放到该图层组中。打开美图秀秀软件，在工具列表中单击"抠图"选项，如图 5-37 所示。

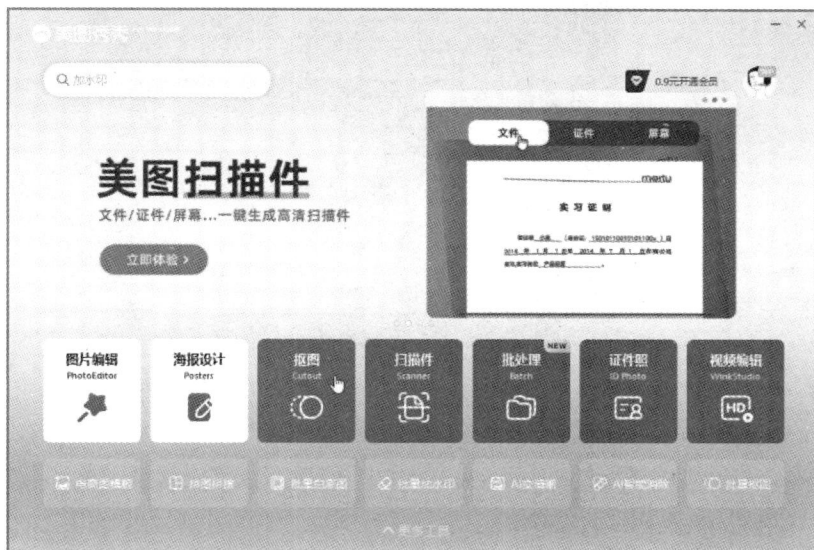

图 5-37 单击"抠图"选项

（5）上传"素材文件\项目五\时尚女装店铺首页\05.jpg"，在左侧展开"自动选择"选项🔲，单击"人像宠物"按钮👤，美图秀秀会自动识别图片中的主体与背景并进行抠图操作，然后单击"保存"按钮保存模特图像，如图 5-38 所示。

图 5-38 使用美图秀秀自动抠图

（6）开始制作全屏轮播海报。打开 Photoshop CC 2020 软件，打开"素材文件\项目五\时尚女装店铺首页\03.jpg、04.jpg"，将其分别导入图像窗口中，然后导入抠好的模特图像，

单击"图像"|"调整"|"亮度/对比度"命令，在弹出的对话框中设置各项参数，单击"确定"按钮，如图 5-39 所示。选择矩形选框工具▣，在模特图像上绘制一个矩形选区，按住【Alt】键的同时在"图层"面板中单击"添加图层蒙版"按钮▣，隐藏部分图像，如图 5-40 所示。

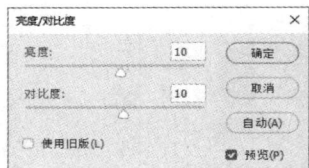

图 5-39　设置"亮度/对比度"
　　　　　对话框

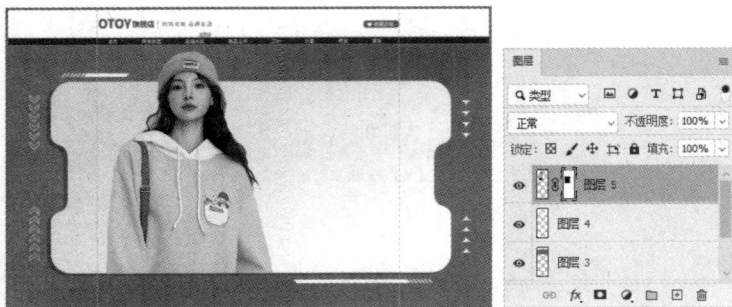

图 5-40　添加图层蒙版

（7）选择圆角矩形工具▣，绘制 3 个圆角矩形，然后选择横排文字工具▮，输入海报促销文字，并在"字符"面板中设置文字属性，其中设置文字颜色分别为 RGB（252，71，54）和白色，如图 5-41 所示。

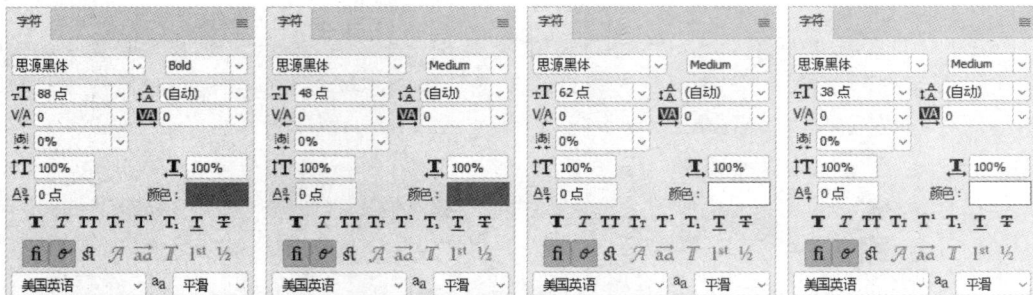

图 5-41　添加海报促销文字

（8）选择矩形工具▣，绘制一个矩形，在"属性"面板中设置填充颜色为 RGB（255，229，

223），按【Ctrl+T】组合键调出变换框，调整其角度。在"图层"面板下方单击"添加图层样式"按钮 _fx_，打开"图层样式"对话框，选择"投影"选项，在右侧区域中设置各项参数，然后单击"确定"按钮，如图 5-42 所示。

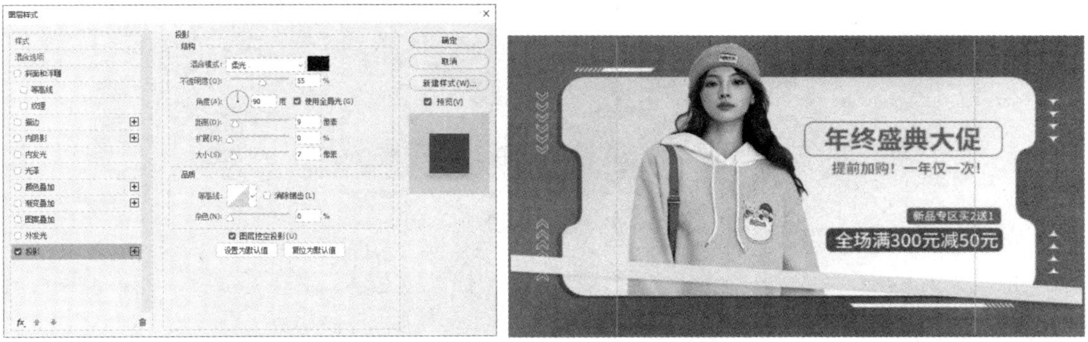

图 5-42 绘制矩形并添加"投影"图层样式

（9）选择横排文字工具 T，输入所需的文字，并在"字符"面板中设置文字属性，其中设置文字颜色为 RGB（239，57，60），然后导入"素材文件\项目五\时尚女装店铺首页\06.png"修饰素材，效果如图 5-43 所示。

图 5-43 添加文字并导入修饰素材

（10）开始制作促销活动区。导入"素材文件\项目五\时尚女装店铺首页\07.png"，选择横排文字工具 T，输入优惠券文字，并在"字符"面板中设置文字属性，然后分别选择椭圆工具 ◯、圆角矩形工具 ◯ 和直线工具 ／，绘制修饰图形和领取按钮，效果如图 5-44 所示。

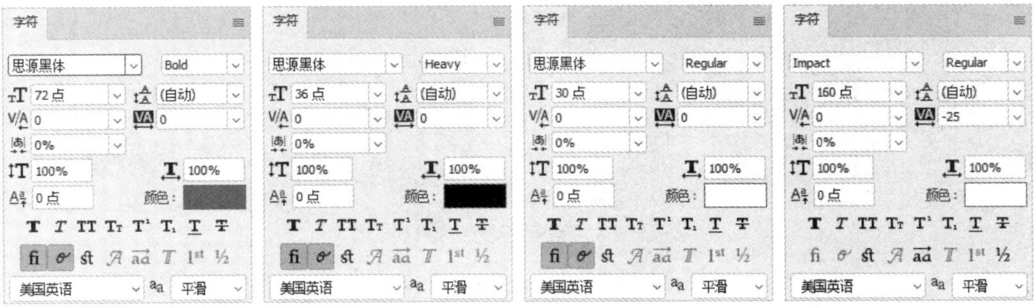

图 5-44 制作优惠券

图 5-44　制作优惠券（续）

（11）在"图层"面板下方单击"创建新组"按钮，新建"组 1"图层组，将前面制作好的优惠券图层放到该图层组中。按【Ctrl+J】组合键复制该图层组，更改相应的文字，完成其他优惠券的制作，效果如图 5-45 所示。

图 5-45　制作其他优惠券

（12）选择圆角矩形工具，绘制两个圆角矩形，在"属性"面板中设置各项参数，其中渐变色为 RGB（255，204，70）到 RGB（255，237，168），作为购物金模块的背景，如图 5-46 所示。

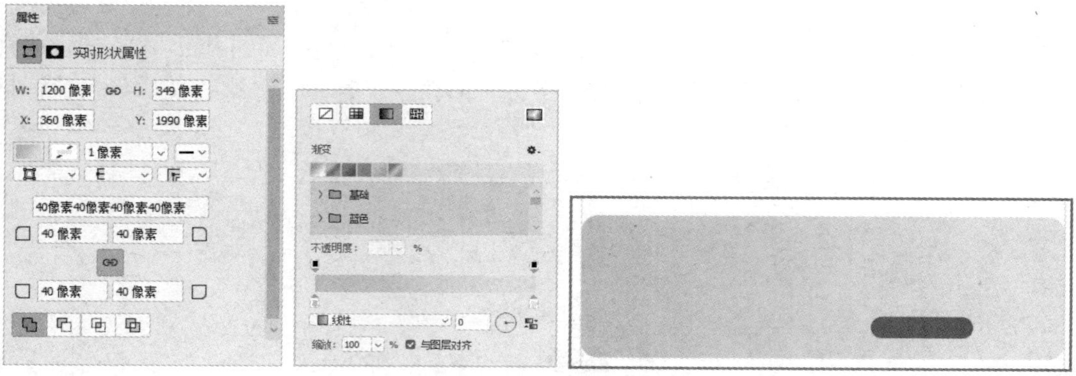

图 5-46　制作购物金模块背景

（13）导入"素材文件\项目五\时尚女装店铺首页\08.png"，选择横排文字工具 T，输入购物金文字，并在"字符"面板中设置文字属性，如图 5-47 所示。

图 5-47 导入素材并添加文字

（14）开始制作商品展示区。选择横排文字工具 **T**，输入标题文字，在"字符"面板中设置各项参数，其中将文字颜色分别设置为 RGB（255，71，54）和黑色，然后添加修饰图形，如图 5-48 所示。

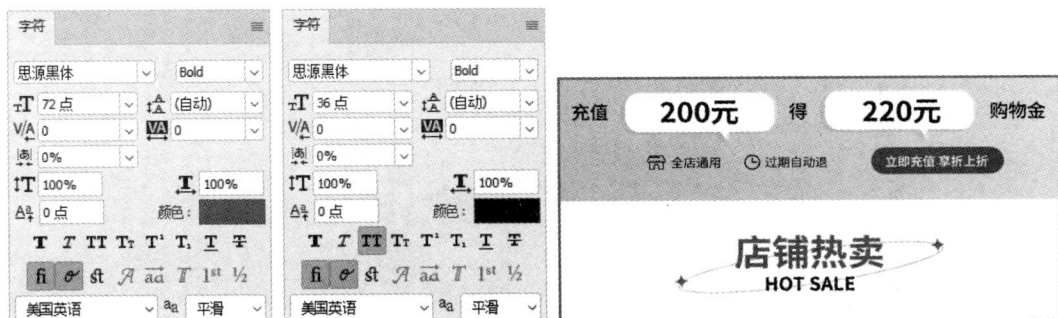

图 5-48 制作标题文字

（15）打开"素材文件\项目五\时尚女装店铺首页\09.png"，将其导入图像窗口中，选择圆角矩形工具 ▢，绘制一个圆角矩形，如图 5-49 所示。

图 5-49 绘制圆角矩形

（16）导入"素材文件\项目五\时尚女装店铺首页\10.jpg、11.jpg"，用鼠标右键单击该图像所在的图层，在弹出的快捷菜单中选择"创建剪贴蒙版"命令，使导入的模特素材正好置入所绘制的圆角矩形中，如图 5-50 所示。

图 5-50　导入素材并创建剪贴蒙版

（17）在"图层"面板中单击"添加图层蒙版"按钮 ▣，选择画笔工具 ✎，设置前景色为黑色，然后在需要隐藏的图像区域中进行涂抹，如图 5-51 所示。

图 5-51　编辑图层蒙版

（18）选择椭圆工具 ◯ 和圆角矩形工具 ◻，制作价格标签。选择横排文字工具 T，输入所需的文字，并在"字符"面板中设置文字属性，然后导入"素材文件\项目五\时尚女装店铺首页\12.png"，效果如图 5-52 所示。

图 5-52　制作价格标签

图 5-52　制作价格标签（续）

（19）在"图层"面板下方单击"创建新组"按钮🗀，新建"商品"图层组，将前面制作好的商品展示区图层放到该图层组中。按【Ctrl+J】组合键复制该图层组，更改相应的文字和模特，效果如图 5-53 所示。

图 5-53　复制图层组并更改

（20）采用同样的方法，导入"素材文件\项目五\时尚女装店铺首页\15.png～17.jpg"，制作商品展示区的其他模块并配上文字，最终效果如图 5-54 所示。

图 5-54　制作商品展示区的其他模块

项目实训：开设并装修线上店铺

1. 实训背景

由于互联网技术的飞速发展，人们消费需求的变化，电子商务迅速崛起，它不仅改变了传统的商业模式，还极大地促进了商品流通。随着社交媒体、大数据等新兴技术的不断涌现，网店营销的手段和方式也在不断创新与丰富，可供人们选择的电子商务平台也越来越多，如淘宝、京东、拼多多、抖音等。

2. 实训要求

根据自己的实际情况选择合适的平台开通线上店铺，并根据商品规划进行店铺装修。通过模拟真实商业环境中的网店开设与商品营销过程，深入理解电子商务的运营机制，掌握网店建设、店铺装修和页面设计等一系列核心技能。

3. 实训思路

（1）了解规则，开通店铺

了解不同平台开通店铺的要求与规则，根据自身喜好或需要选择合适的平台，准备相关资料，开通自己的店铺。

（2）确定商品，装修店铺

选择并确定自己要销售的商品，如农产品、服装等，然后进行店铺装修，添加店名和店招，设计导航栏，设计店铺首页的颜色和文案。

（3）完成设计，上交作品

完成店铺的开通和装修后，以文本格式撰写个人心得体会，并辅以PPT的形式进行展现，最后交由老师评选出优秀作品，分享给其他同学。

巩固提高

一、单选题

1. 店铺装修的色彩数量一般控制在（　　）。
   A. 1种　　　　　　　B. 2种　　　　　　　C. 3~5种　　　　　　D. 5种以上

2. 在店铺装修中，采用重色调配色通常以（　　）作为主色调，再搭配其他色彩进行点缀和衬托。
   A. 黄色、红色等鲜艳色　　　　　　　B. 黑色、深灰色等深色
   C. 浅蓝、浅绿等浅色　　　　　　　　D. 黑、白

3. 店招应包含（　　），以建立品牌形象和认知。
   A. 品牌名称与商品名称　　　　　　　B. 企业名称与企业文化
   C. 店铺的Logo、名称或品牌标识　　　D. 店铺名称和商品名称

4. （　　）是全屏轮播海报的核心，它决定了海报的整体风格和传达的信息。
   A. 主题　　　　　　　B. 结构　　　　　　　C. 配色　　　　　　　D. 以上都不是

5. 在商品展示区设计中，（　　）的画面占比明显大于其他商品的画面占比，形成主次分明的视觉效果。
   A. 应季商品　　　　　　B. 辅助商品　　　　　　C. 活动商品　　　　　　D. 主推商品

二、判断题

1. 网店店招用于引导消费者浏览店铺的各个页面。　　　　　　　（　　　）

2. 店铺的色彩通常是固定不变的，不能因场景和季节的变化而变化。　（　　　）

3. 全屏轮播海报通常位于网店店铺首页的核心位置。　　　　　　（　　　）

4. 在特定商品展示区，一般会将具有明显搭配关联的商品陈列在一起，形成互补和延伸的商品组合。　　　　　　　　　　　　　　　　　　　（　　　）

5. 商品展示区的布局可根据商品的更新、促销活动等情况随时进行变换调整。（　　　）

三、问答题

1. 常见的店铺装修的配色方法有哪些？

2. 店招设计应注意哪些方面？

3. 商品展示区的设计方式有哪几种？

线上商品发布

知识目标

➢ 了解常见的商品图片拍摄器材。
➢ 掌握商品拍摄布光技巧和商品图片处理方法。
➢ 了解商品标题的组成部分与设计原则。
➢ 掌握设置标题关键词的方法。
➢ 掌握商品主图、商品详情描述图的设计要点。

技能目标

➢ 能够合理布光，并拍摄不同类型的商品图片。
➢ 能够熟练地处理各种商品图片。
➢ 能够设计商品标题、商品主图和商品详情描述图。

素养目标

在商品主图或商品详情描述图的设计中，要注重细节和品质，弘扬精益求精的工匠精神，通过高质量的设计展现出严谨、认真的工作态度。

项目导读

在线上发布商品之前，运用设计思维和视觉语言优化商品图片、详情页及商品标题，可以增强商品的吸引力和竞争力。商品图片是网店运营中的核心视觉要素，其设计和发布质量直接关系到消费者的注意力和购买决策，进而影响店铺的销售业绩。商品主图作为商品的"门面"，既要美观，又要突出商品亮点；商品标题要简洁明了，突出商品特色；商品详情描述图则要全方位、多角度地展示商品细节，帮助消费者更好地了解商品特性。

知识导图

线上商品发布
- 商品图片的拍摄
  - 选择拍摄器材
  - 环境与布光
  - 拍摄不同类型的商品图片
- 商品图片的处理
  - 调整图片的大小
  - 裁剪商品图片
  - 美化模特面部
  - 调整图片曝光度
  - 使用百度AI图片助手抠图
  - 使用美图设计室生成模特图
- 商品标题的设计
  - 商品标题的组成
  - 商品标题的设计原则
  - 标题关键词设置
- 商品主图的设计
  - 商品主图的设计要点
  - 美妆商品主图设计案例
- 商品详情描述图的设计
  - 商品详情描述图的设计要点
  - 牛奶商品详情描述图设计案例

案例导入

伊芙丽女装电商美学：商品展示图解锁时尚密码

伊芙丽作为国内备受瞩目的头部女装品牌，在电商运营领域展现出卓越的实力，其线上运营平台丰富多样，拥有众多店铺以及海量的商品，为消费者提供了广泛的选择空间。据统计，伊芙丽集团年销售额超百亿元。

伊芙丽在网店运营中非常注重商品的展示。在商品主图展示方面，每一张主图都如同一件精美的艺术品，以高清晰度和出色的色彩搭配，准确而生动地展示出服装的款式、颜色和独特的设计理念。例如，在天猫商城的一款针织开衫，商品标题为：[100%绵羊毛]伊芙丽16支纱线绞花针织开衫2024秋季新款毛衣外套。该商品的销量过万件。其商品主图如图6-1所示。

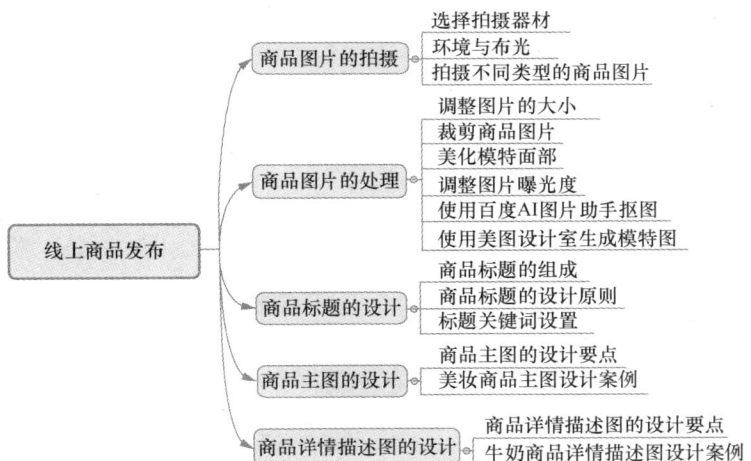

图6-1　伊芙丽针织开衫商品主图

除了基本信息外，伊芙丽的详情描述图还会突出展示服装的设计亮点。例如，这款针织开衫的详情描述图会详细介绍这款毛衣开衫的设计灵感、工艺，让消费者在了解服装的同时也能感受到品牌的文化内涵，如图6-2所示。

图 6-2　伊芙丽针织开衫商品详情描述图

此外，对于服装的材质、尺寸等基本信息，伊芙丽会进行详细介绍，不仅会用文字描述面料的特点和优势，还会搭配高清的面料细节图，让消费者可以清晰地看到面料的纹理和质感。同时，尺寸表也非常详细，包括不同尺码的胸围、腰围、臀围等具体数据，以及模特的身高、体重和穿着尺码，为消费者的选购提供准确的参考。

通过精心打造的商品主图和详情描述图，伊芙丽成功地获得了众多消费者的关注和喜爱。消费者在浏览商品时，能够通过主图和详情描述图快速了解商品的特点和优势，从而更加自信地做出购买决策。这不但提高了商品的转化率，而且为品牌带来了良好的口碑和更多的销售业绩。

配套案例视频

任务一　商品图片的拍摄

在线上店铺销售中，由于消费者无法直接触摸或查看实物，图片成为他们了解商品的主要方式，因此拍摄出高质量且具有吸引力的商品图片，确保其以最佳状态呈现出来，对于提高商品的转化率至关重要。

一、选择拍摄器材

商家只有拍摄出高质量的商品图片，才能将商品真实、清晰地展现在消费者面前。一般来说，拍摄网店商品图片需要用到以下器材。

1. 数码相机

数码相机是拍摄商品图片不可或缺的核心设备，它能精准地再现商品本身的色彩与细节。在选择数码相机时，必须综合考虑相机的像素、对焦系统的性能及镜头的兼容性等关键因素。例如，佳能 5D 系列与尼康 D850 等高端单反相机（见图 6-3），凭借卓越的分辨率、低噪点表现，成为拍摄各类商品，特别是对细节呈现要求极高的珠宝、精密电子产品等的理想选择。

2. 三脚架

三脚架可以稳定地放置相机，避免手部抖动等造成的图像模糊，同时方便调整相机角度，如图 6-4 所示。

图 6-3　佳能 5D 系列与尼康 D850 单反相机　　　　图 6-4　三脚架

3. 灯具

在室内拍摄商品图片时，拍摄者可以选择使用灯箱或柔光箱。它们能够为商品提供均匀的光线，有效避免因阳光或灯光直接照射商品而出现的阴影、反光等问题。灯箱的大小和形状可以依据商品的大小及形状进行选择。

4. 反光板

反光板用于反射光线，调整阴影部分的亮度。白色反光板可以提供柔和的补光，银色反光板则能增加反射光的强度，适合在拍摄有一定光泽度的商品（如金属制品）时使用。

5. 道具与布景

根据商品特点和拍摄需求，拍摄者要选择合适的道具和布景。道具要与商品风格相匹配，起到美化场景、突出主题的作用。布景则应简洁大方，在设计时避免过于复杂或烦琐，起到衬托主体的作用。

二、环境与布光

在拍摄商品图片时，环境与布光扮演着举足轻重的角色，它不仅能够凸显商品的特点，还能增强商品的立体感和质感，进而提升图片的视觉吸引力。

1. 确定拍摄环境和商品特点

在拍摄商品图片前，拍摄者要了解拍摄环境和商品特性。不同商品对布光的要求各异，例如，表面光滑的商品适合柔和光线，以避免反光；而具有粗糙质感的商品则要通过硬光凸显其纹理。

对于大多数商品，尤其是小型商品，摄影棚是理想的拍摄场所，因为它能提供一个光线可控、无外界干扰的环境。而对于某些特定商品，如服装、户外装备等，利用自然风景作为背景，能够进一步提升商品的展示效果。

2. 选择合适的光源

在室外拍摄时，拍摄者可以利用早晨或傍晚的柔和阳光作为光源，要注意避免在中午阳光直射的时候拍摄，以免产生强烈的阴影和反光。若难以避免，则可以使用反光板或柔光罩调节光线的强度和柔和度。

对于需要更稳定、可控光线的场景，人工光源是较好的选择。闪光灯能提供高强度的瞬间照明，适合捕捉快速动作或强调光影对比；而持续光灯则允许拍摄者在拍摄过程中实时观察光线效果，便于灵活调整布光。

3. 设置主光

主光是布光中的主要光源，它决定了商品的主要照明和阴影方向。一般情况下，主光应置于商品一侧、与相机成约 45° 位置，可以在商品上产生明显的明暗对比，突出立体感。如果商品有特定形状或纹理，则可以根据需要调整主光的角度，以更好地展现其特点。

4. 设置辅助光

辅助光用于填补主光产生的阴影区域，确保商品细节清晰可见。辅助光应采用柔和的光线，如通过柔光箱或反射板来实现。辅助光应置于与主光相对的一侧，或者主光另一侧稍微偏离商品的位置，其强度略低于主光，避免出现过度曝光的现象。

5. 设置背景光

背景光用于照亮商品的背景，使商品与背景分离，以增强画面的层次感。背景光可以使用单独的光源，如背景灯或闪光灯，也可以通过反射主光或辅助光来实现。拍摄者可将背景光放置在商品的后方，调整其角度和强度，使背景达到所需的亮度和均匀度。

▌三、拍摄不同类型的商品图片

不同类型的商品有着不同的拍摄方法，拍摄者需要依据商品的特性及展示需求进行灵活调整。在拍摄时，拍摄者应注重对光线、构图、背景及细节等方面的处理，以呈现出理想的拍摄效果。

1. 拍摄服饰类商品图片

在拍摄服饰类商品图片时，拍摄者通常会采取两种拍摄方案：真人试穿拍摄与平铺拍摄。

真人试穿能够很好地展现服饰的上身效果和实际穿着状态。真人试穿拍摄一般选择在户外，因为户外光线通常较为自然，能够提高衣服的色彩还原度，使拍摄出的图片更加真实可信。如果因为条件限制只能在室内拍摄，那么可以提供一个专业的白色或浅色的纯色背景，如图 6-5 所示。这样的背景简洁、干净，既能够突出服饰主体，也方便后期处理。此外，为了让服装看起来更具活力，可以让模特轻微摆动衣物，如甩动裙摆或衣袖，然后进行抓拍，以此展示服装的动感和垂坠感。

将服饰水平摆放好进行直接拍摄，这种拍摄方法称为平铺拍摄。平铺拍摄能够全面且清晰地展示服饰的整体款式、图案、细节以及面料质感。在进行平铺拍摄时，建议采用纯色背景，如白色、灰色或米色等，以突出服饰的特点，如图 6-6 所示。为了进一步提升拍摄的真实感和场景氛围，拍摄者可以根据服饰的风格特点适当添加一些辅助道具，如帽子、眼镜、项链等。

图 6-5　真人试穿拍摄

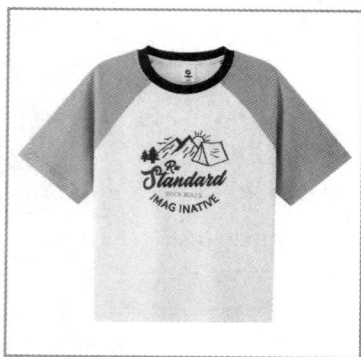

图 6-6　平铺拍摄

2. 拍摄美妆类商品图片

美妆类商品的拍摄对光线有特定的要求，需要柔和且均匀的光线，拍摄者可借助柔光箱、反光板等设备来实现这种效果，这样能有效避免光线直射导致的反光和阴影。在布光时，拍摄者应依据商品的形状、大小及颜色进行调整，确定光线的方向和强度，从而达到最佳的拍摄效果。

在拍摄过程中，拍摄者要注重商品的展示方式。就护肤品单品而言，可以通过堆叠、排列等方式进行摆放，使其富有美感和韵律感，充分展示商品的形状和颜色；同时，利用小道具和装饰，如植物、花卉等，能够突出商品的天然成分和温和特点，如图 6-7 所示。

图 6-7　利用小道具和装饰拍摄美妆类商品

对于不同的美妆类商品，拍摄者要根据其形状、大小和特点挑选合适的拍摄角度。平视角度适合展示商品的外观和细节，俯视角度可以展现商品的色彩和排列方式，仰视角度则能凸显商品的瓶身设计和质感。

除了展示商品外观和细节外，拍摄者还应拍摄一些能够展现商品质地的图片，如图 6-8 所示。拍摄者可以通过拍摄打开的面霜及模特试用的场景展示商品的质地，体现其细腻、清透的特点。

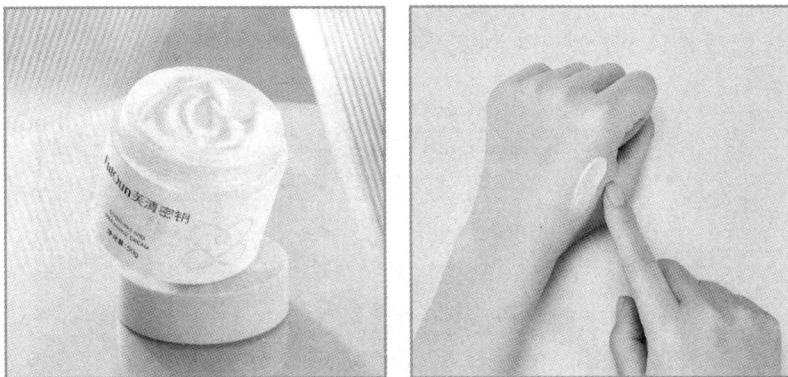

图 6-8　展现商品质地

3. 拍摄食品类商品图片

食品类商品通常颜色鲜艳，具有很强的视觉吸引力，其丰富的色彩和多样的形态能够激发人们的食欲。在拍摄食品类商品时，拍摄者要充分展现出食品的色泽、质感和新鲜度。

拍摄食品类商品的难点主要体现在两个方面：一方面，食品容易受到光线、温度等因素的影响，在拍摄过程中可能会出现变色、变形等情况；另一方面，食品的形状和质地各异，拍摄者需要根据食品特点选择合适的拍摄角度和布光方式，以突出食品的特色。

此外，选择与食品风格相符的道具也很重要，如盘子、餐具、背景布等。道具的颜色和材质会影响食品的颜色表现。例如，白色的盘子能够使食品的颜色更加突出，木质餐具则可以增加自然的质感，如图6-9所示。

图6-9　选择与食品风格相符的道具

4．拍摄首饰类商品图片

首饰由不同材质构成，包括宝石（如钻石、红宝石、蓝宝石等）、玉石（如翡翠、和田玉等）和贵金属（如黄金、白金、银等）。这些材质都具有独特的反光性、颜色和质感。

在布光时，拍摄者可以根据首饰类商品的材质和反光性调整光源位置与强度。对于高反光材质的钻石或银饰，可以采用环形闪光灯或两侧对称的柔光光源，这样能够减少反光和眩光。对于玉石或深色宝石，则可以适当增加顶部光源，以突出其内部结构和色彩，同时利用遮光板或黑色卡纸控制光线方向，防止不必要的反光干扰画面。

根据首饰类商品的风格，拍摄者可以尝试不同的构图方式。例如，对称构图能够营造稳定感，三分法构图可以使画面更具平衡与美感，对角线构图则能增加动态感，如图6-10所示。此外，还可以使用花瓣、羽毛或丝绸布等道具，营造出浪漫、优雅或神秘的氛围，让首饰类商品更加引人注目。

图6-10　对称构图和对角线构图

展示首饰的方法众多，利用模特佩戴是其中一种重要方式。模特佩戴首饰能真实展现首饰的使用效果，模特的气质、妆容和发型可强化首饰的风格特点，让首饰更加生动、立体。

模特的面部表情和整体动作虽然能够塑造画面氛围，但在展示首饰时应被淡化或忽略。拍摄者应专注捕捉首饰细节与质感，运用裁剪与留白等构图技巧，让首饰成为画面的焦点。例如，在拍摄手链时，可以利用模特手部曲线展示商品，如图 6-11 所示。

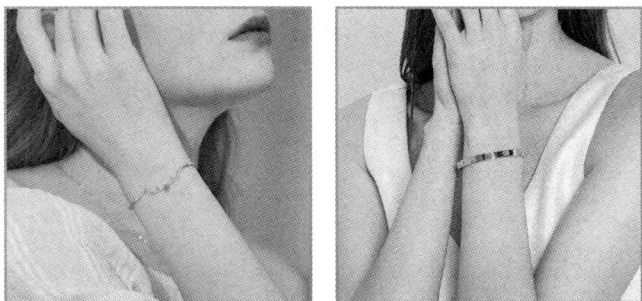

图 6-11　模特佩戴手链进行拍摄

任务二　商品图片的处理

商品图片的处理在线上店铺运营中扮演着至关重要的角色。在电商平台中，商品图片的质量和吸引力是商品搜索排名的重要影响因素之一。高质量、美观的图片可以增加商品在搜索结果中的曝光率，提高点击率，进而增加销售机会。通过独特的图片处理技巧，可以使商品在众多同类商品中脱颖而出，形成差异化竞争优势。

一、调整图片的大小

线上平台通常会对商品图片的大小做出一定限制，因此在获取商品图片素材之后，需要重新调整商品图片大小，以满足线上平台的相关要求，具体操作方法如下。

（1）运行 Photoshop CC 2020，打开"素材文件\项目六\商品图片\01.jpg"，单击"图像"|"图像大小"命令，在弹出的"图像大小"对话框中可以查看商品图片的图像大小、尺寸、分辨率等信息，如图 6-12 所示。

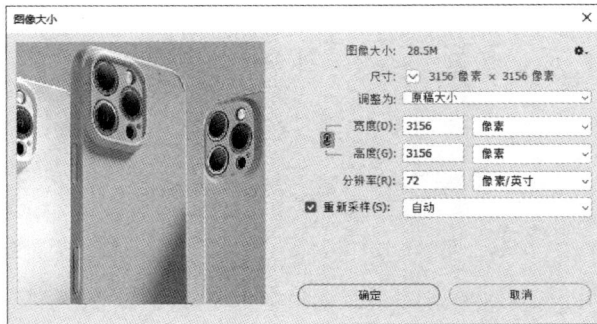

扫一扫

调整图片的大小

图 6-12　查看图片信息

（2）在"图像大小"对话框中设置图片的"宽度"和"高度"均为800像素，然后单击"确定"按钮，此时商品图片的大小会发生明显改变，如图6-13所示。

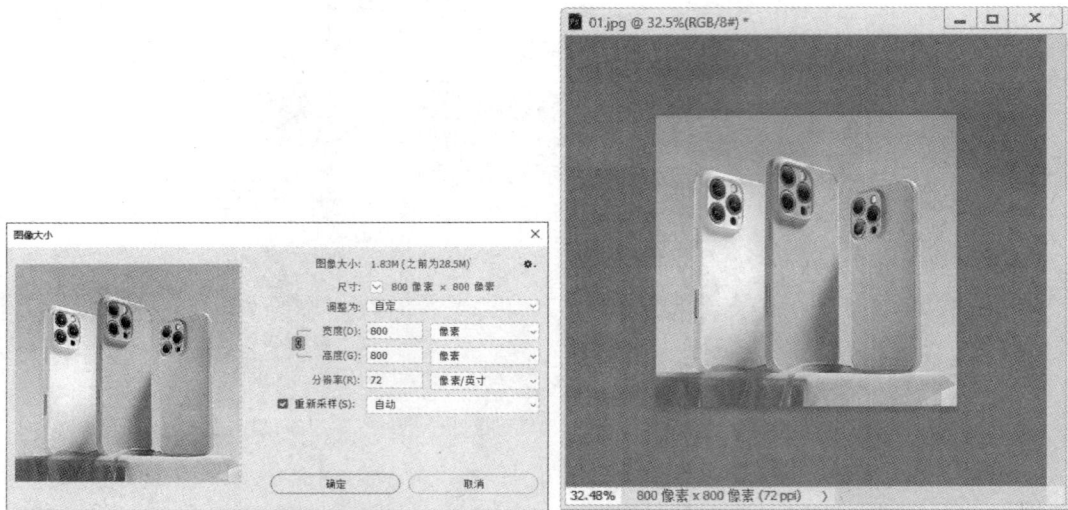

图6-13　调整图片大小

二、裁剪商品图片

在拍摄商品时，经常会出现一些图片构图和比例不符合设计要求的情况，如原图片背景部分太多，导致主体不突出。这时，就可以使用裁剪工具对图片进行裁剪，具体操作方法如下。

扫一扫

裁剪商品图片

（1）打开"素材文件\项目六\商品图片\02.jpg"，选择工具箱中的裁剪工具，在图像窗口中可以看到图片周围出现了裁剪框，按住鼠标左键并拖动裁剪框的边线即可调整裁剪框的大小，如图6-14所示。

图6-14　调整裁剪框的大小

（2）调整裁剪框使主体部分置于裁剪框的中心，并按【Enter】键确认裁剪操作，如图6-15所示，此时可以看到图片中的商品更加突出，构图也更加美观。

图 6-15　使用裁剪工具裁剪商品图片

■ 三、美化模特面部

　　如果模特面部存在瑕疵，必然会影响商品的表现。此时，可以使用污点修复画笔工具为模特祛斑，还可以使用"高反差保留"滤镜锐化模特面部的细节，具体操作方法如下。

扫一扫

美化模特面部

　　（1）打开"素材文件\项目六\商品图片\03.jpg"，按【Ctrl++】组合键将图像放大，选择污点修复画笔工具✍，按住鼠标左键在斑点位置涂抹。松开鼠标后，Photoshop 会自动对斑点进行清除。完成修复操作后，模特的皮肤变得很干净，如图 6-16 所示。

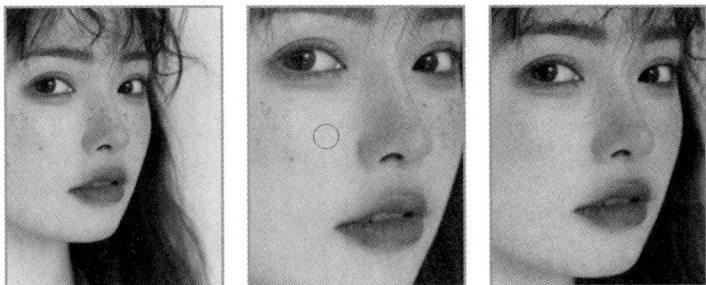

图 6-16　使用污点修复画笔工具为模特祛斑

　　（2）按【Ctrl+J】组合键复制"背景"图层，得到"图层 1"图层。单击"滤镜"|"其他"|"高反差保留"命令，在弹出的"高反差保留"对话框中设置"半径"为 2 像素，单击"确定"按钮。在"图层"面板中设置图层的混合模式为"叠加"，在图像窗口中可以看到处理后的模特图像细节显得更加清晰，如图 6-17 所示。

图 6-17　使用"高反差保留"滤镜锐化商品图像

四、调整图片曝光度

如果商品图片在前期拍摄时没有控制好曝光，可以使用"曲线"命令对图片进行二次曝光处理。通过调整曲线的形状，能够改变图像的亮度和对比度，进而使画面更加清晰。需要注意的是，调整的幅度不宜过大，否则会导致图像失真或出现不自然的效果。

调整图片曝光度的具体操作方法如下。

（1）打开"素材文件\项目六\商品图片\04.jpg"，可以发现这张商品图片曝光不足。单击"图像"|"调整"|"曲线"命令，弹出"曲线"对话框，如图 6-18 所示。

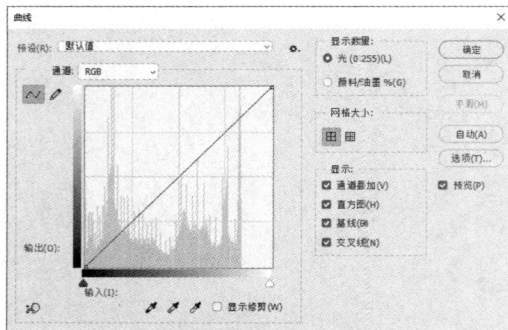

图 6-18 "曲线"对话框

（2）将鼠标指针移至曲线的中段，单击并向上拖动。按住【Ctrl】键的同时单击图片背景，即可在曲线中显示相应的点，向上拖动该点即可增加亮度，最后单击"确定"按钮。此时，查看调整后的效果，发现曝光基本恢复正常，如图 6-19 所示。

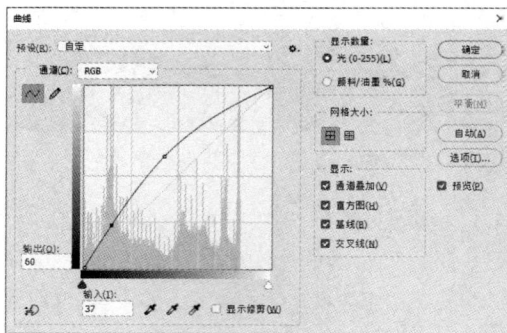

图 6-19 调整曲线

五、使用百度 AI 图片助手抠图

在处理商品图片时，如果商品颜色与背景颜色极为接近，可以使用百度 AI 图片助手的"智能抠图"工具将商品图像从背景中抠取出来，具体操作方法如下。

（1）打开"百度 AI 图片助手"页面，单击"上传图片"按钮，打开"素材文件\项目六\商品图片\05.jpg"，在页面右侧单击"智能抠图"按钮，如图 6-20 所示。

图 6-20　单击"智能抠图"按钮

（2）在页面右侧单击"智能选区"按钮██，然后单击画布右上角的"清屏"按钮，清除所选抠图区域，如图 6-21 所示。

图 6-21　单击"清屏"按钮

（3）在画布中选择要抠取的商品，然后单击"立即抠图"按钮，即可将该女包商品抠取出来，如图 6-22 所示。

图 6-22　单击"立即抠图"按钮

（4）在页面右侧单击"变清晰"按钮██，将图片变清晰，如图 6-23 所示。单击画布右下角的"下载"按钮即可下载图片。

图 6-23　单击"变清晰"按钮

六、使用美图设计室生成模特图

利用美图设计室的"AI 试衣"与"人像背景"功能，设计者可以迅速生成 AI 模特的试衣效果，这一过程极大地简化了传统的拍摄流程，并降低了设计的技术门槛。下面介绍如何利用这两个功能快速生成女装模特图，具体操作方法如下。

（1）打开美图设计室网站并登录账号，单击"AI 商拍"分类中的"AI 试衣"按钮 ，如图 6-24 所示。

扫一扫

使用美图设计室
生成模特图

图 6-24　单击"AI 试衣"按钮

（2）打开"AI 试衣"页面，上传"素材文件\项目六\商品图片\06.jpg"，根据风衣的风格与定位在左侧选择合适的模特和姿势，然后单击"去生成"按钮，如图 6-25 所示。

图 6-25　选择模特和姿势

（3）此时即可智能识别并适应模特身形，模拟真实的穿着效果。单击模特图，在弹出的对话框中单击"下载"按钮下载模特图，如图6-26所示。

图 6-26　下载模特图

（4）在页面左侧单击"人像背景"按钮，上传模特图，设置画面比例为"2：3"，根据服装风格选择匹配的背景，在画布中调整模特的大小和位置，单击"去生成"按钮，如图6-27所示。

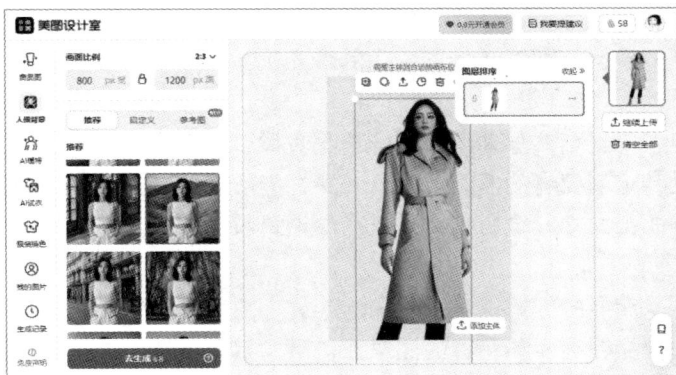

图 6-27　选择匹配的背景

（5）此时即可生成场景图，呈现人物真实拍摄场景。单击"下载"按钮，下载模特图，如图6-28所示。

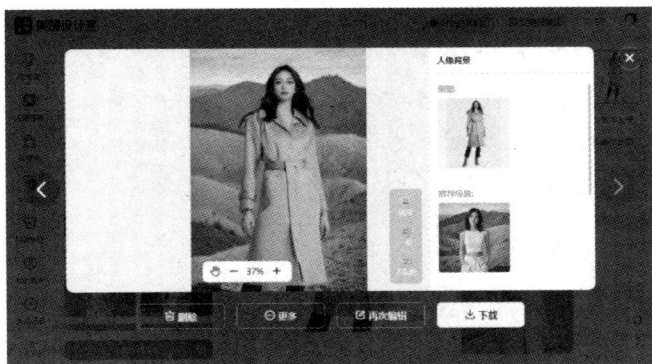

图 6-28　下载模特图

任务三　商品标题的设计

如今电商领域竞争日益激烈，一个引人瞩目的商品标题能够快速吸引消费者的目光，激发其探索欲，从而使商品在众多的竞品中脱颖而出。精心设计的商品标题能够准确地传达商品的特点、优势和独特魅力，激发消费者的好奇心和购买欲。

一、商品标题的组成

商品标题主要展示商品品牌、名称、型号、材料及成分、颜色、数量、促销等信息。商品标题通常由以下几个部分组成。

1. 核心关键词

核心关键词即商品的主要名称或类别，是标题中的基础部分，用于明确告诉消费者该商品是什么，如"手机""冰箱""男装"等。核心关键词是搜索引擎识别商品的主要依据，也是消费者搜索时常用的关键词。

2. 属性词

属性词用于描述商品的特性、规格、材质、颜色、风格等详细信息，是对核心关键词的补充和修饰，如"纯棉""防水""实木"等。属性词有助于消费者更准确地了解商品信息，同时提高商品标题的搜索匹配度，增加商品的曝光机会。

3. 长尾词

长尾词通常由三个或更多单词组成，甚至是具体、详细的短语或句子，用于更精确地描述商品特点，满足特定消费者的搜索需求。长尾词能够细分商品市场，帮助商品在竞争激烈的市场环境中脱颖而出，尤其适用于新品或基础销量较低的商品。

4. 营销词

营销词用于传达商品的促销信息、优惠活动或商家服务承诺等，如"特价""包邮""送运费险"等。营销词能够吸引消费者的注意力，激发其购买欲望，提高商品的点击率和转化率。营销词不能过度使用，以免给消费者造成不真实的感觉。

除以上部分外，有些商品标题还包含时间词。对于季节性强或节日促销的商品，加入时间词可以强调商品的时效性，如"春日穿搭""中秋特卖"等。另外，有些商品标题还会加入类目词，用于明确商品的分类和归属。

二、商品标题的设计原则

商品标题是商品被消费者搜索到和吸引消费者进入商品详情页的重要因素。优质的商品标题应包含消费者最关注的商品属性，能够突出商品的卖点。

在设置商品标题时，设计者要遵守以下原则。

1. 字数适度原则

在设计商品标题时，设计者要适度控制字数，商品标题不宜过长，也不宜太短，以免影响消费者阅读和搜索引擎的抓取。一般来说，电商平台对商品标题的长度有一定的限制，通常在30个字（60个字符）以内。设计者设置的商品标题应符合平台对字数的要求，简洁、准确、清晰、重点突出。

2. 关键词原则

设计者要遵守关键词紧密排列原则，关键词之间的紧密程度会影响搜索权重。通常情况下，竞争力大的词应优先靠近核心关键词，以提高搜索排名。例如，"无袖连衣裙"两个关键词紧密排列，系统会优化展现该商品。但是，紧密排列不代表随意堆砌关键词，随意堆砌或重复使用关键词可能会被搜索降权处罚。

设计者可以使用一些热门关键词，也可以根据商品特点或目标受众的习惯与需求选择一些特定的关键词。例如，护肤品标题可以使用"美白""滋润""保湿"等关键词。商品标题应包含商品词和属性词，商品词即商品名称，属性词则描述商品的特征、特性或卖点。使用属性词时应修饰得当，重点突出商品最具竞争力的特性。

3. 语法原则

商品标题的语法要正确，避免出现错别字和语病。错误的语法和拼写会给消费者留下不专业的印象，降低商品的可信度和吸引力。商品标题应表述清晰、通顺、简洁明了、通俗易懂，符合消费者的阅读习惯，这样才能提升消费者的阅读体验，提高点击率。

4. 规范原则

不同电商平台对商品标题有不同的规定和要求，设计者应仔细阅读并遵守相关规范，避免使用违规词汇或符号，以免被平台处罚或降低商品权重。商品标题必须确保其内容真实性，不得夸大或虚假宣传。在使用如"满减折扣""特价优惠"等营销词，应确保营销词的具体性和真实性。

需要注意，商品标题中不能使用特殊符号，尤其是引号、句号等，这是因为消费者在搜索商品时一般不会在关键词之间加这样的符号，他们经常使用的符号是空格。

三、标题关键词设置

网店商品标题关键词的设置至关重要,它直接影响商品在搜索结果中的曝光度和点击率。设置商品标题关键词可以从以下几个方面入手。

1. 确定核心关键词

想选择出合适的核心关键词，设计者要深入了解商品，明确商品的特点、用途等，还要研究目标受众，了解目标受众的需求及搜索习惯。

（1）深入了解商品

设计者要深入了解商品，仔细研究商品的材质、颜色、尺寸、风格、功能等特点。例如，一款女士手提包的材质是牛皮，颜色为黑色，采用简约时尚风格，有多个隔层设计。设计者可以依据这些特点确定核心关键词，如"真皮手提包""黑色时尚女包"等。

（2）研究目标受众

设计者要研究目标受众，分析受众需求，了解受众习惯。例如，网店的消费群体是年轻女性消费者，在设置关键词时就要考虑她们关注的时尚、潮流、美容、护肤等方面。对于某款化妆品而言，其关键词可以确定为"时尚彩妆""网红同款化妆品"等。

设计者还要研究目标受众在搜索商品时经常使用的关键词和表达方式，可以通过分析搜索引擎的热门关键词，查看竞争对手的商品标题，阅读受众的评价和提问等方式了解受众的搜索习惯。例如，女性在搜索服装时经常使用"显瘦穿搭""百搭上衣"等关键词。

2. 拓展关键词

确定核心关键词后，设计者要对其进行拓展，可以将商品特殊的功能与核心关键词结合起来。将不同的关键词进行组合，能够创造出更丰富、更具体的标题，可以使用形容词、副词、动词等与名词进行搭配，增加关键词的多样性，如"时尚百搭黑色连衣裙""大码宽松纯棉长袖 T 袖"等。

如果商品有地域特色或者适合特定的季节，设计者可以在拓展关键词中加入地域和季节相关的词汇，如"草原酱牛肉""四川特产麻椒鸡"等。

设计者要时刻关注行业动态、时尚潮流、热门事件等，及时将相关的关键词融入商品标题中，以吸引消费者的注意力。

3. 优化关键词

设计者可以根据需要对关键词进行优化，可以使用关键词分析工具，了解每个关键词的搜索量和竞争度。搜索量高的关键词意味着有更多的人在搜索这个词，同时竞争度也较高。设计者可以选择搜索量适中、竞争度相对较低的关键词，以提升商品在搜索结果中的排名。

设计者还要考虑关键词的相关性，确保选择的关键词与商品高度相关，不能为了追求搜索量而使用不相关的关键词，否则即使消费者通过关键词找到商品，也会因为不相关而离开，反而会降低商品的转化率。

4. 合理布局关键词

合理安排关键词在标题中的位置也很重要。一般来说，核心关键词应放在标题开头，这样可以让搜索引擎更容易识别商品的主要内容,而在标题的中间部分依次排列相关的属性词、功能词等，如"华为手环 智能手环 快充 长续航"。

标题的结尾可以放置一些不太重要但与商品相关的关键词，或者添加一些营销词，如"智能手表 运动监测 时尚百搭 活动特价"等。

任务四　商品主图的设计

商品主图位于商品详情页的顶端，它是消费者浏览商品时最先接触的视觉元素，是消费者对商品的第一印象，直接决定消费者是否愿意进一步深入了解该商品。一个高质量且极具吸引力的主图，能够迅速吸引消费者的注意力，进而激发他们对商品的购买兴趣。

一、商品主图的设计要点

在设计商品主图时，图片要清晰，主题与背景要主次分明，图片中的文字大小要适中、简洁明了、突出卖点，这样的商品主图才会更加美观，更能吸引消费者。具体来说，在设计商品主图的过程中，设计者要注意以下几点。

1. 尺寸规范

不同电商平台对商品主图的尺寸和格式有着明确的规定。以淘宝平台为例，一般推荐主图尺寸为 800 像素×800 像素，格式为 JPG 或 PNG，文件大小小于 3MB。在满足这些要求的情况下，商品主图会自动为消费者提供放大镜功能，使消费者能够更细致地查看商品的纹理、颜色、工艺等细节，如图 6-29 所示。卖家必须按照平台要求设计主图，这样才能确保主图在平台上正常显示并达到最佳效果。

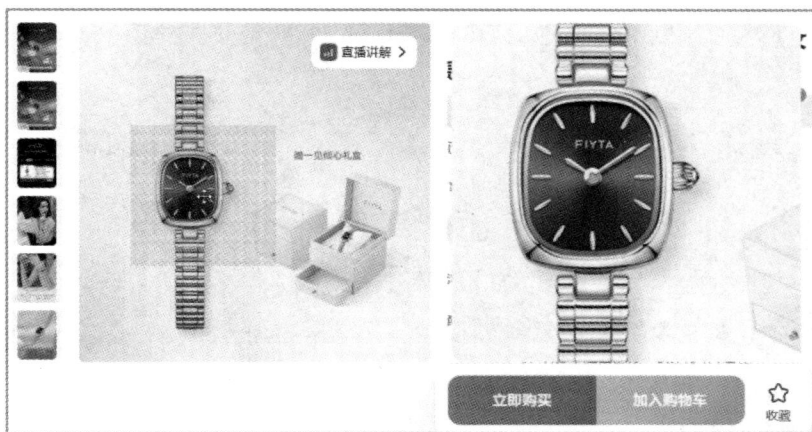

图 6-29　商品主图放大镜功能

2．明确商品主体

商品在主图中占据绝对的主体地位，其视觉空间要足够大，确保消费者一眼就能准确识别所展示的商品。对于单个商品的展示，主图的核心应聚焦于商品本身，全面且清晰地展现其特点、全貌及关键细节。设计者在构图时，应将商品置于画面的中心或显眼的位置，并充分利用色彩、光影及对比度等视觉元素，使商品能够鲜明地从背景中凸显出来。

而在展示组合商品时，如护肤品套装，就需要通过合理的布局将其作为一个整体呈现出来（见图 6-30），可以采用巧妙的摆放方式，以及选取与商品相协调的背景，让消费者直观地感受到这是一套完整的组合商品，避免消费者误解为单品集合。这样的设计能够提高消费者对商品的认知度，减少因主图展示不清而产生的误解，进而增强消费者的购买意愿。

图 6-30　护肤品套装商品主图

3．突出商品卖点

设计者首先要确定商品最主要的卖点，然后在主图中以直观的方式将其展示出来。商品主图提供了展示多张图片的机会，设计者应充分利用图片库，全方位地展示商品的特性。以一款可升降儿童椅为例，主图可以展示儿童椅的整体外观、升降功能、舒适的坐垫以及稳固的底座等，如图 6-31 所示。这样的设计不仅能让消费者快速捕捉到商品的核心卖点，还能通过丰富的视觉信息增强他们对产品的了解和信任，从而增强购买意愿。

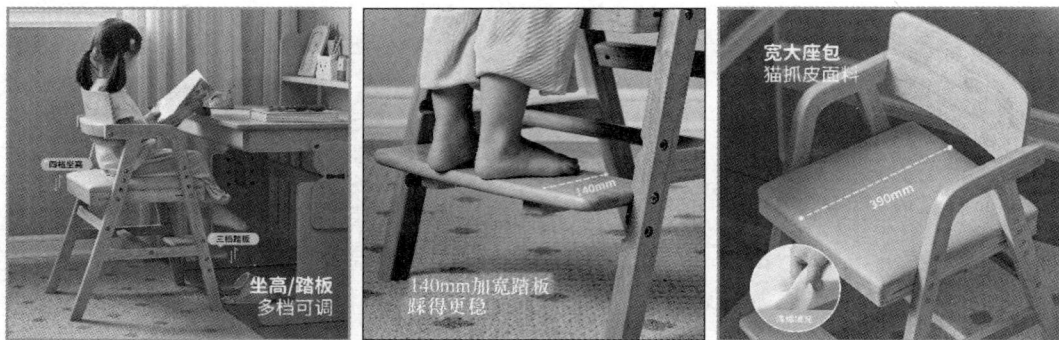

图 6-31　可升降儿童椅商品主图

4. 品牌风格一致性

商品主图的色彩、字体、风格等元素应与品牌的整体形象保持一致。如果品牌采用自然清新的风格，主图可能会采用自然风景作为背景，或者运用柔和的光线和淡雅的色彩营造出舒适、宁静的氛围。例如，植物主义的商品主图整体色彩饱和度较低，多采用自然色系和植物元素，如图 6-32 所示。这些颜色和元素能够给人一种清新、柔和、舒适的感觉，与品牌所倡导的自然清新风格相契合。

图 6-32　植物主义商品主图

品牌标志要在主图中显著展示，需遵循品牌的官方标志使用规范。标志的大小、颜色、位置都应符合品牌要求，不能随意更改或扭曲。例如，安踏作为运动品牌，主打年轻、活力路线，主图采用明亮的色彩、动感的字体以及充满活力的运动场景，展现品牌的青春气息，如图 6-33 所示。同时，安踏的品牌标志在主图中显著展示，位置固定，颜色标准，符合品牌规范，增强了品牌的辨识度。

5. 文字信息简洁精准

设计者要避免在商品主图中堆砌过多的元素、文字或信息。简洁的设计能让消费者迅速聚焦于商品本身。在图 6-34 所示的主图中，文字信息堆砌过多，虽然展示了商品的很多卖点，但过多的文字会让消费者感到眼花缭乱，难以迅速聚焦于商品本身，以致降低消费者对商品的关注度和购买意愿；而在图 6-35 所示的主图中，文字信息相对简洁，只突出商品材质、音质和定位等关键卖点，这样的设计能让消费者更快速地了解商品的特点，从而增加购买的可能性。

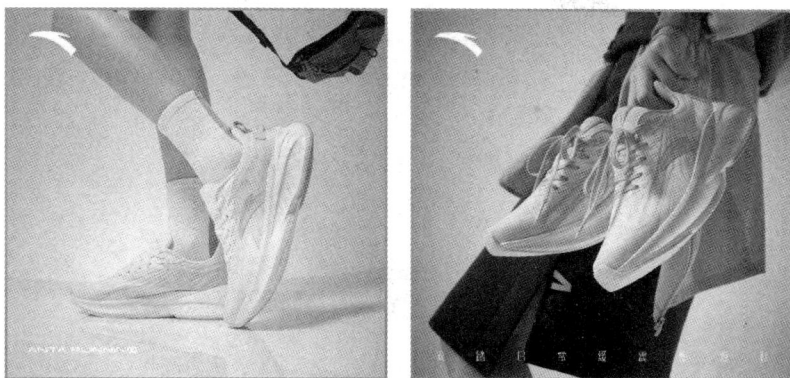

图 6-33 安踏运动鞋主图

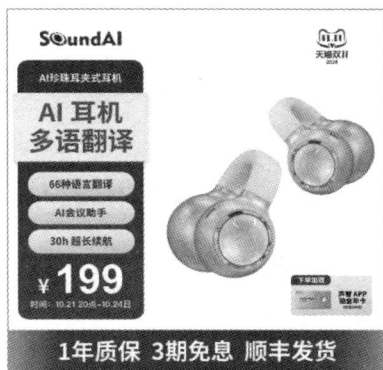

图 6-34 文字信息堆砌过多

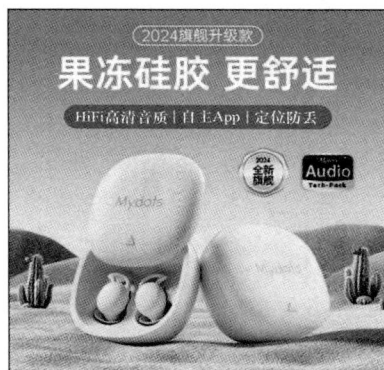

图 6-35 文字信息简洁精准

▋二、美妆商品主图设计案例

本案例为某美妆商品设计商品主图，使用渐变的背景进行修饰，添加"第二件享 5 折""满 300 元立减"促销方案，以及简单的广告词突出产品优势，案例效果如图 6-36 所示。

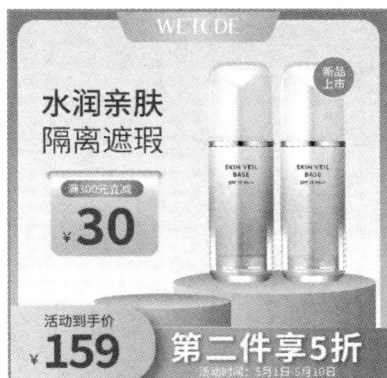

图 6-36 美妆商品主图设计案例效果

扫一扫

美妆商品主图设计案例

（1）打开 Photoshop CC 2020，按【Ctrl+N】组合键，在打开的"新建文档"对话框中设置各项参数，设置背景内容为白色，然后单击"创建"按钮，如图 6-37 所示。

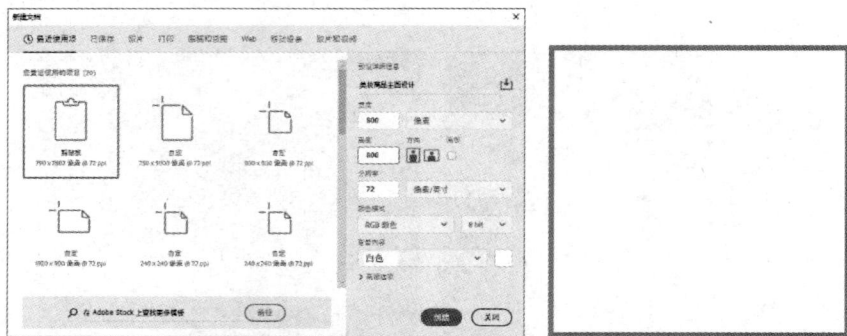

图 6-37　新建文档

（2）选择矩形工具 ▭，绘制一个矩形，在"属性"面板中设置各项参数，其中设置渐变色为 RGB（140，143，202）到 RGB（241，209，212），如图 6-38 所示。

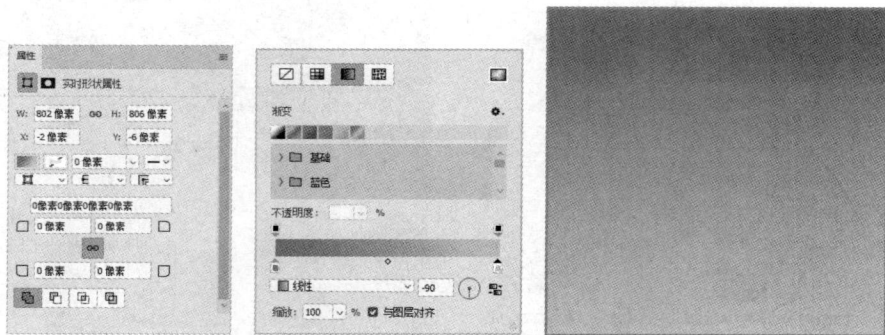

图 6-38　绘制矩形

（3）选择圆角矩形工具 ▢，绘制一个圆角矩形，在"属性"面板中设置各项参数，其中设置渐变色为 RGB（255，230，226）到白色，如图 6-39 所示。

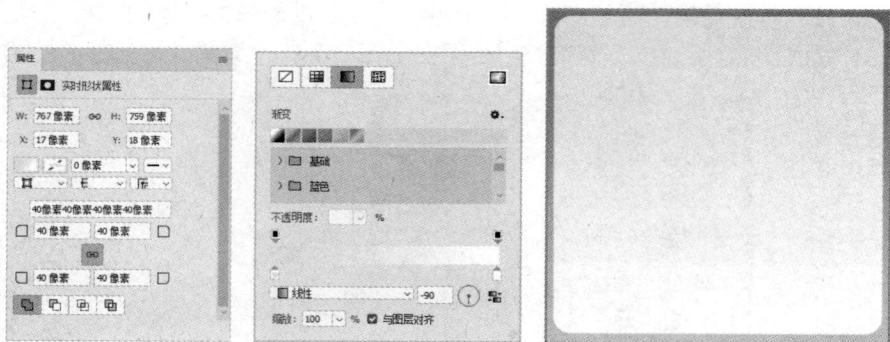

图 6-39　绘制圆角矩形

（4）选择矩形工具 ▭ 和椭圆工具 ◯，绘制一个商品展台，在"属性"面板中设置各项参数，其中设置渐变色为 RGB（196，160，218）到 RGB（242，222，252）。在"图层"面板中单击"创建新组"按钮 ▢，新建"组 1"图层组，将商品展台所在的图层添加到图层组中，如图 6-40 所示。

图 6-40 绘制商品展台

（5）按【Ctrl+J】组合键复制图层组，然后按【Ctrl+T】组合键调整图像的大小和位置，如图 6-41 所示。

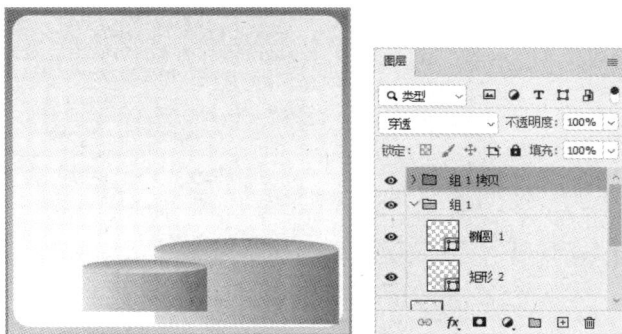

图 6-41 复制图层组

（6）选择矩形工具 ▢，在主图下方绘制一个矩形，在"属性"面板中设置填充颜色为 RGB（235，208，243），如图 6-42 所示。

图 6-42 绘制矩形

（7）按【Ctrl+J】组合键复制矩形，在"属性"面板中设置渐变色为 RGB（206，178，226）到 RGB（141，143，204），然后将其向下移至合适的位置，如图 6-43 所示。

图 6-43　复制矩形

（8）在"图层"面板中选择"矩形 3"图层，单击"添加图层蒙版"按钮 ◻，添加图层蒙版。选择渐变工具 ◼，设置渐变色为白色到黑色，从左到右绘制渐变色，效果如图 6-44 所示。

图 6-44　添加图层蒙版并设置渐变色

（9）选择圆角矩形工具 ◻，绘制一个圆角矩形作为价格标签，在"属性"面板中设置各项参数，其中设置渐变色为 RGB（254，220，219）到 RGB（255，192，185），如图 6-45 所示。

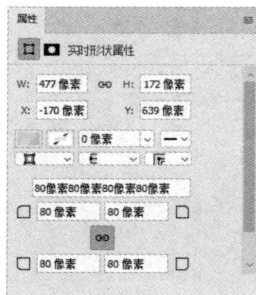

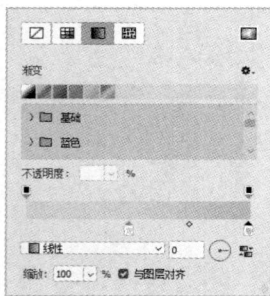

图 6-45　绘制价格标签

（10）双击"圆角矩形 2"图层，在弹出的"图层样式"对话框中设置"投影"图层样式，其中设置阴影颜色为 RGB（147，146，201），然后单击"确定"按钮，如图 6-46 所示。

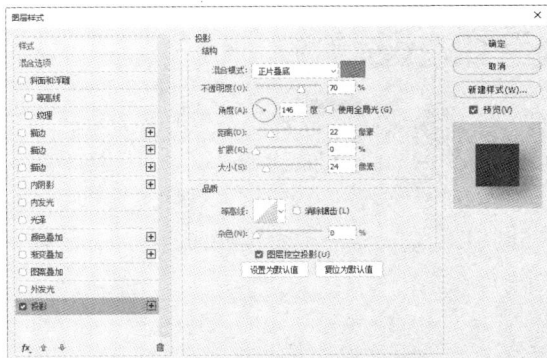

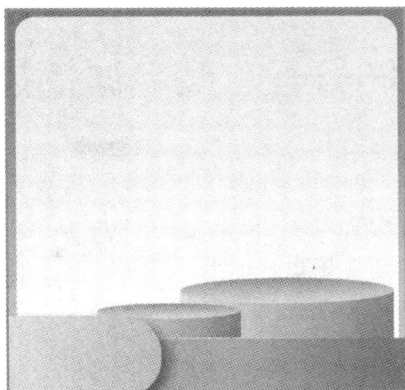

图 6-46　添加"投影"图层样式

（11）打开"素材文件\项目六\美妆商品主图\01.png～04.png"，将它们分别导入图像窗口中。选择横排文字工具 **T**，输入相应的商品促销文案。打开"字符"面板，设置文字的各项参数，如图 6-47 所示。

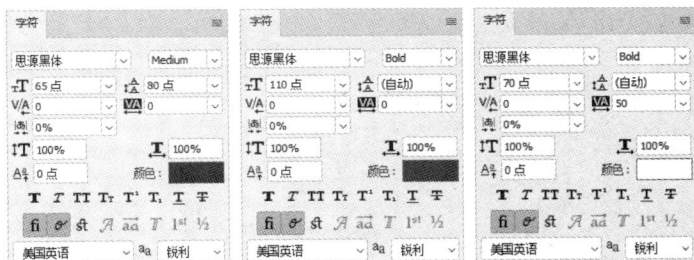

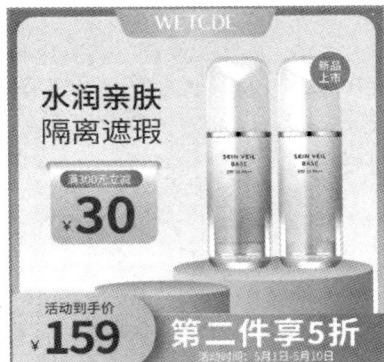

图 6-47　添加商品促销文案

（12）双击"第二件享 5 折"文本图层，在弹出的"图层样式"对话框中设置"投影"图层样式，其中设置阴影颜色为 RGB（147，146，201），然后单击"确定"按钮，最终效果如图 6-48 所示。

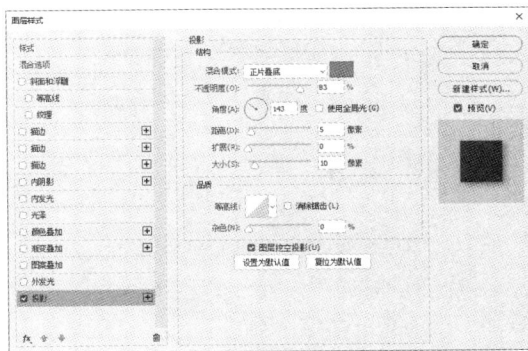

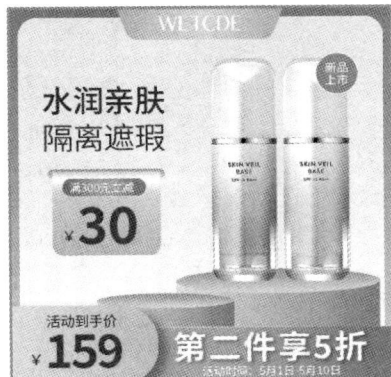

图 6-48　为文字添加"投影"图层样式

任务五　商品详情描述图的设计

商品详情描述图作为网店的亮点和聚焦点，是整个网店中最容易与消费者产生共鸣、促使消费者做出购买决策的地方。消费者往往是看了商品详情描述图之后才下定决心购买。一个优质且充满设计感的商品详情描述图，应在实用、美观的基础上，将商家想要传达的信息完整、直观地展现出来，激发消费者的消费欲望，赢得消费者对店铺的信任感，促使消费者快速下单购买，是提高转化率的重要入口。

一、商品详情描述图的设计要点

商品详情描述图需要阐明该商品是什么，能够满足消费者的何种需求，对消费者有何价值。其内容设计要有逻辑性，能够真实反映商品的基本信息；版式设计要便于消费者阅读和理解，以保证其全面了解自己想要获得的信息。

1. 商品详情描述图的设计逻辑

消费者在购买一件商品时，对商品的认知一般分为 3 个步骤，即从感性到理性再到感性。图 6-49 所示为消费者对商品的认知规律。在设计商品详情描述图时，商家需要遵循消费者的认知规律，从感性的角度以头图吸引消费者，然后通过铺垫、正文以及对商品的详细分析，从理性的角度向消费者展示商品信息，最后通过"余韵"，进一步从感性的角度刺激消费者的购买欲望。

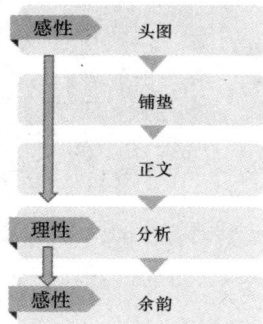

图 6-49　消费者对商品的认知规律

根据消费者对商品的认知规律的表现，要想使商品详情描述图更具说服力，商家在描述商品的过程中要注意遵循"五感"。

- 真实感：即多角度、真实地展现商品的原貌。
- 逻辑感：根据消费者的需求，按照层层递进的原则部署商品详情描述图的展示内容，以多层次地刺激消费者，最终达到成交目的。
- 亲切感：针对目标消费群体的特性，设计富有亲切感、贴近消费者心理的文案。
- 对话感：商品介绍是通过文字描述和图片展示完成的，因此描述风格要以逻辑对话的方式展开，具有对话感。
- 氛围感：与实体店一样，网店中的商品销售氛围也是非常重要的。商品详情描述图要营造出很多人购买的氛围，加深从众心理对消费者购买决策的影响。

2. 商品详情描述图的格式设计

商品详情描述图是商家以"图文混排"的形式向消费者传递商品相关属性信息的图片，图片上的内容是静态信息，这就要求商家在设计商品详情描述图时注意信息阐述逻辑。图6-50所示为商品详情描述图的格式设计。

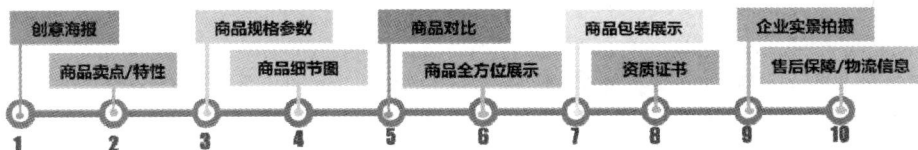

图 6-50　商品详情描述图的格式设计

（1）创意海报

创意海报的主要作用是在消费者查看商品详情描述图时能够在第一时间吸引其注意力。因为这张图片是吸引消费者的视觉焦点，也是消费者对商品的第一印象，所以商家要采用能够展示企业品牌和商品特色的图片。图片可以是商品展示，也可以是企业的全景展示。

（2）商品卖点/特性

商家应突出商品独特的卖点（特性）与作用，然后强调商品对消费者的益处，即 FAB 法则。

- F（Feature，特性）：商品包含的客观事实，包括商品的用料、设计等，让消费者直观地感受到商品所具有的与众不同的特性。大多数商品介绍需要对商品的用料或者材质进行描述，这是消费者判断商品质量的重要因素，也是衡量商品是否物有所值的一个重要环节。

- A（Advantage，作用）：商品能够给消费者带来的作用或优势，帮助消费者解决生产或者生活中的问题的能力。

- B（Benefit，益处）：商品能够给消费者带来的直观利益，这是消费者购买商品的目的。

（3）商品规格参数

商品规格参数包括长、宽、高、重量、功耗等。商家可以通过多种形式对商品规格参数进行展示：配图形式（多用于大众消费类商品）；对比形式，即采用与常见标准规格的实物进行对比的形式，实物尽量选取日常所见的物品，如银行卡、书本等；表格形式（多用于机械设备等工业级产品），适用于参数比较专业和繁多的情况。

（4）商品细节图

商家可以利用放大等功能展示商品的质量、工艺和做工，这样可以很好地突出该商品的优异之处。需要注意的是，细节图不仅要有图案，还要加上必要的文案。

（5）商品对比

商家可以将自己的商品与同行业其他商品的各项参数进行对比，强化自己商品的卖点。对比的方式有很多，但目的只有一个，那就是证明自己的商品优势和出众特征，表明商品物有所值。

（6）商品全方位展示

商家还可以通过其他方式对商品进行全方位的展示，让消费者看到真实的商品使用效果，从而拉近与消费者的心理距离。商品全方位展示方式有多种，例如，衣服鞋帽等商品可以向消费者展示模特穿戴效果，设备配件类商品可以向消费者展示商品的工作状态，环保涂料类商品可以向消费者展示使用该商品后的实景效果。

（7）商品包装展示

商品包装细节一般根据商品的实际情况进行具体展示，主要展示商品所使用的包装材料、包装方法及包装风格等。针对一些易碎、怕湿的商品，商家还可以展示商品包装的结构加固和防湿处理的效果。

（8）资质证书

商家可以展示一些证明身份属性的证书，以及商品的一些认证标志等，以展示店铺的实力和商品的品牌。

（9）企业实景拍摄

商家可以展示企业实景，特别是生产车间，展示商品生产情况和机器设备等，让消费者认可企业的实力。尤其是对于需要加工定制或订单量较大的消费者来说，这些展示更能增强他们对企业的信任度。

（10）售后保障/物流信息

售后保障/物流信息是为了帮助消费者解决购物过程中可能遇到的一些已知或未知的问题，如是否支持7天无理由退换货、发什么快递、商品发生质量问题如何解决、发票出现问题如何解决等。做好这些工作能在很大程度上减轻客服人员的工作负担，增加消费者静默下单的转化率。

商品详情描述图的主要作用是促使消费者完成订单，其实现过程可以概括为：引起消费者兴趣→激发消费者需求→赢得消费者信任→刺激消费者参与购买。商品详情描述图的设计不是一步到位的，需要商家多次修改。因此，商家在设计好商品详情描述图之后，需要及时关注自己商品详情页的跳出率和商品的支付率，根据实际情况对商品详情描述图进行调整和优化。

> 📖 **案例链接**
>
> **爱仕达空气炸锅，详情描述图"香味四溢"**
>
> 爱仕达的天猫官方旗舰店销售一款空气炸锅，其商品主图主要突出商品的可爱外形和烹饪效果，通过精美的图片展示商品的外观、烹饪过程中的状态及烹饪完成后的美食。
>
> 在详情描述图中，爱仕达空气炸锅展示了自身商品与传统空气炸锅的对比，强调了商品的优质特征；还展现了商品的使用方法，有蒸汽嫩炸和常规脆炸，精美的图片展示了成品的美味，突出了商品的功能强大。消费者使用该商品十分方便，可以设置八大食谱，一键搞定，如图6-51所示。4.5L大容量，可以炸全鸡，给人满足感，这个容量还换算成其他食品的分量，以数字形象地展示容量之大。
>
> 其详情描述图展示该商品为翻盖设计，清洗无负担；烹饪操作也十分简单，双旋钮操控，美味一转即达。该商品的内胆还可以当碗使用，解锁懒人新体验。详情描述图还展示了商品细节，如双耳防烫手柄、底部防滑硅胶、可拆洗烤盘等，用局部高清细节图让消费者了解商品的贴心设计，用起来更放心。除此之外，详情描述图还介绍了爱仕达空气炸锅的商品参数、售后保障，并介绍了品牌核心价值观（见图6-52），可以让消费者了解品牌文化，增强对品牌的信赖感。
>
> 配套案例视频

图 6-51　八大食谱　　　　　　　　　图 6-52　品牌介绍

二、牛奶商品详情描述图设计案例

　　本案例将制作某款牛奶商品的详情描述图，设计内容包括商品海报、商品卖点和商品参数等，要求设计的页面能清晰、准确地展示与说明该牛奶商品的特点，案例效果如图 6-53 所示。

扫一扫

牛奶商品详情描述
图设计案例

图 6-53　牛奶商品详情描述图设计案例效果图

（1）打开 Photoshop CC 2020，单击"文件"|"新建"命令，在弹出的"新建文档"对话框中设置各项参数，其中设置背景内容为白色，然后单击"创建"按钮，如图 6-54 所示。打开"素材文件\项目六\牛奶商品详情描述图\01.jpg"，将其拖入图像窗口中，按【Ctrl+T】组合键调整其大小和位置，如图 6-55 所示。

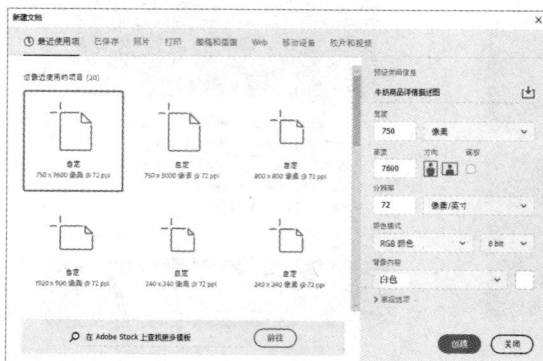

图 6-54 "新建文档"对话框

图 6-55 导入海报背景

（2）选择矩形工具▭，绘制一个矩形，在"属性"面板中设置各项参数，其中设置填充色为 RGB（42，168，232），如图 6-56 所示。在"图层"面板中单击"添加图层蒙版"按钮▣，选择渐变工具▬，绘制从黑色到白色的渐变色，效果如图 6-57 所示。

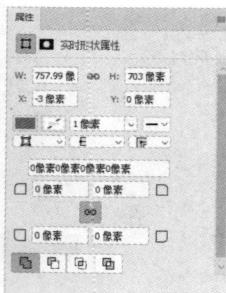

图 6-56 绘制矩形

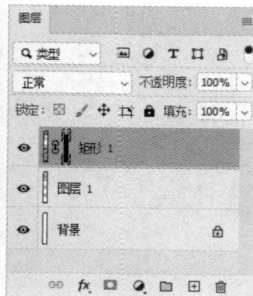

图 6-57 添加图层蒙版

（3）打开"素材文件\项目六\牛奶商品详情描述图\02.png、03.png"，将它们分别导入图像窗口中，按【Ctrl+T】组合键调整其大小和位置，如图 6-58 所示。选择矩形工具▭，在牛奶底部绘制一个黑色矩形，单击"添加图层蒙版"按钮▢，选择渐变工具▦，绘制从黑色到白色的渐变色，如图 6-59 所示。

图 6-58　添加素材文件

图 6-59　绘制矩形并添加图层蒙版

（4）在"图层"面板中将"矩形 2"图层拖至"图层 2"图层下方，设置其"不透明度"为 70%，如图 6-60 所示。按【Ctrl+T】组合键调出变换框并用鼠标右键单击，在弹出的快捷菜单中选择"斜切"命令，如图 6-61 所示。

图 6-60　设置不透明度

图 6-61　选择"斜切"命令

（5）调整矩形的斜切角度，双击变换框确认操作，效果如图 6-62 所示。打开"素材文件\项目六\牛奶商品详情描述图\04.png"，选择矩形选框工具▭，在奶牛图像上绘制一个矩形选区，如图 6-63 所示。

图 6-62　调整矩形斜切角度

图 6-63　绘制矩形选区

（6）选择移动工具 ✛，将选区中的图像拖入图像窗口中，按【Ctrl+T】组合键调整图像的大小和位置，如图 6-64 所示。采用同样的方法，拖入另一只奶牛图像，效果如图 6-65 所示。

图 6-64　调整图像的大小和位置　　　　图 6-65　添加素材文件

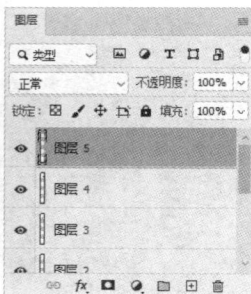

（7）选择横排文字工具 **T**，输入相应的文字，在"字符"面板中设置文字的各项参数，其中设置文字颜色为白色和 RGB（46，46，59）。选择圆角矩形工具 ◻，绘制一个圆角矩形，在"属性"面板中设置各项参数，其中设置填充颜色为 RGB（255，246，0），然后导入"素材文件\项目六\牛奶商品详情描述图\05.png、06.png"，如图 6-66 所示。

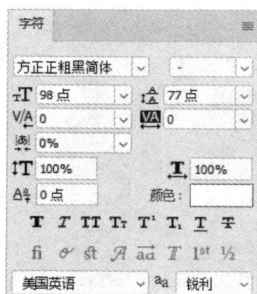

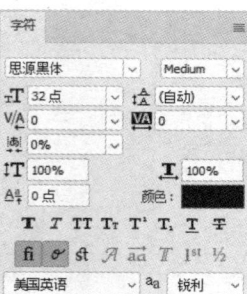

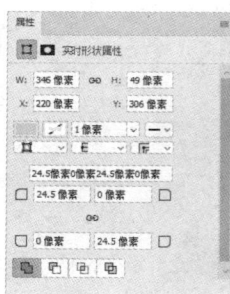

图 6-66　制作海报文字

（8）在"图层"面板下方单击"创建新组"按钮 ◻，新建"海报"图层组，将制作好的海报图层放到该图层组中。选择矩形工具 ◻，绘制一个矩形，在"属性"面板中设置各项参数，其中设置渐变色为 RGB（239，246，242）到 RGB（226，251，222），如图 6-67 所示。

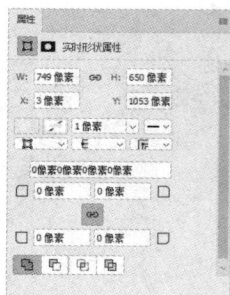

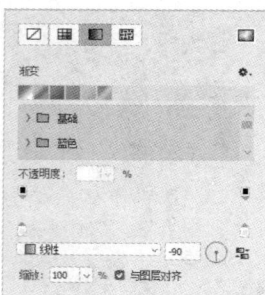

图 6-67　绘制矩形

（9）导入"素材文件\项目六\牛奶商品详情描述图\07.png"，选择钢笔工具 ✐，绘制一条曲线路径，按【Ctrl+Enter】组合键将路径转换为选区，如图 6-68 所示。在"图层"面板中选择"矩形 3"图层，按住【Alt】键的同时单击"添加图层蒙版"按钮 ◻，效果如图 6-69 所示。

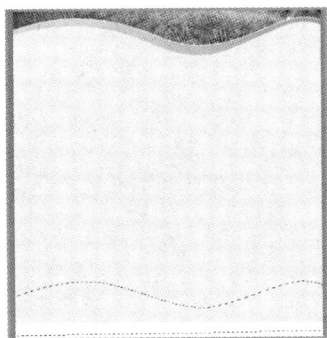

图 6-68　绘制曲线路径并转换为选区　　　　图 6-69　添加图层蒙版

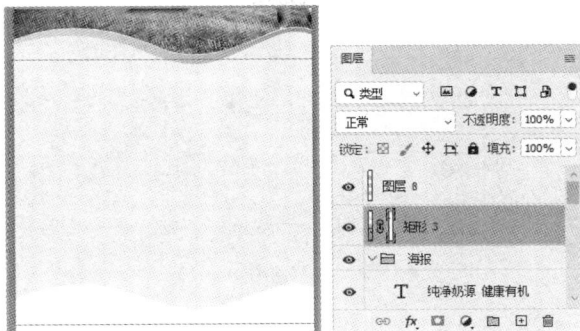

（10）选择圆角矩形工具 ◻，绘制一个圆角矩形，在"属性"面板中设置各项参数，其中设置描边颜色为 RGB（3，117，58），如图 6-70 所示。

图 6-70　绘制圆角矩形

（11）选择横排文字工具 T，输入相应的文字，在"字符"面板中设置文字的各项参数，其中设置文字颜色为 RGB（54，55，52）。选择矩形工具 ◻，绘制修饰图形，然后导入"素材文件\项目六\牛奶商品详情描述图\08.jpg"，如图 6-71 所示。

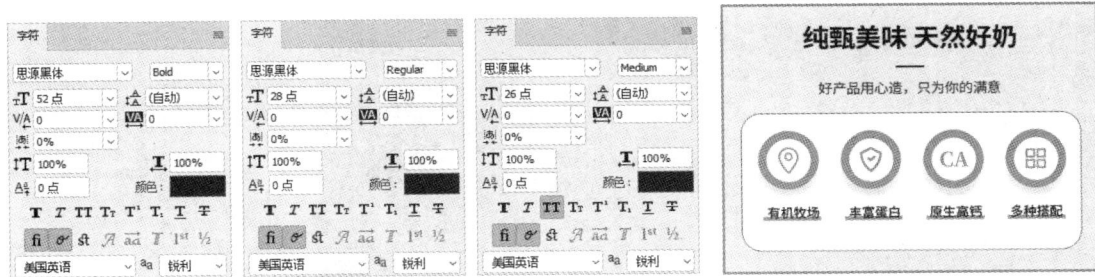

图 6-71　制作卖点模块

（12）选择矩形工具 ◻，绘制一个矩形，在"属性"面板中设置各项参数，其中设置渐变色为 RGB（206，241，177）到 RGB（138，224，99），如图 6-72 所示。

图 6-72　绘制矩形

（13）选择钢笔工具 ，绘制一条曲线路径，按【Ctrl+Enter】组合键将路径转换为选区，如图 6-73 所示。在"图层"面板中选择"矩形 6"图层，按住【Alt】键的同时单击"添加图层蒙版"按钮 ，效果如图 6-74 所示。

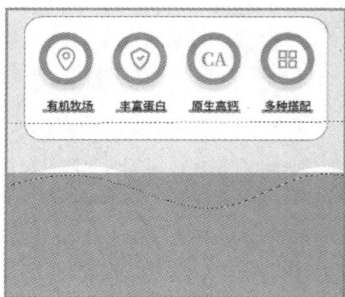

图 6-73　绘制曲线路径并转换为选区

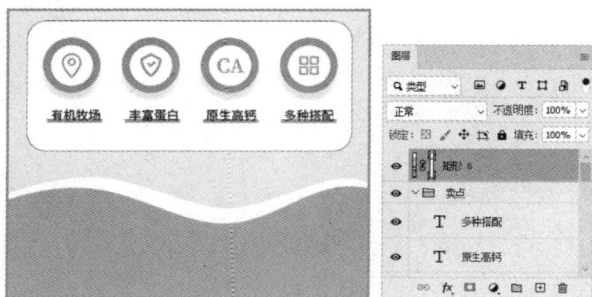

图 6-74　添加图层蒙版

（14）选择圆角矩形工具 ，绘制一个圆角矩形，在"属性"面板中设置各项参数，如图 6-75 所示。导入"素材文件\项目六\牛奶商品详情描述图\09.jpg"，用鼠标右键单击该图像所在的图层，在弹出的快捷菜单中选择"创建剪贴蒙版"命令，效果如图 6-76 所示。

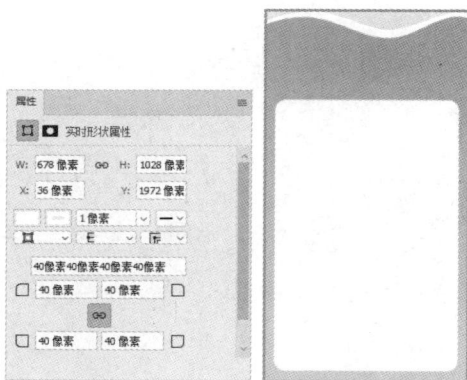

图 6-75　绘制圆角矩形

图 6-76　创建剪贴蒙版

（15）单击"图像"|"调整"|"曲线"命令，在弹出的"曲线"对话框中设置各项参数，然后单击"确定"按钮，如图 6-77 所示。

图 6-77　调整曲线

（16）选择横排文字工具 T，输入相应的文字，在"字符"面板中设置文字的各项参数，其中设置文字颜色为 RGB（54，55，52），然后选择矩形工具□和椭圆工具○绘制修饰图形，如图 6-78 所示。

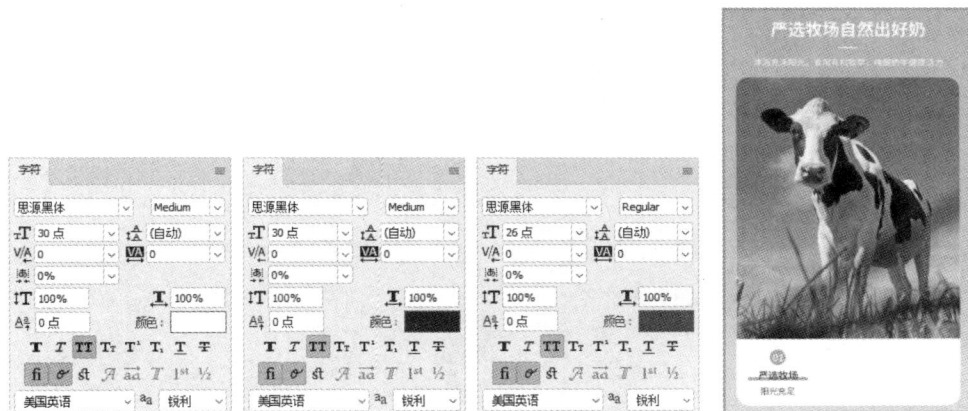

图 6-78　添加文字并绘制修饰图形

（17）在"图层"面板下方单击"创建新组"按钮■，新建"组 1"图层组，将制作好的描述文字放到该图层组中。按两次【Ctrl+J】组合键，得到"组 1 拷贝"和"组 1 拷贝 2"图层组，修改文字内容，然后选择直线工具／，绘制修饰图形，效果如图 6-79 所示。

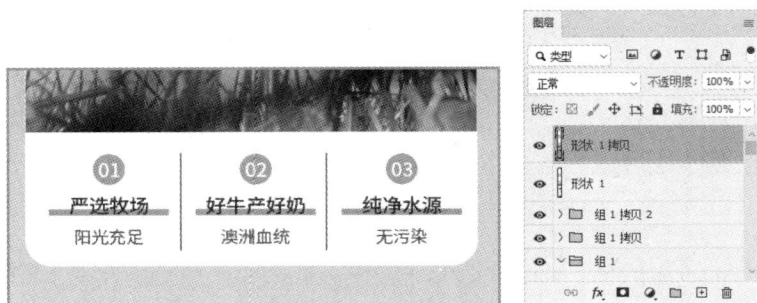

图 6-79　添加其他描述文字

（18）采用同样的方法，继续制作原生乳蛋白含量对照表、多种搭配和产品参数模块，效果如图 6-80 所示。

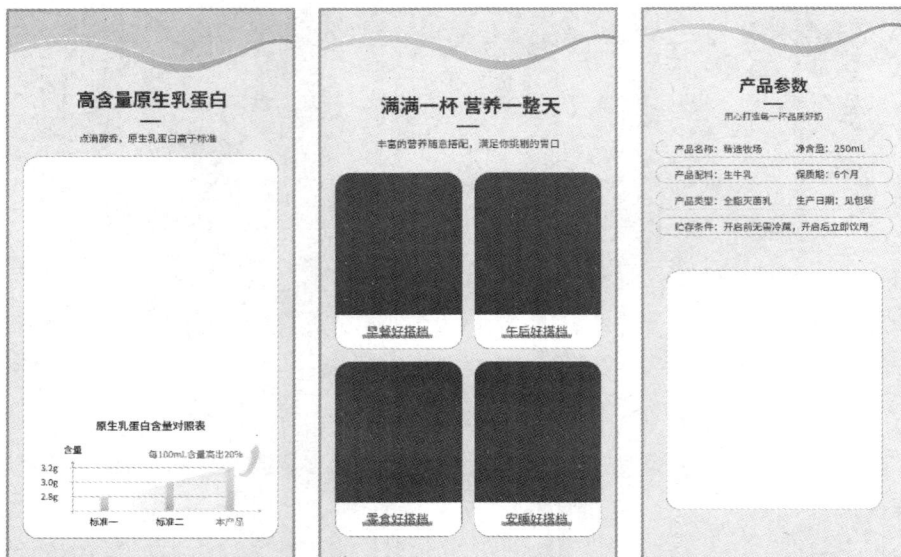

图 6-80　制作其他描述模块

（19）打开"豆包"网页并登录账号，在页面下方单击"图像生成"按钮，在打开的对话框中输入提示词，在此输入"牧场草地上有一杯牛奶，透明玻璃杯，蓝天，白云，小花"，设置比例为"2：3"，然后单击"发送"按钮，如图 6-81 所示。

图 6-81　输入图片生成提示词

（20）在 AI 生成的 4 张图片中选择最合适的一张，单击"下载原图"按钮下载图片，如图 6-82 所示。

图 6-82　单击"下载原图"按钮

（21）打开 Photoshop CC 2020，导入场景图，将其调整至合适的大小和位置，然后在"图层"面板中用鼠标右键单击该图层，在弹出的快捷菜单中选择"创建剪贴蒙版"命令。采用同样的方法，打开"素材文件\项目六\牛奶商品详情描述图\10.jpg～14.jpg"，将它们分别导入图像窗口中，效果如图 6-83 所示。

图 6-83　添加场景图

📈 项目实训：商品拍摄设计与发布

1. 实训背景

　　随着电子商务的蓬勃发展，网店已成为众多商家的重要销售渠道。在激烈的市场竞争中，优质的商品图片、醒目的商品标题对吸引消费者、提高商品销量起着非常重要的作用。在网店运营中，商品拍摄、商品主图设计、商品标题及商品详细描述图设计都是关键环节，直接影响网店的运营效益。

2．实训要求

请同学们自由分组，4 人一组，以小组为单位，完成商品照片的拍摄，以及商品主图、标题及详情描述图的设计并进行商品发布。

3．实训思路

（1）商品拍摄

选择一款具体的商品，如食品、日用品或服装。为该商品拍摄照片，在拍摄时要选择合适的拍摄方位和角度，让商品获得较全面的展示。同时，要注意构图，以提高商品图片的美观度，让商品更具吸引力。

（2）图片设计

选择拍摄的商品照片，进行商品主图、标题及详情描述图的设计。

① 设计 3 张以上具有吸引力的商品主图。商品主图应清晰展示商品的全貌、特点和优势，尺寸符合主流电商平台要求。

② 为所选商品撰写一个简洁明了、富有吸引力的标题。标题应包含商品的关键信息，如品牌、名称、特点、用途等。

③ 设计一组商品详情描述图，全面展示商品的细节、功能、使用方法、材质等信息，详情描述图数量不少于 5 张。如果拍摄时用了模特，要对照片中的模特进行美化，使其更加精致、美观。

（3）商品发布

在自己的店铺发布商品，正确选择商品类目，全面设置商品属性，为商品设计具有吸引力的标题、合理的价格、运费和售后服务等项目。完善商品的图文描述，让商品详情页的信息更加完善，提升商品详情页对消费者的吸引力。

📈 巩固提高 ●●●●●

一、单选题

1. 拍摄服饰类商品图片时，通常会采取（　　）的拍摄方案。
   A．细节展示、颜色对比　　　　　　　　B．真人试穿、平铺展示
   C．包装展示、面料质感　　　　　　　　D．道具搭配、型号对比

2. 拍摄美妆类商品时，通常对（　　）有特定要求。
   A．构图　　　　　　B．颜色　　　　　　C．光线　　　　　　D．摆放

3. 在设置商品标题关键词时，首先要做的是（　　）。
   A．确定核心关键词　　　　　　　　　　B．确定长尾词
   C．确定属性词　　　　　　　　　　　　D．确定营销词

4. 以下（　　）关键词紧密排列会被系统优化展现商品。
   A．时尚　女装　　　　　　　　　　　　B．时尚女，连衣裙
   C．时尚潮流女性经典连衣裙　　　　　　D．时尚连衣裙

5. 商品主图的色彩、字体、风格等元素应与（　　）保持一致。
   A．店铺形象　　　　　　　　　　　　　B．品牌的整体形象
   C．商品的功能用途　　　　　　　　　　D．品牌的价格水平

二、判断题

1. 拍摄首饰类商品时，可以利用模特佩戴的方式，要注重拍摄模特的面部表情和整体动作。   （   ）

2. 在拍摄商品组合时，需要通过合理的布局将其作为一个整体呈现。   （   ）

3. 消费者在购买一件商品时，对商品的认知是从理性到感性再到理性。   （   ）

4. 商品标题只需展示商品名称，无须展示其品牌、型号、成分等信息。   （   ）

5. 要想使商品详情描述图更具说服力，在描述商品时要注意遵循"五感"。   （   ）

三、问答题

1. 拍摄食品类商品的难点有哪些？

2. 如何进行商品关键词的设置？

3. 商品主图的设计要点有哪些？

项目七 营销活动运营

知识目标

➤ 掌握零售门店实施线下促销活动的方法。
➤ 掌握零售门店开展跨界营销活动的方法。
➤ 掌握快闪店的模式、选址、内容设计和宣传造势方法。
➤ 掌握抖音话题挑战赛的话题设置方法与互动玩法。
➤ 掌握直播营销的方式，以及场景布置、活动执行与复盘的方法。

技能目标

➤ 能够有效组织零售门店的线下促销活动。
➤ 能够开展跨界营销活动。
➤ 能够进行快闪店的内容设计与宣传造势。
➤ 能够发起抖音话题挑战赛。
➤ 能够布置直播场景，有效执行直播活动并组织直播复盘。

素养目标

在商业活动中，诚信是基石。开展营销活动应坚守商业道德和原则，与实际相符，以诚信赢得顾客信任，不要为了短期利益破坏诚信而损害品牌形象。

项目导读

营销活动在零售门店经营中发挥着至关重要的作用。通过营销活动，特别是具有创意和吸引力的活动，零售门店可以迅速提升品牌的知名度和影响力。有效的营销活动运营可以通过技术优化、流程改进和人力资源的合理配置等措施，降低零售门店的经营成本。而在新零售背景下，零售门店的营销活动运营还可以推动门店的转型升级，通过线上线下整合营销，实现全渠道营销，提高顾客购物的便利性。

● 知识导图

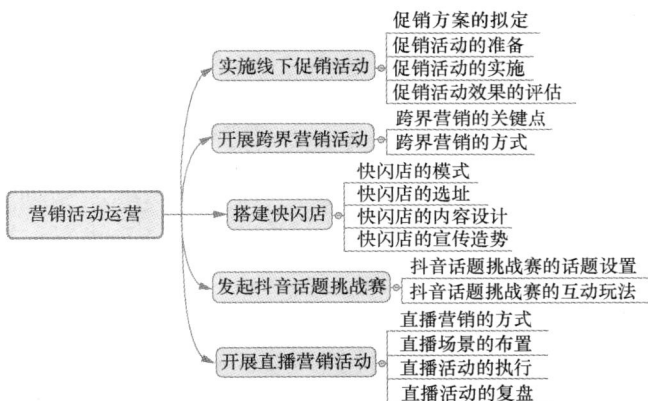

营销活动运营

- 实施线下促销活动
  - 促销方案的拟定
  - 促销活动的准备
  - 促销活动的实施
  - 促销活动效果的评估
- 开展跨界营销活动
  - 跨界营销的关键点
  - 跨界营销的方式
- 搭建快闪店
  - 快闪店的模式
  - 快闪店的选址
  - 快闪店的内容设计
  - 快闪店的宣传造势
- 发起抖音话题挑战赛
  - 抖音话题挑战赛的话题设置
  - 抖音话题挑战赛的互动玩法
- 开展直播营销活动
  - 直播营销的方式
  - 直播场景的布置
  - 直播活动的执行
  - 直播活动的复盘

案例导入

销售额与流量双赢，淮海中路打造迎新消费范本

2025 年 2 月，淮海中路商圈"潮趣淮海 萌福迎新"主题营销活动圆满收官。该活动自 2024 年 12 月 19 日启动，持续近两个月，吸引了超 400 万人次的线下参与，为上海迎新消费活动增添了一大亮点，也为淮海中路商圈转型升级再添新动力。

淮海中路商圈通过品牌联动与创新促销活动，全面激发消费活力。活动期间，商圈内 20 余个品牌门店与商场推出立享折扣、满额赠礼等不间断促销活动，确保活动任意时间段消费者可享商圈福利不低于 70 项，为市民游客提供了丰富的购物选择。

此次主题营销活动不仅是消费"大餐"，更是文化创新与融合的生动实践。活动期间，淮海中路商圈推出线上"打卡地图"，深度联动商圈内多家特色品牌与地标，将老字号品牌的悠久历史与现代潮流文化进行有机结合，推动商圈消费场景创新，在冬日里打造温暖、可爱的消费磁场，展示城市文化创新力量，传递海派精神时代风采，吸引了大量"Z世代"消费者前来打卡体验。

通过线上线下融合的方式，该活动为消费者打造了沉浸式破圈的消费体验。通过小红书、抖音、微博等主流社交平台的广泛传播及火热讨论，实现了线上线下的充分互动闭环。淮海中路 835 号饼干人快闪店成为活动一大亮点，启幕当日现场参与者排队队伍在数小时内达到数百米。店内不仅展示了相关联名产品，还通过互动展区与打卡活动为街区带来欢快的跨年色彩。此外，活动还通过线上互动、社交分享、定位打卡等形式进一步提升整体传播效果。

配套案例视频

淮海中路商圈此次活动为消费者献上了一场精彩纷呈的消费"新"盛宴，其成功举办不仅为商圈带来了经济效益，还进一步带动了商圈的转型升级。

任务一　实施线下促销活动

零售门店实施线下促销活动是提高销售额、增强品牌影响力和吸引顾客的有效手段。促销活动通过提供折扣、赠品、满减等优惠措施，直接刺激顾客的购买欲望，从而带动销售额增长。

一、促销方案的拟定

零售门店要想成功实施线下促销活动，就需要精心拟定促销方案。零售门店拟定促销方案的步骤如下。

1. 设定促销目标

开展促销活动前，运营者要确定促销目标，是为了增加销售额、提高客流量、清理库存，还是提升品牌知名度等。例如，当库存积压严重时，促销目标就是在促销期间大幅减少特定商品的库存数量。

2. 了解目标顾客

运营者要分析门店周边消费群体的特征，包括年龄、性别、消费习惯、收入水平等。如果门店位于学校附近，目标顾客以学生和教职工为主，那么促销活动可以围绕学生和教职工的需求与喜好进行设计，如文具、快餐类食品等。

3. 选择促销产品

运营者可以根据促销目标和目标顾客挑选适合的产品进行促销，可以选择热门畅销品，以吸引客流量；也可以选择滞销品，以清理库存。例如，夏季时可以对冬季服装进行大幅度折扣促销。

4. 确定促销时间与期限

运营者要考虑节假日、季节变化、特殊纪念日等因素，选择合适的促销时间。促销期限也要合理，太短无法达到预期效果，太长则会影响利润。

5. 制定促销策略

运营者需要制定促销策略，主要的促销策略包括折扣策略（如直接打折、满减、买一送一等）、赠品策略（购买产品赠送小礼品）、组合销售策略（将相关产品组合起来以优惠价格出售）等。

6. 制定宣传推广策略

运营者还要制定宣传推广策略，主要的宣传推广策略包括设计宣传海报、传单等线下宣传物料，利用门店招牌、橱窗展示进行宣传，与周边社区、企业合作进行宣传推广，在社交媒体平台推广促销活动等。

按照以上步骤拟定促销方案，其内容结构如表7-1所示。

表7-1 促销方案的内容结构

促销方案内容结构	具体说明
促销主题	一个吸引人的主题能增加促销活动的吸引力，如"中秋团购，全场五折起""清凉一夏，饮品买二送一"等
促销背景	简要说明开展此次促销活动的原因，如应对竞争对手的促销活动、庆祝门店周年庆、换季清仓等
促销目标	确定具体、可衡量的目标，如在促销期间使销售额提高30%，或吸引500名新顾客进店等
促销对象	详细描述目标顾客群体，包括其人口统计学特征、消费心理等
促销产品或服务	列出参与促销的具体产品名称、规格、型号或者服务内容，以及关于这些产品或服务的特殊说明

促销方案内容结构	具体说明
促销时间和地点	列出精确的促销活动开始和结束时间，以及活动举办的具体门店地址（若有多个门店，需要注明各门店是否同时进行）
促销策略和活动	详细说明采用的促销策略，如折扣的比率、赠品详情、组合销售的搭配方式等；还可列出一些互动性的活动内容，如抽奖环节、奖品设置等
宣传推广计划	列出宣传渠道（海报、传单、社交媒体、合作推广等）、宣传时间安排以及预算分配等
人员安排	确定活动期间各岗位人员的职责，如收银员、导购员、仓库管理员等，确保活动顺利进行
预算规划	列出促销活动的各项费用，如宣传物料制作费用、赠品采购费用、人员加班费用等，以及总预算金额
效果评估	制定评估促销活动效果的指标，如销售额、客流量、顾客满意度等，以及评估的时间节点和方法

二、促销活动的准备

促销方案拟定好以后，活动团队就可以开始开展促销活动的筹备工作，把可能用到的物品都准备好，以免在活动执行期间手忙脚乱。一般来说，促销活动的准备工作主要包括以下几个方面。

1. 商品方面

商品方面的准备工作主要涉及选品备货和商品陈列。

（1）选品备货

团队要根据促销目标挑选商品，如果是为了提高销售额，选择畅销品和高利润商品；如果是为了清理库存，则选择积压的商品。

团队要参考以往促销活动数据、当前市场需求趋势以及促销力度等因素，准确预估每种促销商品的销售量，确保促销商品有足够的库存，同时对参与促销的商品进行全面检查，避免出现质量问题而影响顾客体验和门店声誉。

（2）商品陈列

团队要精心设计促销商品陈列方案，打造吸引人的陈列布局。例如，将促销商品放在门店的显眼位置，使用堆头、端架等特殊陈列方式（见图7-1），增加商品的展示面积和吸引力；还可将相关商品陈列在一起，如将促销的咖啡与咖啡杯、糖包等陈列在相邻位置，方便顾客选购，提高连带销售率。

图 7-1　商品陈列

2. 人员方面

人员方面的准备工作主要涉及人员培训和人员安排。

（1）人员培训

人员培训主要通过促销活动培训，让员工熟悉促销活动的内容，包括促销规则（如折扣计算、满减条件等）、赠品发放方式、活动时间等，确保员工能够准确地向顾客介绍活动详情。与此同时，团队还要强化员工的销售技巧，如顾客沟通技巧、推荐商品技巧等，以便更好地引导顾客购买促销商品。另外，团队也要提高员工的服务意识，如热情接待顾客、快速响应顾客需求等。

（2）人员安排

根据促销活动的规模和预计客流量，合理安排收银员、导购员、仓库管理员等岗位人员的数量和工作时间。例如，在促销高峰期增加收银员数量，避免顾客长时间排队等待结账。

在促销活动开始前的 30 分钟，将所有参与促销活动的员工集合起来，管理人员简要强调每位员工的工作职责。例如，收银员要确保收银设备正常开启，并熟悉促销活动的收款流程；导购员要清楚各类促销商品的位置、优惠信息，以便准确引导顾客。

3. 宣传方面

宣传方面的准备工作主要涉及准备宣传物料和宣传渠道规划。

（1）准备宣传物料

促销活动主要的宣传物料包括海报、传单及店内摆放的物品。

海报要突出促销主题、关键信息（如促销时间、折扣力度、赠品等），并且具有视觉冲击力，能够吸引过往行人的注意。传单要详细介绍促销活动内容，团队可派专人在门店周边区域散发传单。

店内摆放的物品有吊旗、地贴、横幅（见图 7-2）、展板、背板、拱门等，用于营造促销氛围。活动现场还可以布置一个 LED 大屏幕，使用微信大屏幕互动软件，利用粒子签到、3D抽奖、摇一摇互动游戏等形式吸引顾客。

图 7-2　横幅

（2）宣传渠道规划

团队要确定宣传范围，明确是针对门店周边社区、商圈还是更广泛的区域进行宣传。宣传渠道包括在门店橱窗张贴海报、在周边社区张贴传单、与当地企业或学校合作宣传、利用社交媒体进行线上预告等。团队可以通过这些宣传渠道提高促销活动的知名度和吸引力。

4．场地方面

团队要提前布置好活动场地，根据促销活动的需求调整门店的布局，如设置专门的促销区域、活动舞台（如果有表演或互动环节）等；确保门店的环境卫生，清洁地面、货架等，营造舒适的购物环境；检查门店的安全设施（如消防设备、疏散通道等）是否正常运行，预防可能出现的安全事故。

5．设备方面

团队要在活动开始前检查设备，如收银设备、照明设备、空调设备、活动设备等，确认收银机、扫码枪等收银设备正常工作，确保结账过程顺利；检查照明设备与空调设备，保证门店内照明充足、温度适宜，提升顾客的购物体验；如果有特殊活动（如抽奖需要抽奖箱、音响设备等），要提前准备并调试好相关设备。此外，针对可能出现的设备故障（如收银机死机、电子显示屏故障等），要制订应急预案。例如，在收银机出现故障时，应立即投入使用备用收银机；如果没有备用设备，就要迅速安排技术人员进行抢修，并引导顾客到其他空闲收银台结账或采用手工收银等临时措施。

三、促销活动的实施

在拟定促销方案并做好促销活动前各项准备工作后，团队及其管理人员开始实施促销活动，要密切注意实施细节，从以下几个方面开展工作。

1．商品销售方面

导购人员要以热情、积极的态度迎接顾客，主动向顾客打招呼并介绍促销活动内容，为顾客推荐合适的商品，特别是关联商品，以提高顾客的购买金额。例如，在顾客购买手机时，导购人员可以向其推荐手机壳、充电器等相关配件；在顾客提出关于促销活动、商品功能、售后服务等方面的问题时，导购人员要及时、准确地回答，消除顾客的疑虑，增强顾客的购买信心。

导购人员在推荐商品时要为顾客提供优质的服务体验，保持热情、礼貌的服务态度，为顾客提供周到的服务，如帮助顾客寻找商品、提供购物建议等。

如果遇到顾客投诉，导购人员要及时、妥善地处理，遵循既定的投诉处理流程，在现场解决问题，让顾客满意。如果无法当场解决，导购人员要向顾客承诺解决时间，并跟进直至问题解决。

2．商品管理方面

在促销活动实施期间，零售门店的管理人员要进行商品库存的动态监控、商品陈列的维护与优化。

（1）商品库存的动态监控

管理人员可以安排专人监控商品库存,借助库存管理系统实时查看促销商品的销售数量。当商品库存达到预警线（如剩余库存仅能满足半天或一天的销售需求）时，及时启动补货流程，并判断是从仓库补货、从其他门店调货还是联系供应商紧急发货，从而确保商品不缺货，避免影响顾客的购买体验。对于滞销的促销商品，管理人员可以分析原因并及时调整促销策略，如加大折扣力度或改变陈列位置。

（2）商品陈列的维护与优化

管理人员要随时保持促销商品陈列的整洁和美观，及时整理被顾客弄乱的商品，确保促销商品的标签清晰、价格醒目，方便顾客查看。

另外，管理人员还要根据顾客在活动期间的购买行为和商品销售数据，对商品陈列进行优化。例如，如果发现某类促销商品的连带销售率较高，可以将它们的陈列位置调近，以进一步促进销售。

3. 人员管理方面

人员管理主要包括员工监督、员工激励和员工调配3个方面。

（1）员工监督

在促销活动实施期间，管理人员要持续监督员工是否按照要求执行任务。例如，员工是否准确地向顾客解释促销规则，是否熟练运用销售技巧进行产品推荐，是否严格按照既定的促销规则开展活动。例如，对于满300元减100元的促销活动，收银员要准确计算顾客的消费金额是否满足条件，并正确扣除相应的金额。

管理人员要对促销规则的执行情况进行检查，如定期抽查收银记录、赠品发放记录等，防止员工出现违规操作。

针对员工在活动中暴露的薄弱环节，管理人员要及时进行现场指导或即时培训，确保员工能够更好地应对顾客需求。

（2）员工激励

管理人员可以设立激励机制，如设立销售竞赛，对在促销活动实施期间表现优秀的员工给予奖金、奖品或荣誉证书等奖励，以提高员工的工作积极性和竞争意识。同时，保持与员工的密切沟通，及时传达活动中临时调整的信息，如加大某个商品的促销力度、更换赠品等，确保员工能及时向顾客传递准确信息。

（3）员工调配

管理人员要根据活动现场的客流量情况灵活调整员工岗位。如果某一区域顾客较多，要及时增加该区域的导购人员数量；如果收银台出现排队过长的情况，安排其他岗位员工临时协助收银工作。

4. 宣传推广方面

在促销活动实施期间的宣传推广主要是为了持续营造浓厚的促销氛围，强化促销活动信息在顾客心中的印象。

在店内，管理人员可以利用广播、电子显示屏等设备，播放欢快的音乐，不断重复促销活动的关键信息，提醒顾客关注促销活动，吸引顾客参与。

在店外，如果发生临时的促销活动变化，如增加赠品或延长促销时间，要及时更新店外的海报、传单等宣传物料，或者安排人员在门店周边进行口头宣传，还可以及时在微信群、微博中更新促销信息，让关注零售门店的粉丝快速知晓促销信息的变化。

5. 现场管理方面

在促销活动实施期间，管理人员要安排员工维护活动现场的秩序，尤其是在抽奖、表演等互动环节，要避免出现拥挤、混乱的情况，可安排员工在店内关键位置（如通道、楼梯口、促销商品集中区等）引导顾客有序流动，确保顾客的人身安全。

员工要保持门店内的清洁卫生，及时清理顾客丢弃的垃圾，保持地面干净、货架整洁。

同时，员工还要确保店内的温度、通风等环境条件适宜，为顾客营造舒适的购物环境。

四、促销活动效果的评估

在竞争激烈的零售行业中，促销活动成为吸引顾客、增加销售量的一种重要手段。由于不同的促销活动对销售效果的影响不尽相同，因此进行促销活动效果评估具有重要的实际意义。

1. 促销活动效果的评估方法

一般来说，促销活动效果的评估方法主要有以下几种。

（1）前后比较法

前后比较法通过比较促销活动前后的销售数据评估活动效果。通过分析销售额、客单价、销售量等指标的变化，可以判断促销活动是否达到预期的目标。这种方法既简单又直观，能够直接反映促销活动的短期影响。

表 7-2 所示为促销活动效果评估的数据指标。

表 7-2　促销活动效果评估的数据指标

数据指标	具体说明
销售额相关指标	包括总销售额、客单价、销售额增长率。销售额增长率的计算公式为：销售额增长率=（促销活动期间销售额－促销活动前销售额）÷促销活动前销售额×100%
客流量相关指标	包括进店客流量、客流量转化率。客流量转化率的计算公式为：客流量转化率=购买商品的顾客人数÷进店客流量×100%
商品销售相关指标	包括商品销售量、商品销售结构
市场份额相关指标	主要是相对市场份额。相对市场份额的计算公式为：相对市场份额=门店销售额÷所在市场总销售额

（2）市场调查法

市场调查法是指企业通过市场调查，收集顾客对促销活动的反馈和意见，了解他们对活动的满意度、参与意愿等的评估方法。这种方法可以帮助企业了解促销活动的吸引力以及顾客需求的变化。企业可以通过问卷调查、面对面访谈等方式进行市场调查，以便更直接地获取顾客的反馈。

（3）观察法

观察法是指企业通过观察促销活动期间的顾客流量、顾客行为等评估活动效果的评估方法。例如，观察顾客在活动区域的停留时间、购买频率等，以此判断促销活动的吸引力和对销售的促进作用。这种方法适用于那些可以直接观察顾客行为和反应的促销活动。企业可以实时获取促销活动的反馈信息，有助于及时调整促销策略。

2. 促销活动效果评估的注意事项

在分析促销活动数据时，企业还要考虑以下注意事项。

（1）排除干扰因素

企业要排除可能影响促销活动效果的外部因素。例如，促销活动恰逢节假日或者周边有新的竞争对手开业，这些因素就会对销售额、客流量等产生影响。在评估促销活动的效果时，要将这些干扰因素考虑进去，尽可能准确地分析出促销活动本身带来的效果。

（2）多指标综合评估

企业不能仅依赖单一指标评估促销活动的效果。例如，虽然销售额增加了，但如果顾客满意度下降或者折扣过低导致商品利润降低，那么促销活动不能算是完全成功的。企业需要综合考虑销售额、客流量、顾客满意度、商品销售结构等多个指标，全面评估促销活动的效果。

（3）考虑长期与短期效果

企业既要关注促销活动的短期效果，如活动期间的销售额增加，也要考虑其长期效果。例如，促销活动可能在短期内提高了销售额，但如果因为过度促销损害了品牌形象，就会对长期的销售和市场份额产生负面影响。因此，企业要从长期和短期两个角度评估促销活动的效果，维持两者之间的平衡。

（4）考虑顾客反馈的真实性

在进行顾客满意度调查时，问卷中的问题要避免具有引导性。例如，不能问"您是不是觉得我们这次促销活动的折扣力度非常大？"，这样的问题容易引导顾客给出肯定的回答，而不能反映顾客真实的想法。企业调查人员应该问"您对本次促销活动的折扣力度满意吗？"，以获取更真实的顾客反馈。

除了问卷调查外，企业还可以通过顾客在社交媒体上留下的评论、客服电话记录等渠道收集顾客反馈。不同渠道的反馈可以相互印证，企业可以更全面地了解顾客对促销活动的真实感受。

任务二　开展跨界营销活动

跨界营销是一种打破传统营销方式的新型营销模式，是指不同行业的品牌进行合作，以实现资源共享、优势互补、品牌共赢的目的。跨界营销将不同行业的元素融合在一起，创造出新的营销方式和消费者体验。

一、跨界营销的关键点

品牌之间的跨界合作为品牌带来的优势在于它能让原本不相关的元素相互交织，创造出品牌的立体感和深度。要实现不同品牌间的协同效应，达到"1+1>2"的放大效果，跨界营销需要有效地将营销策略转化为实际的价值，确保跨界营销活动不仅能够吸引消费者的注意，还能够实际提升品牌形象和产品销售。这就涉及以下几个关键点。

1. 受众重合度

跨界合作品牌的目标受众应该有一定的重合部分。例如，运动品牌和音乐流媒体平台开展跨界营销，它们共同的目标受众是年轻、充满活力、热爱运动且喜爱音乐的消费者。这种重合度能够确保双方的营销活动精准触达共享的目标群体，提升营销效果。

品牌要深入研究目标受众的特征，包括年龄、性别、消费习惯、兴趣爱好等。以美妆品牌和时尚杂志开展跨界营销为例，它们的受众都对时尚和美丽有追求，且以女性为主，年龄层也较为相似，这为跨界营销提供了良好的受众基础。

2. 价值观契合度

跨界品牌之间的价值观应相互契合或互补。例如，环保组织与有机食品品牌开展跨界营销，它们都秉持环保、健康的价值观。当它们联合开展营销活动时，因为消费者往往更倾向于支持与自己价值观相符的品牌，所以这种价值观的契合能够增强消费者对品牌的认同感。

3. 形象的一致性

品牌形象的一致性也是关键点之一，企业要避免品牌之间发生形象冲突。例如某高端手表品牌与高端时装品牌跨界合作，因为它们在品牌形象上都强调高品质、精致工艺、独特设计等元素，所以跨界营销能够强化这种高端、独特的品牌形象。

4. 话题创意度

跨界营销需要创造出独特的营销概念，这个概念能吸引消费者的注意力，可以融合不同行业的元素，创造出全新的体验或产品。例如，某快餐品牌与时尚品牌跨界推出带有快餐元素的时尚单品，如汉堡造型的手包，这种新奇的概念打破了传统的行业界限，能够引发消费者的好奇。

品牌还可以利用跨界营销制造话题，引发社交媒体用户的讨论。例如，当知名动画公司与快餐品牌跨界合作时，推出限量版的动画主题套餐，并配套有动画角色的周边产品，这一消息很容易在社交媒体上引发粉丝的热议，发起"你会为了收集动画周边产品买快餐吗？"等话题，有助于提高品牌的曝光度。

5. 资源整合度

跨界合作品牌应整合各自的营销渠道，实现资源共享。例如，线上电商品牌与线下实体店跨界合作，可以将电商品牌的线上流量引到线下实体店，同时线下实体店也可以为线上平台增加线下推广渠道，即在实体店放置线上平台的宣传资料，同时在线上平台推广实体店的活动。

此外，媒体渠道的整合也很重要。如果一个品牌擅长社交媒体营销，另一个品牌在传统媒体营销方面有优势，两者合作时就可以整合这些媒体资源，进行全方位的营销推广。

案例链接

挪瓦携手见福，解锁"咖啡+便利店"跨界联营新玩法

2024年10月，挪瓦咖啡宣布与见福便利店达成战略合作，双方就"咖啡+便利店"模式开展门店联营，首批合作联营门店150家已落地。挪瓦咖啡推出"咖啡+"联营计划，将与便利店、网吧、连锁酒店、烘焙等各类业态合作伙伴落地联营门店，为消费者提供更便捷、更优质的产品。

此次挪瓦咖啡与见福的战略合作围绕便利店场景探索"咖啡+"的门店联营模式，发挥双方优势，为消费者提供优质的咖啡产品消费体验。

见福便利店与挪瓦咖啡合作当周日均销量即提升至五倍。同时，咖啡售卖的客单价也从6元提升至12～15元。

挪瓦咖啡和见福便利店的合作是基于双方优势互补的创新，挪瓦咖啡有很强的运营和品牌意识，通过这次跨界合作，见福便利店能够借助挪瓦的品牌和产品力量。同时，挪瓦也借助见福便利店的渠道，共同把咖啡事业做得更好、走得更远，为社会创造更多价值。

配套案例视频

据悉，见福便利店是挪瓦咖啡推出"咖啡+"联营计划后首个官宣合作品牌。未来，挪瓦咖啡将与多个业态的知名品牌开展跨界合作，将联营门店广泛植入各类业态和各种场景中。

▎二、跨界营销的方式

零售企业之间开展跨界营销的方式多种多样，这些方式旨在通过不同品牌、行业或领域的合作，创造新的市场机会，提升品牌影响力和市场份额。

常见的跨界营销方式主要有以下几种。

1. 推出联名产品

零售企业可以与其他品牌合作，共同推出联名产品或服务。这种方式通过借助双方的品牌影响力和市场资源，实现资源共享和优势互补。例如，瑞幸咖啡与椰树合作推出了"椰云拿铁"，成功吸引了大量消费者的关注，如图 7-3 所示。

此外，零售企业还可以通过联名将双方的功能和场景进行互补。例如，家居零售企业与家电零售企业跨界合作，将家居产品（如沙发、床等）与家电产品（如电视、冰箱等）进行联合推广，如图 7-4 所示。消费者在购买家居产品时，可以搭配购买适合家居风格和使用需求的家电产品，这种组合能满足消费者一站式购物需求，提升购物体验。

图 7-3　椰云拿铁　　　　图 7-4　家居零售企业与家电零售企业的跨界合作

企业还可以与热门 IP（如动漫、电影、游戏等）合作，推出联名款产品。这种方式可以借助 IP 的影响力和粉丝基础快速提高产品的知名度和销量。

2. 共享销售渠道

零售企业之间可以共享销售渠道，通过对方的销售网络扩大市场份额。销售渠道的共享分为线下渠道共享和线上渠道共享。

（1）线下渠道共享

线下渠道共享可以分为店铺陈列合作和联合促销活动场地。

店铺陈列合作是指两家不同类型的零售企业可以在彼此的店铺内设置展示区域。例如，美妆零售企业在服饰零售企业的店铺内设置小型美妆专柜，展示和销售适合该服饰风格的美妆产品；反之，服饰零售企业也可以在美妆零售企业的店铺内展示时尚的服饰单品，吸引双方的顾客群体消费。

联合促销活动场地是指多家零售企业共同租用商场或广场等场地举办大型联合促销活

动。例如，运动零售企业、健康食品零售企业和健身器材零售企业合作，在一个大型商场中庭举办以"健康生活"为主题的促销活动，在共享场地资源的同时，也借助对方的人气吸引更多顾客。

（2）线上渠道共享

线上渠道共享可以分为电商平台和社交媒体平台两种细分类型。

在电商平台上，零售企业可以联合开展促销活动，共同参加电商平台的特定节日促销，如"双十一"。双方可以共享活动页面，互相推荐产品。例如，母婴产品零售企业和儿童玩具零售企业在电商平台上合作，在母婴产品页面推荐适合儿童不同成长阶段的玩具，在玩具页面推荐相关的母婴护理产品。

零售企业还可以通过社交媒体平台进行合作推广。例如，母婴产品零售企业和儿童玩具零售企业合作，在各自的社交媒体账号（如微博、抖音等）上发布对方的产品信息、优惠活动等内容，扩大宣传范围，吸引双方的粉丝关注。

3. 整合会员体系

零售企业之间可以互相整合彼此的会员体系，共享会员权益，合作举办会员专属活动。

（1）共享会员权益

零售企业之间可以共享的会员权益包括折扣、优惠和积分。例如，书店和咖啡店合作，书店的会员在咖啡店消费可以享受一定的折扣，咖啡店的会员在书店购买书籍也能享受一定的优惠。双方建立积分互通机制，会员在合作的零售企业消费所获得的积分可以通用。

（2）合作举办会员专属活动

零售企业可以合作举办会员专属的促销活动或体验活动。例如，美妆品牌和美容沙龙品牌合作，为双方的会员举办美妆讲座和美容体验活动，会员可以在活动中学习美妆知识、体验美容服务，同时购买相关的美妆产品和美容套餐。

任务三 搭建快闪店

快闪店是指在商业发达的地区设置临时性的铺位，供零售商在较短的时间内（若干星期）推销其品牌，吸引一些季节性的消费者。

快闪店的英文是 Pop-up shop，而 Pop-up 在英语中有"突然弹出"之意，这种业态之所以被冠以此名，很大程度是因为其经营方式往往是事先不进行任何大型宣传，店铺突然出现在街头某处，快速吸引消费者，经营短暂的时间，然后消失不见。快闪店已经被界定为创意营销模式结合零售店面的新业态。

一、快闪店的模式

快闪店以短暂、独特的营业形式，迅速吸引大量消费者关注；同时以极具创意的店面设计、独特的商品或服务，以及折扣优惠等营销策略迅速聚拢人气，形成"爆款"效应。这种快速集聚人流的能力为快闪店带来了巨大的商业价值。

总体来说，快闪店的模式包括以下几种。

1. 商品销售

在商品销售模式下，快闪店主要为品牌承担销售商品的任务。对于某些拥有周期性，同时具有独特性、新颖性，可以满足消费者的个性化需求的商品快闪店通过精心策划的营销活动，可以在短时间内吸引大量消费者购买，从而实现销售额的快速增长。

品牌在开快闪店的同时也可以与其他品牌、艺术家或设计师开展跨界合作，共同推出联名商品或服务，拓宽盈利渠道。通过跨界合作，快闪店可以吸引更多不同领域的消费者关注，提高整体盈利能力。

2. 品牌宣传

快闪店作为品牌宣传的载体，可以通过展示品牌形象、传播品牌文化等方式，提高品牌知名度和美誉度。这种无形的资产价值为品牌未来的发展奠定坚实基础。品牌要选择与自身调性相符的线下场景。例如，一些客单价较高的品牌会选择在高端的购物中心开设快闪店，既能提升自身的调性，又能得到大量高消费潜力客流量的曝光。

3. 引流获客

快闪店通过引流拉新，增加线下门店的客流量。引流至线下的快闪店注重到店服务或体验，吸引消费者到店参观和购买。引流获客模式适用于消费者购买周期长的商品，可以让品牌源源不断地获取销售线索。例如，购物中心内各个汽车品牌在购物中心连廊等位置陈列商品，供消费者参观浏览、预约试驾等。

4. 市场试水

市场试水模式的目的在于测试市场反应，获取消费者反馈，即在新品牌或新品上市前，通过小范围的试点感知市场的反应。这类快闪店注重市场数据的收集和分析，为品牌制定市场策略提供决策依据。例如，橘朵在第一家线下零售店开业之前，先开设了7家快闪店，以测试市场的可进入性和款式偏好。

二、快闪店的选址

零售门店的快闪店选址直接影响快闪店的人流量、品牌曝光以及最终的销售业绩。在选择快闪店的地址时，企业要综合考虑以下因素做出决策。

1. 目标受众

企业要深入了解目标市场的消费者特点，包括年龄、性别、职业、收入水平、消费习惯等。这有助于确定快闪店的定位和风格，从而选择更符合目标消费者需求的地点；同时关注目标市场的消费趋势，了解消费者对于快闪店的接受程度和偏好，从而预测快闪店的市场需求和潜在发展空间。

企业要根据自己的产品类型选择快闪店地址，要靠近目标受众聚集区。例如，儿童用品快闪店所选地址应靠近儿童游乐场、早教中心或者幼儿园，这样可以直接接触目标消费群体——儿童及其家长。而时尚潮牌快闪店所选地址应位于年轻人聚集的潮流街区、高校附近或时尚写字楼周边，因为这些地方年轻人的密度较高。

2. 客流量

企业要选择高客流量的区域作为快闪店的地址，如商业中心、交通枢纽。

商业中心通常是城市中人流最密集的地方，汇聚了来自不同区域的消费者，具有较高的消费潜力，比较适合开设快闪店，如大型购物中心的快闪店（见图7-5）、商业街上的快闪店（见图7-6）等。例如，在一个大型购物中心开设快闪店，可以接触到大量的购物人群，他们本身就处于消费的氛围中，更容易被快闪店吸引。而且这些商业中心通常曝光度高，有助于提高快闪店的知名度和影响力。

图 7-5 大型购物中心的快闪店

图 7-6 商业街上的快闪店

机场、火车站、地铁站等交通枢纽是人流量大且人员流动频繁的地方，对于一些针对旅客的快闪店来说是很好的选择。例如，在机场开设一个具有当地特色的手工艺品快闪店，可以吸引候机的旅客购买纪念品。而且交通枢纽的交通便利性高，有利于消费者前来购物，提高快闪店的可到达性。

3. 场地租金

不同区域的场地租金差异很大。企业需要在考虑客流量和目标受众的基础上，权衡租金成本。例如，在一线城市的核心商圈，虽然客流量大，但租金极高，适合大型企业；而一些中小型企业可以考虑一些新兴的商圈或者次核心区域，这些地方租金相对较低且有一定的客流量，具有更高的租金性价比。

快闪店的特点是存在时间较短，其场地租赁时长和灵活性很重要。有些场地可以提供短期租赁且租金合理，并且可以根据快闪店的需求灵活调整租赁期限，这对于快闪店运营者来说是比较理想的。

4. 周边竞争环境

快闪店地址要尽量避免选在竞争对手过于集中的区域，如果在同一区域已经有多家同类型产品的零售门店或快闪店，那么竞争压力会很大，可能需要付出更多的努力吸引消费者。但是，如果能够在竞争环境中找到差异化竞争的机会，也可以考虑在竞争区域选址。例如，在众多传统咖啡门店集中的区域开设一家具有独特概念（如环保主题、宠物友好型）的咖啡快闪店，利用差异化吸引消费者。

5. 场地规定

企业要了解当地的商业政策、城市规划等。有些区域对临时商业活动有限制，如某些历史文化保护区不允许开设快闪店或者需要特殊的审批手续。

场地的物业管理规定也会影响快闪店的运营。例如，物业可能对营业时间、噪声控制、装修风格等有一定的要求，企业需要提前了解并确保能够遵守这些规定。

三、快闪店的内容设计

一个成功的快闪店不仅需要独特的创意和产品，更需要精心的内容设计。快闪店在内容设计上需要综合考虑以下几个方面，以确保其能够吸引目标顾客，并有效提升品牌影响力。

1. 主题与概念

主题是快闪店内容设计的核心，应简洁、鲜明且具有吸引力，能够迅速传达快闪店的特色和定位。例如，以"复古时尚之旅"为主题的快闪店，可以围绕复古风格的服装、配饰以及与之相关的文化元素进行设计。快闪店的主题要与品牌形象和目标受众相契合。如果品牌主打环保理念，快闪店主题可以是"绿色生活探索"，通过展示环保产品和可持续发展的生活方式吸引目标受众。

确定快闪店的主题后，企业还要对主题进行深入的概念阐述，将抽象的主题转化为具体的视觉、体验元素。例如，以"科技未来"为主题的快闪店，可以将概念细化为展示前沿的科技产品、具有未来感的交互体验及充满科技元素的空间装饰。

2. 产品陈列

快闪店的产品要选择具有代表性、吸引力和话题性的产品。如果是美妆快闪店，可以挑选当季新品、限量版产品或热门爆款产品进行展示；还要考虑产品的组合搭配，以提高客单价和顾客的购买欲。例如，将一套完整的护肤流程所需产品（洁面乳、爽肤水、乳液、面霜等）组合进行展示，并提供配套的购买优惠。

产品陈列要采用创新、独特的方式，快闪店可以突破传统的货架陈列，运用创意的展示架、展示台或者悬挂式陈列，如图7-7所示；还可以按照产品的系列、功能、风格等进行分类陈列，方便顾客浏览和比较。同时，要注重陈列的层次感，将重点产品放在突出位置，如视线平视高度或店铺的中心位置。

图 7-7　产品陈列

3. 视觉设计

企业要为快闪店建立统一的视觉识别系统，包括色彩、标志、字体等元素。这些元素要贯穿于快闪店的各个角落，从店面招牌到内部装饰，从产品包装到宣传资料。例如，使用鲜明的橙色作为快闪店的主色调，搭配简洁的品牌标志和现代感的字体，营造出活力、时尚的氛围。

视觉元素要与主题相呼应。如果主题是"海洋之约"，可以采用以蓝色、白色为主的色彩搭配，再融入贝壳、海浪等海洋元素的标志和装饰图案。

4. 空间布局

企业要合理规划快闪店的空间布局，划分不同的功能区域，如产品展示区、体验区、休息区等，确保顾客在店内顺畅浏览各个区域。

企业还可以利用空间营造独特的氛围。例如，通过调整灯光的亮度、颜色和角度，打造温馨、神秘或者充满活力的空间氛围。小型快闪店则可以采用开放式的空间布局，增加空间的通透感。

5. 互动设计

企业可以在快闪店内设计与安排一些产品体验活动和互动活动。

产品体验活动包括产品体验环节，可以让顾客亲身体验产品的功能和特点。例如，在电子产品快闪店设置体验台，顾客可以试用新款手机的拍照功能、游戏性能等。快闪店要配备专业的工作人员进行讲解和引导，解答顾客在体验过程中遇到的问题，同时介绍产品的优势和使用技巧。

互动活动可以增加顾客的参与度和停留时间。例如，在运动品牌快闪店设置投篮游戏，参与者可以根据投篮成绩获得相应的折扣券或者小礼品。互动活动可以与品牌文化或者产品特点相结合。例如，在咖啡快闪店举办咖啡拉花比赛，让顾客在体验咖啡制作的同时深入了解咖啡文化。

6. 创意道具

道具是快闪店设计中不可或缺的元素。创意道具的使用不仅可以丰富快闪店的空间层次，还能增强品牌特色。从装置艺术到互动体验，从光影效果到声音氛围，道具的选择与运用需要设计人员充分发挥想象力和创造力，使快闪店的空间充满趣味性和吸引力。

例如，以"森林之约"为主题的快闪店，可以布置大量的树木道具、鸟鸣音效道具以及模拟森林光线的灯光道具等。这些道具相互配合，营造出浓郁的森林氛围，让顾客仿佛置身于森林之中，能够强化主题在顾客心中的印象。

📖 **案例链接**

统一绿茶万达广场快闪店，让顾客在商业空间回归自然

统一绿茶万达广场快闪店的设计理念，旨在将清新绿茶的自然韵味与现代商业空间融合，打造一场集视觉、味觉与互动体验于一体的盛宴。

该快闪店围绕"清新绿茶"的主题，运用大量的绿色元素与清新自然的色彩搭配，营造出一种远离尘嚣、回归自然的氛围。该快闪店内部设计以绿色为主色调，结合茶叶的形态与绿茶的清新香气，通过巧妙的灯光布置与绿植点缀，让顾客踏入店内便能感受到浓郁的绿茶文化氛围，仿佛置身于一片生机勃勃的茶田中。

考虑到万达广场这一大型购物中心的繁华背景，该快闪店设计既保持了独立的艺术性，又巧妙地融入了商场的整体环境。独特的外观设计吸引过往顾客的眼球，同时合理的内部布局引导顾客流畅参观，成为商场内一道亮丽的风景线。

为了增强顾客的参与感和体验感，品牌方设计了一系列与绿茶相关的互动环节。例如，设置"绿茶 DIY 区"，让顾客亲手制作绿茶饮品，体验从茶叶到饮品的奇妙变化；还设计了"绿茶知识问答"互动游戏，通过趣味问答让顾客了解绿茶文化，赢取精美礼品。这些互动体验既增加了趣味性，也加深了顾客对统一绿茶品牌的认知和好感。

同时，为了进一步提升品牌的互动性和趣味性，品牌方还设计了多款与统一绿茶相关的品牌互动游戏，如图 7-8 所示。这些游戏既可以在快闪店内现场参与，也可以通过线上平台进行。通过游戏的方式，顾客在轻松、愉快的氛围中了解品牌故事、产品特点及最新的促销活动信息，增强品牌的记忆点和黏性。

配套案例视频

图 7-8　互动游戏

四、快闪店的宣传造势

快闪店的核心在于短时间内达到流量的快速聚集，这使得其宣传造势必不可少。零售门店快闪店的宣传造势是一个系统性工作，旨在短时间内吸引大量消费者关注并促进销售。

快闪店的宣传造势可以通过以下途径实现。

1. 使用社交媒体宣传

企业要根据快闪店的目标受众选择社交媒体平台进行宣传推广。如果面向年轻受众，抖音、小红书、微博等平台是不错的选择。例如，小红书平台用户对时尚话题的关注度比较高，时尚快闪店可以重点在小红书上发布内容。

企业要提前发布快闪店的相关信息，如主题、时间、地点、特色产品或活动等，其发布形式可以是精美的图片、短视频或者图文并茂的帖子。例如，制作一段快闪店内部布局的动画视频，激发用户的兴趣。

企业要创建和使用与快闪店相关的热门话题标签，如"#[品牌名]快闪店""#快闪店惊喜"等，增加内容的曝光率；还可以与有影响力的 KOL 合作，邀请他们前来探店并在自己的社交媒体账号上分享体验。例如，美妆快闪店可以与美妆博主合作，让博主试用快闪店的产品并发布试用心得。

2. 投放线上广告

除了社交媒体宣传以外，企业还可以在品牌官网首页设置显著的快闪店宣传板块，如弹出窗口、横幅广告等，详细介绍快闪店的亮点、活动安排等；也可以设置专门的快闪店页面，提供在线预约、产品预览等功能。

线上广告投放还包括通过搜索引擎广告（如百度推广）、展示广告（如在相关行业网站投放横幅广告）等方式，精准定位目标受众，提高快闪店的知名度；根据受众的地域、年龄、兴趣等特征进行定向投放。

3. 使用线下宣传方式

企业可以安排专人在零售门店周边、商场、写字楼、学校、社区等客流量较大的地方张贴海报和分发传单。例如，在商场入口、写字楼电梯间等位置张贴色彩鲜艳、设计独特的海报。海报和传单的设计要突出快闪店的主题、特色产品、优惠活动等关键信息；同时使用醒目的颜色、大号字体和吸引人的图片，让路人能够快速获取重要信息。

除了张贴海报和分发传单以外，企业还可以在快闪店正式开业前在周边区域举办小型预展活动。例如，在商场中庭展示快闪店的部分特色产品，并邀请路人参与互动，发放快闪店的优惠券或小礼品，为快闪店预热。

企业还可以与周边商家或相关机构合作，如与附近的咖啡店合作，在咖啡杯套上印上快闪店的信息，或者与社区中心合作举办活动，在活动现场宣传快闪店。

4. 使用各种营销策略宣传造势

企业可以采用以下营销策略宣传快闪店。

（1）制造悬念

企业可以提前透露快闪店的一些亮点元素，但不完全公开，以此制造悬念。例如，透露快闪店将有神秘嘉宾到场，但不说明是谁，以吸引公众的好奇心。

（2）口碑营销

企业可以邀请品牌的 VIP 客户、行业内的意见领袖等提前到快闪店体验，他们的积极反馈和推荐可以带动更多人关注。例如，邀请当地知名的时尚达人到时尚快闪店体验，达人在体验后通过自己的社交圈进行推荐；还可以在快闪店内设置激励措施，鼓励顾客在体验后通过社交媒体分享自己的经历，而顾客在分享后可以获得店内的优惠券或小礼品。

（3）联名造势

企业可以与其他品牌或 IP 进行联名合作，共同推广快闪店，通过双方的资源和影响力扩大宣传效果。

（4）事件营销

企业可以策划一些有趣的事件或活动，如新品发布会、名人助阵、大折扣优惠活动等，吸引顾客的关注和参与。

任务四 发起抖音话题挑战赛

如今短视频已成为品牌与用户沟通的重要桥梁，而抖音作为短视频领域的佼佼者，其独特的算法机制、庞大的用户基础以及高度活跃的用户社群，为品牌提供了前所未有的营销舞台。抖音话题挑战赛能够有效地提升品牌的形象和品牌价值。

通过参与抖音话题挑战赛，用户可以更深入地了解品牌的文化和价值观，从而增强对品牌的认同感和忠诚度。同时，品牌也可以通过抖音话题挑战赛收集用户的创意和反馈，进一步了解用户的需求和喜好，为未来的产品开发和营销策略提供参考。在抖音话题挑战赛中，参与者需要展现出创意、活力和正能量，这与品牌所倡导的价值观相符合。通过参与抖音话题挑战赛，品牌可以向用户传递出积极、健康的生活态度和价值观，从而塑造出更加积极、健康的品牌形象。

一、抖音话题挑战赛的话题设置

零售门店在发起抖音话题挑战赛时，设置话题是一个核心环节，它决定了活动的吸引力和参与度。零售企业在发起抖音话题挑战赛时，可以通过以下方法设置话题。

1. 选择与品牌和产品相关的话题

抖音话题挑战赛的话题要重点突出产品的核心卖点，与零售门店业务密切相关。例如，如果是一家运动用品零售门店，核心产品是高性能的运动鞋，话题可以设置为"#[品牌名]高性能运动鞋挑战"，引导用户展示穿着该运动鞋进行各种运动的场景，如跑步、打篮球等，以突出产品在运动场景中的优势。

企业还可以在话题中融入品牌名称或标志性元素，以增加品牌曝光度，如"#[品牌名]时尚穿搭大比拼"，将品牌名称与时尚穿搭这一概念结合起来，让用户在参与挑战的过程中自然地宣传品牌。

2. 保证话题的简洁性和趣味性

话题要简短明了，方便用户输入和记忆，避免过于复杂冗长的表述，一般以不超过 20 个字符为宜。例如，"#[品牌名]酷爽夏日饮品挑战"简洁地传达了品牌、季节和产品类型，用户很容易理解和记住。

具有趣味性的话题能够激发用户的好奇心和参与欲望。例如，"#[品牌名]疯狂购物车挑战"，"疯狂"一词增加了话题的趣味性，用户就会对怎样装满购物车或者进行有趣购物行为这个挑战产生好奇心。

3. 提供话题描述和话题封面

虽然话题本身不能详细阐述规则，但可以暗示挑战的大致规则方向。例如，看到话题"#[品牌名]创意陈列挑战"，用户可以大致理解这个挑战是进行与零售门店陈列相关的创意展示，而具体规则可以在挑战赛的介绍页面详细说明，如使用特定产品进行陈列、在规定时间内完成等。

话题要有明确的目标导向，能够让用户明确参与挑战要达到的目标。例如，看到"#[品牌名]最佳服务体验分享"，用户就知道这个话题是分享在零售门店中获得的服务体验，目标是评选出最佳体验，从而积极参与并分享高质量的内容。

另外，企业要设计具有视觉冲击力的图片作为话题封面，展示挑战赛的主题和氛围。封面图应与门店的品牌形象保持一致。

4. 话题要有足够的拓展空间

话题应具有足够的拓展空间，让不同类型的用户都能找到参与的方式。例如，"#[品牌名]美好生活小物件挑战"，这个话题涵盖的范围很广，用户可以从不同角度了解零售门店里各种各样的小物件是如何为生活增添美好的，无论是家居用品、美妆小物件还是食品等。

5. 借鉴流行元素

企业要善于观察抖音上的流行文化、趋势和热门话题，将相关元素融入挑战赛话题中。例如，当"健身热"在抖音上流行时，运动零售门店可以发起"#[品牌名]居家健身装备挑战"，借助健身这个热门话题吸引更多用户参与。

二、抖音话题挑战赛的互动玩法

抖音话题挑战赛能否成功关键在于能否激发全民参与，形成裂变效应。低门槛的参与方式让更多人有机会展现自我，也促进了更多元化的内容创作。此外，抖音话题挑战赛通常伴随着朗朗上口的背景音乐和易于模仿的动作设计，这使得内容更易于传播。一旦某个挑战赛走红，便能在极短的时间内迅速扩散至全网，形成强大的品牌影响力。

为了扩大抖音话题挑战赛的传播范围，提升品牌影响力，零售企业可以按照以下方法设置挑战赛的互动玩法。

1. 设置奖励机制

为了提升用户参与度，企业可以设置奖励机制，以激发用户创作和分享的动力。例如，为参与抖音话题挑战赛的用户提供一些实质性的奖品，如折扣券、代金券、实物礼品等。

奖品要具有吸引力，例如，与零售门店商品相关的豪华套餐、限量版商品或高额购物优惠券等，电子产品零售门店可以将最新款的高端手机设置为大奖。除了大奖，还可以设置多个不同等级的小奖品。

又如，在话题挑战赛中取得一定点赞数（如 100～500 点赞）的参与者可以获得门店定制的小礼品，如精美笔记本、小挂件等；取得较高点赞数（如 501～1000 点赞）的参与者可以获得价值更高的商品优惠券或者小电子产品。

同时，在抖音上进行宣传时，企业可以明确表示，只有挑战成功的用户才有机会获得奖品，这样可以进一步激发用户参与的积极性。

2. 设计挑战规则与参与方式

设计挑战规则与参与方式是提升用户参与度的关键。企业需要设计简单明了的挑战规则，要求用户上传与挑战主题相关的视频，并在视频描述中添加特定的标签、主题关键词等。参与方式要尽量简单、便捷，用户可以通过扫码、关注特定账号、在评论区上传视频等方式参与。企业还可以利用抖音的投票功能，让用户通过点赞、留言等方式参与评选，增加用户互动和参与的乐趣。

除了创作与挑战主题相关的内容外，企业还鼓励用户参与多人合作挑战，参与者可以邀请朋友或家人一起参与抖音话题挑战赛。例如设置"最佳搭档"奖项，要求参与者与他人合作拍摄视频，展示在零售门店的互动体验，如共同选购商品、互相推荐商品等；规定合作视频的人数要求、角色分配等内容，以增加视频的趣味性和互动性。

3. 使用贴纸特效

合适的贴纸特效既可以保证用户拍摄视频的趣味性和呈现效果，也是展现品牌信息的关键载体。抖音话题挑战赛中整体一致的贴纸特效可以打造一种"全民代言人"的观感，大面积传播品牌形象，加深用户的记忆度。贴纸特效的植入大有讲究，既要有互动趣味性，又要有品牌的"软植入"。

贴纸特效一般有 4 种，即秀场类特效、挂件类特效、互动类特效和反转类特效。

- 秀场类特效：霸屏搭建品牌舞台，统一整体视觉效果。品牌 Logo、关键信息大面积展现，整体感较强。
- 挂件类特效：通过用户的手势触发，针对不同的手势和触发效果，有多种挂件展现形式，适合拍摄手势舞类型。
- 互动类特效：带有游戏性质，根据用户不同的动作产生不同的互动效果，趣味性较强。
- 反转类特效：这类特效可以带来前后反转，视觉冲击力强，还可以随机性带来惊喜，常用于变装类挑战赛。

4. 定制背景音乐

挑战赛定制背景音乐是帮助用户理解主题、理解品牌的一个关键道具。在抖音平台上，音乐的重要性不言而喻。

常见的挑战赛定制背景音乐有 4 种形式：对口型、舞蹈配乐、流行歌曲改编、纯音乐。其中，对口型、舞蹈配乐、流行歌曲改编这 3 种背景音乐更受用户的喜爱，传播力更强，更推荐使用。

例如，思念品牌发起的话题"#这个冬至靠你了"，主推产品"思念金牌虾水饺"，在定制背景音乐中就突出了"虾"和"水饺"两个主元素，并且在歌词和韵律上神似曾经的刷屏歌曲《野狼 Disco》，再配合贴纸和手势舞，整体效果很好，令人印象深刻。

相比之下，节奏型纯音乐的记忆点少、替代性高，也不利于二次投稿，难以实现惊艳的效果，在挑战赛中不推荐使用。

📚 **案例链接**

华帝挑战赛创意营销，燃爆"五一"假期

作为"6·18"大促前的流量蓄水期，"五一"假期是各大品牌必争之地。2024 年，华帝基于"认真生活"的品牌理念，选择与抖音家电行业的电商大牌周"抖音心动家"IP 共同打造场景化创意营销。

华帝推出主题为"华帝一道菜告白大作战"的社交互动玩法，重点推广华帝热销电商爆品，为大促导流，助力销售，如图 7-9 所示。

图 7-9 华帝挑战赛话题

在内容上，华帝洞察大众表达爱意总会藏在生活的细节里，一饭一蔬都能表达爱，一道美味正是告白的好助攻。华帝基于自身品牌资产中"年轻一家三口"的人群标签，结合"五一"假期必不可少的"婚庆"主题热点，打造"用美食告白"的创意玩法，精准瞄准潜在消费者，也就是即将成家的人群或已购房的新婚小家庭。在传播玩法上，华帝完成"品牌搭台—达人'种草'—大众参与—导流电商"的一体化完整闭环传播，做到声量、销量全揽收。

- 品牌搭台：华帝上线"#华帝一道菜告白大作战"主题挑战赛，并精准铺设抖音开屏、品牌榜等硬广资源作为入口，吸引大众与潜在消费群体参与。
- 达人"种草"：多位千万量级达人定制剧情类视频宣传品牌活动，用华帝主推产品演绎创意告白故事，激活更多 UGC，提高声量，扩散抖店/主推产品入口，如图 7-10 所示。

图 7-10　达人定制剧情类视频宣传品牌活动

- 大众参与：为扩散内容参与面，华帝上线同名全民任务，大量优质 KOC（关键意见消费者）带话题参与其中，扩散挑战赛，触达潜在客群。
- 导流电商：利用抖音平台"品牌馆"、承流品专页面、小蓝词、内容加热等工具承接流量，将意向人群导流到电商页面，完成促销。

整体活动以华帝的挑战赛活动为基点，利用平台资源与达人共创，打透抖音平台。根据抖音云图后台数据及媒体反馈数据最终统计，本次活动品牌总曝光为 3.4 亿次，覆盖品牌曝光人群超 8 925 万人，项目整体投放总播放量为 2.4 亿次，总互动为 360 万次，最终完成销售目标。

任务五　开展直播营销活动

随着互联网的普及和技术的不断进步，直播已成为一种广受欢迎的内容传播方式。零售门店开展直播营销活动正是顺应了这一市场趋势，以抢占流量高地。通过直播营销活动，零售门店可以全方位地展示自己的产品和服务，吸引更多潜在观众关注，从而提高品牌的知名度和影响力。

▌一、直播营销的方式

直播营销作为一种新兴的营销手段，具有实时互动、内容生动和观众参与度高等特点，能够有效提高品牌知名度和产品销量。常见的直播营销方式有以下几种。

1. 产品展示营销

零售企业可以通过直播平台展示产品的外观、功能、使用方法等，吸引观众关注并了解产品。例如，对于美妆产品，主播可以现场试用口红、粉底等，展示使用效果，包括颜色、质地、遮瑕度等；对于电子产品，主播可以展示外观设计、操作界面和各项功能等；对于食品类产品，主播可以介绍食材来源、加工工艺、营养成分等。

2. 互动营销

主播在直播中可以通过问答、抽奖、投票等方式与观众互动。

（1）问答互动

主播在直播过程中鼓励观众提问，并及时解答。例如，观众可以提出关于产品的使用场景、适用人群、售后服务等问题。主播回答这些问题不仅能够解决观众的疑惑，还能增强观众的参与感。

（2）抽奖互动

抽奖互动是指通过设置抽奖环节吸引观众参与直播，可以在特定时间点抽奖，如每隔半小时抽取一次幸运观众，奖品包括产品样品、优惠券、折扣券等。观众通过发送弹幕、点赞、分享直播间等方式参与抽奖。

（3）投票互动

投票一般就某些产品相关的话题进行投票。例如，对于即将推出的产品颜色，让观众投票选择他们最喜欢的颜色；对于产品的新功能，让观众投票决定优先开发哪个功能。

3. 访谈式营销

企业可以邀请行业专家参与直播，分享行业动态、趋势和专业知识；或者与"网红"或KOL合作，利用他们的粉丝基础和影响力吸引观众进入直播间，通过他们对产品的推荐和使用体验分享，带动产品销售。

4. 场景化营销

主播可以在直播间模拟生活场景和工作场景，将产品充分融入这些场景中进行展示。例如，在推荐家居用品时，模拟家庭聚会场景，展示如何使用餐具、布置餐桌等；在推荐户外用品时，模拟露营场景，展示帐篷、睡袋等产品的使用方法；在推荐办公用品或商务服务时，模拟工作场景，展示在办公室如何高效使用打印机。

5. 促销式营销

零售门店在进行直播营销时，可以采用以下几种促销式营销方式。

（1）价格折扣

价格折扣分为两种形式，一是直接折扣，二是满减优惠。

直接折扣是指在直播期间提供明确的价格折扣。例如，原本售价100元的商品，在直播中直接以80元的价格售出，直接给予观众20%的折扣优惠。这种方式简单直接，能够让观众迅速感知到价格的实惠，从而激发购买欲望。

满减优惠是指设置满减活动，如满200元减50元。这种促销方式可以刺激观众增加购买金额，提高客单价。零售门店可以根据自身商品的价格区间和利润空间，合理设置满减的门槛和金额，以达到促销和盈利的平衡。

（2）赠品促销

赠品促销分为买赠活动和抽奖赠礼两种形式。

买赠活动是指观众购买指定商品或购买金额达到一定额度后赠送相关商品。例如，购买一款护肤品套装，赠送同品牌的小样或者化妆工具。赠品的选择通常与主商品相关或互补，既能增加主商品的吸引力，又能让观众感受到额外的价值。

抽奖赠礼是指在直播过程中设置抽奖环节，奖品可以是门店的热门商品、优惠券或者限量版商品。观众通过在直播间发送弹幕、点赞、分享直播间等方式参与抽奖。这种方式可以增加直播间的活跃度和观众的参与度，吸引更多观众关注门店的商品。

（3）限定促销

限定促销是指限定数量、时间的产品特惠促销方式，包括限时促销和限量促销。

限时促销是指在直播中的特定时间段内提供折扣优惠。例如，在某场直播的前 30 分钟内，某系列商品享有 7 折优惠。这种限时的压力会促使观众尽快做出购买决策，营造出一种紧迫感，避免观众过度犹豫而错过优惠。

限量促销是指推出限量版商品或者设定限量的购买名额。例如，只有 50 件限量版的纪念 T 恤可供购买，先到先得。这种促销方式利用了观众的竞争心理和对稀缺物品的追求心理，增加商品的购买热度。

（4）优惠券促销

优惠券促销是指在直播中发放各种类型的优惠券，如满减优惠券、折扣优惠券等。观众可以在直播期间领取优惠券，并在规定的时间内使用。优惠券可以吸引观众在门店消费，同时也可以通过设置不同的使用条件，如最低消费金额、使用期限等，以引导观众的购买行为。

企业还可以提供优惠券组合套餐。例如，同时发放一张满 100 元减 30 元的优惠券和一张 8 折优惠券（限部分商品），观众可以根据自己的购买计划选择合适的优惠券，这种方式增加了促销的灵活性和吸引力。

二、直播场景的布置

直播场景的布置是直播间搭建中最核心的部分，它直接决定了直播间的整体氛围和风格。直播间搭建成功的标准包括提升观众体验、增加专业感、提高直播质量、增加互动性、建立品牌形象。直播场景的布置则有助于达成以上标准。

1. 直播场景布置的原则

直播场景布置要遵循以下 3 个原则。

（1）一致性原则

直播场景布置应与直播内容的主题保持一致。例如，如果直播内容是时尚服装展示，场景布置应体现出时尚感、高级感，主播可通过灯光、音乐、背景等元素营造与直播内容相符的氛围；如果直播内容是美食展示，场景布置应体现出温馨、烟火气，主播可以搭配温馨舒适的灯光和轻快的背景音乐，营造出轻松、愉快的用餐氛围。

（2）个性化原则

直播场景布置要具有个性化，营造出让粉丝容易记住和喜爱的印象，可以从产品的特点和受众的生活习惯入手，设计出富有创意和感染力的场景。

特色场景设计可以增添直播的个性化、趣味性和观赏性。例如，美妆直播可以选择美丽的化妆台、灯光等布置直播间。

（3）舒适感原则

舒适感原则旨在确保主播和观众在直播过程中都能享受到一个既美观又实用的环境。这一原则不仅关乎直播的专业性和吸引力，还直接影响直播的互动效果和观众的观看体验。舒适感原则主要体现在桌椅高度与可调节性、屏幕角度和视线管理、话筒选用和音质优化、灯光使用和氛围营造、空间布局与通风等方面。

2. 直播场景布置的主要元素

直播场景布置的主要元素包括以下几个。

（1）背景

背景一般分为背景墙、背景板、实景背景和绿幕背景。

零售门店的背景墙要显著展示零售门店的品牌标志。例如，将品牌 Logo 以较大的尺寸、醒目的颜色置于直播背景墙的中心或上方位置。这有助于强化品牌印象，让观众一眼就能识别出是哪家门店在直播。零售门店可以根据直播的主题制作背景板。例如，如果是新品发布直播，背景板上可以展示新品的图片、名称及相关的宣传语；如果是促销活动直播，背景板上可以展示活动的主题、优惠信息等。背景板的颜色和设计风格应与门店的整体形象相匹配。

实景背景一般包括门店内部、货架等，能够给观众带来真实感，增加其购买的欲望。

绿幕背景适用于虚拟场景搭建，通过绿幕抠图技术，可以灵活更换背景画面，降低成本且易于操作。

（2）产品展示

零售门店可以使用展示架或陈列台摆放商品。展示架一般是多层的货架形式，方便展示不同种类、规格的商品。陈列台则适合放置主打产品或重点推荐的商品，通过巧妙地布局和排列，突出商品的特色和优势。

零售门店要按照一定的逻辑对商品进行布局，可以按照产品系列、功能、价格等因素分类摆放。例如，将同一系列的化妆品放在一起，或者将价格相近的服装放在相邻位置。同时，还要注意商品的陈列美观度，避免杂乱无章。

（3）灯光

直播场景的灯光元素主要有主光、辅助光和氛围光。

* 主光：提供主要的照明，确保主播和商品都能清晰可见。一般采用柔光灯箱或射灯作为主光，将其放置在主播的正面稍上方位置，这样可以避免产生阴影，使光线均匀地照在主播的面部和商品上，如图 7-11 所示。

图 7-11 主光

- 辅助光：用于补充主光的不足，调节光影效果。在主播的侧面或背景区域设置辅助光，以增强画面的层次感和立体感。例如，在背景区域设置一些暖色调的灯光，可以营造出温馨的氛围。
- 氛围光：根据直播的主题和风格进行设置。例如，在夏季清凉主题的直播中，可以使用蓝色的灯光传达清凉的感觉。

（4）互动

主播可以准备一些互动道具或者设置互动屏幕增加互动元素。例如，展示一些带有门店 Logo 的礼品，告诉观众在直播过程中参与互动就有机会获得礼品；或者使用一些投票箱、抽奖箱等道具，用于开展互动活动。如果技术允许，可以设置一个虚拟的留言板或互动屏幕，在直播画面中实时显示观众的留言和提问，主播及时回复，增强观众的参与感和体验感。

（5）空间

如果直播间的空间较小，主播可以通过以下技巧增强视觉空间感。

- 利用墙角：将摄像头放在墙角对角线上，画面中的线条能够吸引人的视线，这样有利于加深纵深感，在视觉上扩大空间，同时更加突出人物主体。
- 多层次摆放物品：在画面的前、中、后利用灯具、沙发、柜子、植物等划分空间结构，切割视觉展示模块，从而增强视觉空间感。
- 设计直播画面构图：在直播中的构图，主播占比不要超过 70%，要有适当的留白。站立直播时，主播距离摄像头 1.5～2.5 米；坐着直播时，主播距离摄像头 1～2 米。背部距离墙面至少 1.5 米，以减少视觉压迫感。美妆类和美食类的主播位置基本固定；服装类主播要找好合适的移动范围，合理出现在观众视野中。

（6）贴片

在直播时，根据场次关键信息制作直播间贴片，能够有效展示重点，吸引视线，突出本场直播的主题、福利以及活动等。贴片上的文字要简短，贴片设计色系与直播间场景色系相匹配。

一般来说，直播间左上角添加动态贴片，引导观众关注。直播间中部用小屏播放视频，如商品模特展示视频、品牌宣传视频等，用于品牌宣传，加深观众对产品及品牌的认知，促进观众下单转化。直播间左右边缘部分主要展示活动信息，如下单专享、满赠活动、消费 Top 福利等，强化优惠福利。直播间下部一般放置小黄车，添加动态贴片，引导直播间观众点击小黄车，增加商品曝光次数。

三、直播活动的执行

零售企业开展直播营销活动，首先要明确目标定位，根据企业的产品类型和品牌定位确定直播的目标，如提高品牌知名度、提高产品销售量或提高社交媒体关注度等。然后，零售企业要明确直播内容，根据目标群体的特征和喜好制定符合直播平台特色的内容，如特定产品的演示或体验、行业话题的讨论或专业知识的普及等。最后，完成其他需要准备的工作，如组建直播团队、挑选直播产品、撰写直播脚本、直播预热。

在完成以上工作后，主播可以按照以下环节执行直播活动。

1. 直播开场

主播在直播开场时的表现至关重要，这直接关系到观众的初步印象和后续参与度。在直播开场时，主播要以热情、专业的形象开场，介绍直播的主题、流程和福利，吸引观众的注意力。开场白要简洁明了，直接进入主题，让观众迅速了解直播的核心内容，主播可以使用一些有趣的话题，设置悬念或讲故事吸引观众的注意力，增加他们的好奇心和参与度。在开场过程中，主播要及时回应观众的弹幕和评论，增加与观众的互动和沟通。

2. 产品展示

在介绍产品时，主播可参考以下介绍方式和表达技巧。

（1）提炼产品卖点

主播需要深入了解产品，提炼产品的独特卖点，如品牌故事、成分优势、设计特色、使用效果等。这些卖点要突出产品的价值，吸引观众的注意。主播要了解观众的需求和痛点，将产品卖点与观众需求相结合，让观众感受到产品能够解决他们的实际问题。

（2）多维度展示产品

主播可以展示产品的外观设计、颜色、材质等，让观众对产品有一个直观的了解。同时，也可以强调产品的细节设计，如工艺、包装等，提升产品的品质感。主播还可以通过现场试用、演示等方式，展示产品的使用效果和性能，例如，美妆产品可以展示试妆效果，食品可以展示口感和烹饪过程等。

（3）引导观众下单

主播可以通过分享自己的使用体验、展示产品销量和评价等方式，建立观众对产品的信任感；通过对比线上线下价格、粉丝专属优惠等方式，凸显产品的价格优势，激发观众的购买欲望；在介绍产品时，运用一些引导下单的话术，如"这款产品非常适合你，赶紧下单吧""库存有限，先到先得"等，促使观众尽快下单。

（4）注意语言表达效果

主播在介绍产品时要表达清晰、流畅，避免使用过于专业或晦涩的术语，要让观众能够轻松理解。同时，主播要投入自己的情感，如分享使用心得、推荐理由等，让观众感受到产品的魅力和价值。

3. 实时互动

在直播营销活动中，主播在互动环节的表现至关重要，它不仅影响观众的参与度和黏性，还直接影响活动的转化效果。主播要根据直播主题和目标受众的兴趣，设计多样化的互动内容，如提问式互动、回答式互动、活动式互动等。这些内容既有趣又具有吸引力，能够激发观众的参与热情。主播应对直播中的产品了如指掌，以便在互动环节能够准确、专业地回答观众的问题，增强观众的信任感。

- 提问式互动：主播可以通过提问的方式引导观众参与互动，如询问观众对产品的看法、使用经验等。这有助于主播了解观众的需求和喜好，从而更好地为观众推荐产品。
- 回答式互动：主播应耐心、专业地回答观众的疑问，及时消除观众的顾虑。在回答过程中，主播可以运用生动的语言和实例，使回答更加易于被观众理解和接受。
- 活动式互动：开展抽奖、问答、投票等活动，用奖品和福利激励观众的参与热情。

主播在互动过程中应实时关注观众的反馈，如弹幕评论、点赞量等。这些反馈可以反映观众对直播内容的喜好和参与度，有助于主播及时调整互动策略和直播的节奏。如果观众对某个话题感兴趣，主播可以深入讨论；如果观众参与度不高，主播可以尝试改变互动方式，或者引入新的话题。

▌四、直播活动的复盘

直播的成功不仅取决于直播前的准备和直播时的表现，还取决于直播后的复盘。复盘是回顾与总结直播过程中的优点和不足，以便在未来的直播中改进和优化。

1. 直播复盘的方法

零售门店的团队在复盘直播活动时可以采用以下方法。

（1）数据收集与整理

团队要收集与整理以下直播数据指标。

- 人气指标：包括直播时长、当场直播的 PV 和 UV、平均在线人数、人均观看时长、在线人数峰值、新增粉丝数等指标，这些指标反映了直播间的流量和人气热度。
- 互动指标：包括点赞率、评论率、增粉率等指标，这些指标反映了直播间的内容吸引力和观众参与度。
- 商品指标：包括商品展示次数、商品点击次数、点击成交转化率等指标，这些指标反映了观众对上架商品的兴趣和购买意愿。
- 交易指标：包括成交人数、GMV、实际销售额、转化率、新老用户下单占比、UV 价值、客单价等指标，这些指标反映了直播间的变现能力。

（2）团队讨论与反馈

主播对直播过程中的表现进行自我评估，包括语言表达、产品介绍、互动效果等，提出改进意见；运营人员对直播的策划、推广、互动环节等进行总结，分析成功经验和不足之处；技术人员反馈直播过程中的技术问题和解决方案，为下次直播提供技术保障。

（3）对比分析与总结

主播及其团队要将直播的实际数据与预设的目标进行对比，分析差距产生的原因，总结经验教训。此外还可以对比本次直播与过往直播的数据和效果，找出进步和不足之处，为后续直播提供参考。

（4）分析观众反馈

观众反馈是衡量直播效果的重要指标之一。团队需要收集观众对直播的评价和建议，包括内容、互动、视觉效果、音质等方面。通过分析观众反馈，团队可以了解观众对哪些方面比较满意，哪些方面需要改进，同时还可以调整下一次直播的内容和形式，以满足观众的需求和期望。

2. 直播复盘涉及的主要方面

零售门店的团队可从以下几个方面开展复盘工作。

（1）直播内容方面

评估产品展示的效果，即主播是否清晰、全面地展示了产品的特点和优势。分析主播的讲解是否专业、生动，能否吸引观众的注意力并激发其购买欲望。总结互动环节的设置和执行情况，分析该环节是否有效地提高了观众的参与度和黏性。

（2）直播技术方面

检查直播画面是否清晰、稳定，色彩是否真实，是否有卡顿、花屏等问题。评估直播声音是否清晰、音量是否适中，是否有杂音、回声等问题。分析直播过程中的网络，是否出现掉线、卡顿等问题，采取的应对措施是否有效。

（3）直播推广方面

评估直播预热的效果，包括预告海报、短视频、文案等的传播效果，以及吸引的观众数量。分析直播平台的推广资源利用情况，如推荐位、热门榜单等，是否有效地提高了直播的曝光度。总结社交媒体推广的效果，包括发布的内容、互动情况等，以及对直播流量的贡献程度。

（4）直播销售方面

分析直播的销售转化率，即观看人数与购买人数的比例，找出影响销售转化的因素。评估促销活动的效果，包括折扣力度、赠品设置等，是否有效地刺激了观众的购买欲望。总结直播过程中的客户服务情况，包括回复速度、问题解决能力等，是否提高了客户满意度。

📈 项目实训 1：美宜佳周年庆促销活动分析

1. 实训背景

自 1997 年成立以来，美宜佳以独特的品牌魅力和对品质的不懈追求，逐渐成长为中国便利店行业的领军品牌。2024 年 7 月，正值品牌成立 27 周年，美宜佳以一场别开生面的周年庆活动，回馈广大消费者的长期支持与厚爱。

美宜佳 27 周年庆活动以"放纵吃 Fun 肆动"为主题，从 7 月 1 日起至 7 月 31 日结束。本次活动不仅延续了美宜佳一贯的高品质商品路线，更携手伊利、雪花、东鹏特饮、雀巢等知名品牌商，推出上千种爆款好物，并以"第二件半价"的优惠力度，为消费者带来实实在在的购物惊喜。

美宜佳 27 周年庆活动在线上线下同步进行，消费者不仅可以在门店享受优惠，还能通过美宜佳线上小程序、抖音平台等渠道体验便捷的购物乐趣。活动期间，美宜佳特别推出"满就减""买就送积分"等多重优惠，让消费者在享受好物的同时更能感受到美宜佳的诚意与热情。

美宜佳 27 周年庆活动期间，携手抖音平台和众多艺人推出团购活动，让消费者享受更加便捷的购物体验。通过抖音平台的团购优惠，美宜佳进一步拉近了与年轻消费者的距离，让购物更加时尚有趣。

美宜佳一直致力于数字化升级和供应链重塑，通过线上线下双向引流，打造综合超级购物平台。美宜佳 27 周年庆活动期间，通过数字化手段为消费者提供更加个性化、便捷的购物体验，无论是线上预订、线下自提，还是即时配送，都能满足消费者的多元化需求。

2. 实训要求

在网络上搜索美宜佳 27 周年庆活动的内容，并结合案例内容分析美宜佳 27 周年庆促销活动，以深化对零售门店线下促销活动的理解。

3. 实训思路

（1）搜索美宜佳 27 周年庆活动

在百度、抖音平台或者其他社交媒体平台上搜索与美宜佳 27 周年庆活动相关的内容，然后仔细阅读。

（2）分析该活动的促销方案

根据案例内容和搜索到的内容分析美宜佳 27 周年庆促销活动的方案，指出其促销目标、促销期限、促销产品、促销策略及宣传推广策略。

（3）分析该活动的实施情况

根据案例内容和搜索到的内容分析美宜佳 27 周年庆促销活动的实施情况，重点分析商品管理方面和宣传推广方面。

项目实训 2：林内厨电抖音直播营销分析

1. 实训背景

林内厨电在抖音电商超级品牌日直播营销活动中，精心打造了多个直播场景。首先，在呼伦贝尔大草原上搭建了一个 360 度全景恒温温泉，以此作为直播的背景，展示了林内厨电产品的恒温科技。此外，还邀请了抖音达人线下打卡，多角度呈现林内厨电产品优势，营造了火爆的直播氛围。在直播间内，背景布置简洁而富有科技感，突出了林内厨电的品牌形象和定位。

林内厨电的直播活动可以分为多个阶段。在第一阶段，通过大草原上的恒温温泉和抖音达人的打卡活动，吸引了大量观众的关注。在第二阶段，联合央视"时代印迹"IP，打造了央视网×林内全新恒温工厂探场短片，进一步提升了品牌形象和知名度。在第三阶段，林内厨电在上海奉贤工厂举行了"林内·中国 30 周年庆暨品牌战略升级发布会"，并通过抖音直播全程展示，由林内厨电高端系列代言人、林内厨电代表、抖音代表等共同揭幕林内新品。在整个直播活动过程中，林内厨电还设置了互动环节，如抽奖、问答等，增强了观众的参与度和购买意愿。

2. 实训要求

在网络上搜索林内厨电与抖音电商超级品牌日联合开展的活动内容，并结合案例内容分析林内厨电的直播营销活动。

3. 实训思路

（1）搜索林内厨电的直播营销活动

在网络上搜索 2023—2024 年林内厨电与抖音电商超级品牌日联合开展的活动内容，并仔细阅读。

（2）分析直播场景布置

分析林内厨电在直播营销中设置的直播场景，思考其场景设置遵循了哪些原则。

（3）分析直播活动的执行情况

分析林内厨电在抖音直播时的活动执行情况，重点分析产品展示和互动这两个方面。

巩固提高

一、单选题

1. 零售门店线下促销活动的宣传物料不包括（　　）。

A. 地贴　　　　　　B. 海报　　　　　　C. 收银设备　　　　D. LED 大屏幕

2. 在评估线下促销活动效果时，下列做法错误的是（　　）。

A. 比较促销活动前后的销售数据

B. 通过市场调查收集顾客对促销活动的反馈

C. 观察促销活动期间的顾客流量

D. 在做市场调查时，问卷问题要有引导性

3. 企业在做快闪店选址时，需要考虑的核心因素不包括（　　　）。

A. 产品质量   B. 目标受众   C. 场地租金   D. 客流量

4. 关于抖音话题挑战赛营销，下列做法正确的是（　　　）。

A. 话题内容要足够长   B. 话题可借鉴流行元素

C. 只要参与就有大额奖励   D. 贴纸特效有趣即可

5. 零售门店在开展直播营销活动时，要有效设计直播构图。下列关于直播画面构图的说法错误的是（　　　）。

A. 主播占比越大越好，这样足够清晰

B. 主播站立直播时，要距离摄像头 1.5～2.5 米

C. 主播背部距离墙面至少 1.5 米

D. 服装类主播要确定合理的移动范围

二、判断题

1. 为了提高销售额，团队在选择促销商品时要选择积压的商品。 （　　　）

2. 企业要从长期和短期两个角度评估促销活动的效果。 （　　　）

3. 开展跨界营销的零售门店之间可以共享会员权益。 （　　　）

4. 快闪店的视觉元素要以美观为第一要义，是否契合主题并不重要。 （　　　）

5. 企业在开展抖音话题挑战赛时要制定复杂的游戏规则，以提高活动参与门槛。

（　　　）

三、问答题

1. 品牌之间开展跨界营销涉及哪些核心要素？

2. 简述快闪店的经营模式。

3. 简述直播场景布置的原则。

项目八 客户运营与管理

知识目标

➤ 掌握导购接待客户的礼仪和销售话术。
➤ 了解智能导购的硬件配置和软件配置。
➤ 掌握售前、售中和售后客户服务的内容。
➤ 掌握搭建会员管理体系的方法。
➤ 掌握社群建立与管理的方法。

技能目标

➤ 能够有效接待客户并使用话术促成销售。
➤ 能够有效开展线上客户服务。
➤ 能够合理搭建会员管理体系。
➤ 能够建立社群并进行社群管理。

素养目标

将客户需求放在首位，体现"以客户为中心"的服务理念。在多元化社会背景下，每一位客户的文化背景和个性需求都是值得尊重的，这有利于营造包容、和谐的购物环境。

项目导读

客户运营与管理不仅直接影响零售门店的当前销售业绩，更是其长期发展和品牌建设的关键所在。通过细致的客户服务，如及时响应客户需求、提供专业的咨询和售后服务，能够显著提升客户的购物体验，从而提高客户满意度。满意的客户更有可能成为忠诚的回头客，长期支持门店的业务发展，形成稳定的客源基础。通过不断优化客户运营策略，零售门店能够在激烈的市场竞争中脱颖而出，实现可持续发展。

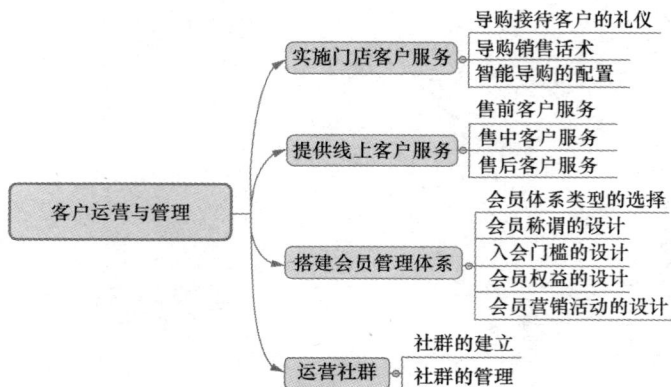

知识导图

```
                                        ┌─ 导购接待客户的礼仪
                              实施门店客户服务 ┼─ 导购销售话术
                              │              └─ 智能导购的配置
                              │
                              │              ┌─ 售前客户服务
                              提供线上客户服务 ┼─ 售中客户服务
                              │              └─ 售后客户服务
                              │
                              │              ┌─ 会员体系类型的选择
    客户运营与管理 ───────────┤              ├─ 会员称谓的设计
                              搭建会员管理体系 ┼─ 入会门槛的设计
                              │              ├─ 会员权益的设计
                              │              └─ 会员营销活动的设计
                              │
                              │        ┌─ 社群的建立
                              运营社群 ┴─ 社群的管理
```

案例导入

武商集团VIP体系全新升级，会员尊享加码权益

武商集团全名为武汉武商集团股份有限公司，是湖北省最大的综合性商业零售企业之一，打造了"华中第一商圈"武商MALL。2021年，武商集团迈出"走出湖北"的实质一步，落子南昌。乘风破浪的武商集团悄然发生了很多变化，全新Logo "WS"简洁优雅，武商IP长江江豚城雕"微笑天使"以昂首之姿与城市共生长。

2022年8月1日，武商集团又有了新变化。武商VIP体系全新升级，会员持有一张武商VIP卡，可以在湖北、江西的相关商场享受权益。

武商集团三大会员权益升级：武商集团旗下购物中心、武商城市奥莱、百货、超市、武商网，线上线下积分通积通兑，实现全场景应用；享受免费停车、航旅贵宾、SVIP艺术盛典等服务；门店权益凸显个性化和定制化，包括生日礼、贵宾茶歇、VIP剧场、金管家服务等。其中，金管家服务包括车位预留，预订就餐，商品邮寄到家，专人陪购、代购，会员沙龙邀约，品牌私享会预留，以及生日月VIP包间专属使用权等。

武商集团的会员权益分为粉丝卡、铜卡、银卡、金卡、玫瑰金卡、白金卡、珀金卡、黑钻卡、金钻卡等。其中，粉丝卡无入会门槛，铜卡的会员条件为年消费1万元，银卡的会员条件为年消费5万元，金卡、玫瑰金卡、白金卡、珀金卡、黑钻卡和金钻卡的年消费金额依次增加。

会员等级越高，会员权益就越多。例如，铜卡会员每日免费停车时长只有1小时，而珀金卡会员不仅可以在营业时间完全免费停车，还可以享受武商MALL SVIP路面营业时间免费停车。年消费2 000元的粉丝卡会员和铜卡会员只能在特定站台限定本人享受贵宾服务，而金卡以上等级的会员除了本人享受贵宾服务以外，还能携带两名同伴一起享受汉口、汉宜线七站联动贵宾服务，并携带一名同伴一起享受天河机场贵宾通道服务。

任务一　实施门店客户服务

零售企业实施门店客户服务可以有效提高客户的满意度和忠诚度,塑造良好的品牌形象,增强市场竞争力,促进口碑传播,进而促进业务增长和盈利提升。

一、导购接待客户的礼仪

礼仪是人类为维系社会正常生活而要求人们共同遵守的基本道德规范,它是人们在长期共同生活和相互交往中逐渐形成的。

在门店导购的日常工作中,接待客户是至关重要的一环。良好的接待体验能够增加客户的满意度,进而提高门店的销售额。遵守接待客户的礼仪规范是确保客户获得良好购物体验的重要组成部分。下面介绍一些常用的接待客户的礼仪规范。

1. 仪容仪表得体

导购人员应穿着整洁、干净、统一的制服,制服颜色搭配协调,避免过于花哨或刺眼。同时,制服要保持洁净,不脱线、不掉扣,如图 8-1 所示。

在个人卫生方面,导购人员要保持面部干净,无油光和污垢;头发梳理整齐,避免散乱或发型过于夸张;保持口腔清洁,无异味,可适时使用口香糖或漱口水。

2. 仪态举止得体

在客户进入门店时,导购人员要面带微笑,主动上前向客户行礼并问好"您好,欢迎光临,请随便看一下",右手从腹前抬起向右横摆到身体的右前方,五指伸直,腕关节伸直,手与前臂形成直线,如图 8-2 所示。需要注意,接待动作的肘关节弯曲 130 度左右为宜,掌心向斜上方,手掌与地面形成 45 度。

图 8-1　仪容仪表得体

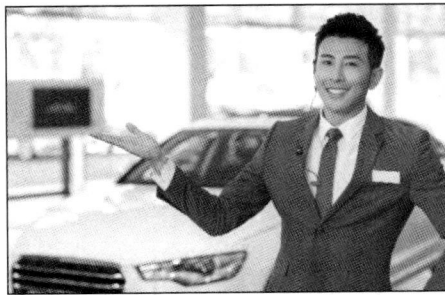

图 8-2　接待动作得体

导购人员在接待客户咨询时应保持站立姿势,要自然端正,不拱背弯腰,不前挺后撅,面带笑容,仪态自然、大方,双手微合于身前,抬头挺胸。当客户走近产品时,导购人员要主动点头示意,并站在柜台的左边或右边。在介绍产品时,左手自然下垂,右手介绍,伸出的手掌应掌心向上,手指要伸直。

为客户介绍产品时,导购人员要看着客户的眼睛,眼神祥和、亲切、自然,不能太急切,还要用余光观察四周是否有其他客户在看其他款式产品,然后决定是否需要过去帮助。

当需要引领客户前往某处时,导购人员应走在客户的左侧前方约一米的位置,其行进速度需要与客户的行进速度相协调,经过拐角楼梯等地方,要及时提醒,在行进中与客户交谈或答复问题时,应将头部、上身转向对方。

3．掌握好接待次序

导购人员要掌握好接待次序，优先服务先到者，对待后来者要礼貌地请对方稍等。如果客户等待时间过久，要礼貌致歉，恳请对方理解、谅解，做好"接一待二招呼三"，即接待第一个客户的同时，询问第二个客户的需求，顺便招呼第三个客户。

4．懂得倾听

每个客户都有不同的需求和购物目的，导购人员要耐心倾听客户的要求和需求，与客户沟通交流，了解他们想要怎样的产品或服务，以便为他们提供准确的建议和帮助。这就要求导购人员在客户说话时不打断其发言，并通过重复或总结客户的需求确认自己的理解是否正确。

5．与客户保持适当距离

在与客户交谈时，导购人员要与客户保持常规距离（约1米），避免过近或过远给客户造成不适。

6．使用礼貌用语

导购人员要使用文明用语，尊重客户，避免使用粗俗或冒犯性语言。常用的礼貌用语包括"请""您好""谢谢""对不起""再见"等。

7．适当推介产品

导购人员要表现出专业性，根据客户的需求和预算，提供专业的产品介绍和购买建议。在介绍产品时，导购人员要保持一定的距离（1～2米），吐字清晰、声音洪亮、重点突出。同时，导购人员要尊重客户的个性和选择，不对客户的购物决策进行干涉或强加推销，允许客户自行挑选产品，并在需要时提供帮助和支持。

8．礼貌送别

当客户离开门店时，导购人员应礼貌地向客户道别，并欢迎他们再次光临，如"请慢走，欢迎下次光临""再见，您慢走""感谢您的光临，欢迎下次再来""请您拿好商品，慢走"。

▌二、导购销售话术

零售门店导购的销售话术涵盖多个方面，导购人员要灵活多变，根据客户的不同需求和情况进行个性化调整，通过有效的沟通、专业的介绍和真诚的服务，提升客户的购买体验，引导客户了解产品、建立信任、激发购买欲望并最终促成交易。

下面介绍一些关键的销售话术。

1．开场话术

在开始介绍产品之前，导购人员要讲出开场白，对客户进行热情问候和欢迎，如"您好，欢迎光临！我有什么可以帮助您的吗？""欢迎光临！今天我们店里有很多新到的特色产品。"这一话术不仅用热情的语言让客户感受到被重视，还通过提及新产品吸引客户的好奇心。

除了热情问候以外，导购人员还可以真诚赞美客户，如"您好，您看起来很有品位，我们这里有几款特别符合您气质的产品。"通过赞美与客户建立良好的沟通氛围，让客户更容易接受后续的推荐。

2．产品介绍话术

导购人员在介绍产品时，可以采用多个方面的话术吸引客户、传递产品价值并促进销售。

（1）产品特点和优势

导购人员一般会介绍产品的独特卖点、性能和工艺材质。

- 独特卖点："这款产品最大的亮点是它具备××功能，这是市场上其他同类产品所不具备的。它能为您带来全新的使用体验。"
- 性能："它的××性能非常出色，采用了××技术，在运行时更加稳定、效率更高。"
- 工艺材质："我们特别注重产品的材质和工艺，这款产品选用了顶级的××材料，经过精细打磨和严格测试，确保耐用且美观。"

（2）适用场景与解决方案

导购人员可以向客户传达一个美好的生活场景，通过美好场景衬托产品的功能强大，或者通过假设遇到一个棘手的问题，该产品可以作为优秀的解决方案，体现出产品的便利。

- 适用场景："想象一下，在周末的早晨，您使用这款产品轻松制作出美味的早餐，让家人一天的幸福有一个良好的开端。"
- 解决方案："如果您经常遇到××问题，那么这款产品正是您的理想选择。它能有效解决您的困扰，让您的生活变得更加便捷。"

（3）性价比与优惠信息

导购人员可以向客户强调产品的性价比，如超强的性能和功能特色，以弥补较高价格带来的竞争劣势。如果产品价格优惠，就要直观地展示出来，打动价格敏感型客户的心。

- 性价比："虽然价格上可能略高于一些同类产品，但考虑到它的性能和品质，您会发现这绝对是物超所值的。"
- 优惠信息："目前我们正在进行促销活动，您如果购买这款产品可以享受满减优惠，还会获得一件赠品。这是难得的机会，千万不要错过。"

（4）邀请客户体验

导购人员可以邀请客户体验推荐的产品，使客户能够亲身感受产品的特点和功能。如果客户在体验产品时提出任何问题，导购人员要及时解答，避免出现售后问题。

- 邀请客户体验："我建议您亲身体验这款产品的功能，感受它的不同之处。我可以帮您打开包装，让您近距离查看它的细节。"
- 答疑解惑："如果您在使用过程中有任何疑问或需要帮助，请随时告诉我，我会为您提供专业的解答和支持。"

3. 处理客户异议话术

在导购人员介绍产品的过程中，客户产生异议是一种比较常见的现象，这涉及多方面的原因，如信息不对称，对导购人员、产品或品牌不信任，价格敏感度高，竞争产品对比，以及购买决策过程比较复杂等。

下面介绍一些常见的客户异议及处理话术。

客户异议 1：产品不错，但还不想买。

处理异议的话术："难得今天有活动，喜欢的产品一起买下来也比较划算！节省下来的钱可以买饰品来搭配衣服。""机会不等人的，难得遇上做活动的好机会，又遇到自己满意的产品，趁着这难得的机会一起买下来多划算！"

客户异议 2：怎么这么贵？

处理异议的话术："开始我和您一样，也觉得这个产品有点贵，但经过全面的分析，发现品质这么好的家具，这个价格其实还比较合理。家具不像衣服，衣服买错了可以不穿，家具买错了只能将就用，会有很多不便。其实买对家具就是买对了一种生活方式。您说是吗？"

"先生，这套产品卖 720 元，可以用一年，一天才花不到 2 元，很实惠了！而且它可以一次性满足您所有的需求，物有所值啊！"

客户异议3：促销款价格和正价款价格为什么差这么多？促销款质量有保证吗？

处理异议的话术："您这个问题问得好！我们做促销活动，就是想让更多的客户用实惠的价格享受到我们的高品质产品。我们保证促销款的所有材质和正价款是完全相同的。唯一不同的是促销款的设计造型比较简约，工艺加工成本会低一些。我们公司每年都有宣传费的预算，规划了其中一部分作为广告费用，其余部分作为促销产品的成本补贴。此外，公司为了保证专卖商的经营成本摊薄，需要我们走销量，在淡季时工厂主动让出大部分的制造毛利，所以我们的促销款价格才能这么实惠。"

客户异议4：老客户有优惠吗？

处理异议的话术："感谢您一直以来对我们这么照顾，能结识您这样的朋友我感到很高兴，只是我确实没这么大的权利，如果您下次来有赠品的话，我申请一下，给您多留一个。"

客户异议5：产品质量会不会有问题？

处理异议的话术：（先问客户）"先生，您以前是不是买到过质量不是很好的产品啊？"（客户说"是，买到过"）"是什么产品啊？"（客户诉苦）"请您放心，我们店不会出现那种情况，我们店有严格的质量保障体系，如果您觉得有问题，可以随时退货退款。"

（客户说"没有买到过质量很差的产品"）"先生，您真是太幸运了，您没有遇到，而我就遇到了这种情况……我现在很注重产品质量问题，我不卖东西的时候也是消费者，所以我对产品质量要求也很高，我之所以在这个门店做导购，就是因为这里的产品质量好，我很放心。"

4. 建立信任话术

导购在建立客户信任时，可以采用一系列有效的话术，这些话术旨在传达专业性、真诚态度，以及对客户需求的深刻理解。

- 分享其他客户的反馈："很多老客户对我们的产品赞不绝口，您可以看看这些客户的评价和反馈。"
- 强调售后服务："我们提供完善的售后服务，如果您在使用过程中遇到任何问题，可以随时联系我们。"
- 理解客户需求："您的需求是我们最关心的，请告诉我您的具体需求，我会为您推荐最适合的产品。"
- 表达专业性："我们拥有丰富的行业经验，对这款产品的每一个细节都了如指掌，您可以完全放心。"

5. 促成交易话术

导购在促成交易的过程中，经常用到的话术主要有以下几类。

- 强调稀缺性："这种款式的产品就剩最后几件了，如果再调货，还需要等待一段时间，如果您真的喜欢，千万别错过。"
- 制造紧迫感："我们的促销活动到今天晚上就结束了，过了这个时间点就恢复原价，您现在买能省不少钱呢！"
- 二选一："您更喜欢这款产品还是那款产品呢？我可以帮您一起看看。"
- 提供附加价值："如果您现在购买这款产品，除了刚才提到的赠品外，我还可以帮您申请一次免费的产品保养服务，让您使用起来更加省心。"
- 邀请体验后促成交易："您刚刚也体验了这款产品的效果，确实很不错吧！现在把它带回家，您就能随时享受这种便利了。"

- 利用从众心理："这款产品是我们店里的热门产品，很多客户都买了，反馈都特别好，您也来一件吧。"

- 利益汇总："我们来总结一下，这款产品质量好，有独特的设计，还有这么多的赠品和优惠，真的非常划算，您现在就可以把它带回家了。"

- 假设成交："我现在就给您把这款产品包起来吧，您是用现金还是扫码支付呢？"

三、智能导购的配置

在零售门店中，智能导购的配置对于提升客户体验和运营效率至关重要。智能导购不仅通过互动式的界面吸引客户，还利用语音识别、自然语言处理等技术理解客户需求，为客户提供个性化的购物建议，实时更新库存信息，确保客户得到最新、最准确的产品信息。

具体而言，智能导购的配置包括以下几个方面。

1. 硬件配置

智能导购的硬件配置主要包括智能穿戴设备、智能导购终端设备和智能导购机器人。

（1）智能穿戴设备

导购人员可以配备智能手表或者智能手环等智能穿戴设备。这些设备要具备信息推送、语音交互等功能。例如，智能手表可以实时接收客户的咨询信息，并通过语音回复进行简单的解答，提高服务效率。同时，智能穿戴设备的续航能力要满足门店营业时间的需求，续航时间至少达到 8～10 小时。

导购人员佩戴智能穿戴设备后，可以在店内自由走动，及时响应客户的需求。当客户在某一区域停留时，导购人员可以通过智能手表或智能手环接收到该区域商品的相关信息推送，从而更好地为客户介绍商品。

（2）智能导购终端设备

智能导购终端设备要适合门店环境，零售门店可以选择触摸屏一体机，确保其屏幕分辨率高、反应灵敏，以提供流畅的交互体验。例如，选择具有高清、防眩光屏幕的设备，便于客户在不同光线条件下查看商品信息。设备的尺寸要根据门店的空间和客流量来决定，人流量大的大型门店可以选用较大尺寸（如 32～55 寸）的屏幕，方便多人同时观看；而人流量小的小型门店可以选用 22～24 寸的屏幕。图 8-3 所示为某商场摆放的智能导购终端设备。

智能导购终端设备要安装在客户容易注意到且方便操作的位置，如门店入口附近、热门产品展示区旁边或者收银台前方等。智能导购终端设备安装在门店入口附近，可以让进店的客户第一时间了解门店的促销活动和新品信息；智能导购终端设备安装在热门产品展示区旁边，能为对该产品感兴趣的客户提供更详细的介绍；智能导购终端设备安装在收银台前方，可以在客户排队结账时提供其他产品的推荐。

（3）智能导购机器人

一些 AI 企业开发出智能导购机器人，为零售门店赋能，如图 8-4 所示。智能导购机器人采用语音交互、图像识别、自主导航等技术，集"看听说走"于一身。作为线下连接客户的一种崭新的互动式媒介平台，实现线上线下服务的互相融合，以"语音+界面"人机交互体验，独立且高效地为客户提供便捷、精准的标准化、智慧化服务。

图8-3　智能导购终端设备

图8-4　智能导购机器人

案例链接

讯飞导购机器人，助力零售企业全面升级

科大讯飞为广大零售企业提供了新零售智能化解决方案，如一站式定制化迎宾接待、智能导购、业务客服、营销宣传、智能引导等智能化服务，创造全新购物体验，助力企业搭上新零售快车。

其中，讯飞导购机器人为零售企业带来营销、管理、服务等方面的升级。

（1）营销升级

当客户经过机器人时，机器人通过摄像头进行人脸检测，及时响应客户，主动发起迎宾问候，并进行跟随式边逛边营销。

客户可以通过触屏、语音与机器人进行交流，机器人通过定制的导购技能准确获取客户的业务需求，语音配合界面精准介绍产品信息。

机器人拥有多处广告位，支持图片、视频、问答多种格式，可以主动向客户推送促销活动信息，满足企业和商铺的宣传推广。

机器人的系统后台提供多款趣味营销互动游戏，协助企业策划活动，制造热点，在营销导流的同时吸引客户参与并留名，帮助企业获取客户信息。

（2）管理升级

机器人支持自主上下班，低电量自动回充，异常短信告警，实时视频监控。零售企业可通过网站后台、手机App对多门店的多台设备进行批量管理，确定广告排期，设置自主巡游路线，通过指令控制机器人接待客户，实时了解运营情况。

机器人可以主动采集客户的交互行为数据，在后台进行数据管理与分析，帮助零售企业及时捕捉客户焦点，通过数据驱动运营和营销，实现决策优化及精准营销。

（3）服务升级

机器人的拟人化形象能够给客户带来更有亲和力的情感体验，而灵活的运动模式则为客户呈现更为丰富的肢体语言。机器人的拟人化形象、自带的情感闲聊和娱乐功能能够迅速吸引客户，增加营销热点。

机器人可以提供多模态人机交互体验，通过多种感官通道（如视觉、听觉等）与客户进行交互，从而提供更加自然、丰富和个性化的购物体验。具体来说，这种多模态人机交互体验包括以下几个方面。

- 语音交互：智能导购机器人能够准确识别客户的语音指令，并通过自然语言处理技术理解其含义，进而用流畅的语音回答或提供建议。客户可以通过语音与机器人进行对话，询问产品信息、价格、优惠活动等，机器人则根据数据库中的信息给出相应的答案。

- 图像交互：智能导购机器人能够识别客户通过手机拍摄的产品图片，理解客户想要了解的产品信息。结合图像识别技术，机器人可以根据客户的喜好和购物历史，推荐相似的产品或搭配建议。

- 手势交互：某些高端的智能导购机器人还支持手势识别功能，客户可以通过手势指示机器人执行某些操作，如翻页、放大或缩小产品图片等。

- 触觉交互：随着技术的发展，未来智能导购机器人可能会配备触觉传感器，以提供更加丰富的交互体验。例如，在展示某些需要触摸的产品时，机器人可以通过模拟触觉的方式让客户感受产品的材质和质感。

- 多模态融合：智能导购机器人能够同时处理来自不同感官通道的信息，并将这些信息融合起来，以更准确地理解客户的需求和意图。例如，在客户通过语音询问某款产品的同时，机器人可以识别客户手中的产品图片，从而提供更精准的产品推荐信息。

- 个性化推荐：基于多模态交互收集到的客户数据（如语音指令、浏览历史、购买记录等），智能导购机器人能够运用大数据分析和机器学习算法，为客户提供个性化的产品推荐和购物建议。

2. 软件配置

智能导购的软件配置主要包括智能导购系统和移动应用程序。

（1）智能导购系统

智能导购系统是一种利用人工智能、大数据和物联网等技术，为客户提供个性化、精准化购物引导的智能服务系统。智能导购系统包括商品数据库建设、智能推荐算法和交互界面设计等要素，如表8-1所示。

表8-1　智能导购系统的要素及说明

智能导购的要素	说明	举例
商品数据库建设	建立详细的商品数据库，包括商品图片、规格、价格、库存、详细描述、客户评价等信息。数据库要定期更新，确保信息的准确性和及时性	对于服装类商品，除了基本的尺码、颜色信息外，还可以添加面料材质、穿着搭配建议、洗涤保养方法等内容
智能推荐算法	基于客户的浏览历史、购买记录以及当前的浏览行为等数据，设计智能推荐算法。算法要不断优化，提高推荐的精准度和个性化程度	当客户在店内多次查看某品牌的护肤品后，系统可以自动推荐该品牌的其他相关商品或者搭配使用的商品
交互界面设计	设计简洁、直观、美观的交互界面。界面布局要合理，界面操作要简单易懂	将商品分类导航放在界面的顶部或侧边栏，方便客户快速找到感兴趣的商品类别；商品详情页面要突出重点信息，可以采用大字体和醒目的颜色。通过点击、滑动等简单手势即可完成商品查看、加入购物车等操作

（2）移动应用程序

移动应用程序分为两个应用，即客户端应用和导购员端应用。

- 客户端应用：面向客户端的移动应用程序，其要具备商品搜索、查看购物车、收藏夹、订单查询等功能。例如，客户可以在客户端应用内通过关键词搜索商品，查看商品的详细信息和库存情况；在购物过程中，将心仪的商品加入购物车或收藏夹，方便后续购买；购买完成后，随时查询订单状态。同时，客户端应用可以与线下智能导购设备实现数据同步。例如，客户在店内通过智能导购设备浏览过的商品可以在客户端应用的历史记录中查看。

- 导购员端应用：为导购人员专门设计的移动应用程序，其具备客户信息管理、商品信息查询、销售业绩统计等功能。导购人员可以通过导购员端应用查看客户的基本信息、历史购买记录等，以便提供更加个性化的服务；在为客户介绍商品时，可以快速查询商品的详细信息；同时还可以实时查看自己的销售业绩，包括销售额、销售数量、提成等信息，激励其工作积极性。

任务二　提供线上客户服务

客户服务根据零售全链路分为售前服务、售中服务和售后服务，贯穿于客户生命周期，包括从获客引流、售前咨询，到下单付款、物流退换，再到确认收货及售后反馈等多个环节。由于客户在不同阶段的诉求是不同的，因此客户服务在不同阶段的策略和目的也会产生差异化。对于零售企业来说，其最终目的是增加客户的购物量，提高线上平台的活跃度，通过客户服务最大化提升企业价值及收益。

一、售前客户服务

售前客户服务是零售企业向潜在客户提供的服务，是主动的、积极的，使客户产生良好的印象；同时高效、快速传递零售商品信息，精准进行商品推荐，预测客户的潜在需求，及时调整经营策略，以满足客户诉求。售前客户服务的价值在于了解与创造客户需求、刺激客户购买欲望、提供信息、推荐商品、获得商机。

零售门店的售前客户服务主要包括以下几个方面。

1. 完成客户画像

客户需求是零售门店和零售企业生产营销活动的出发点与依据，如今大数据技术的成熟使企业可以更精准地分析客户需求，优化日常运营。

每一家零售企业都在思考如何抓住客户，随着客户画像的出现和发展，这一问题得到很好的解决。客户画像是真实客户的虚拟代表，零售企业通过对客户各方面信息进行了解与分析，可以绘制出独具特色的客户画像。

一般情况下，典型的客户画像包含的维度主要有性别、年龄、偏好、消费习惯、居住地等。零售企业如果想让客户画像更加精准，可以在上述维度的基础上继续细分。

目前，一些企业将人工与大数据系统相结合，通过人工设计客户画像的方向和分类体系，有针对性地获取数据，再用大数据系统进行具体分析。

收集数据的方向有两个，即线上和线下。线上获取数据的方法主要有两种，一种是从软件厂商手中购买相关数据，这种方法的优点是企业自身不用耗费人力、物力，缺点是成本较高；另一种是自己收集客户数据，这种方法的优点是无须软件厂商配合，缺点是对技术要求较高。线下获取数据的方法主要是客户购物时扫码成为会员，形成数据链条。线上、线下融合，需要企业综合两种来源收集数据。

研究客户标签并建模，这需要基于大量的、有针对性的数据，再通过这些数据进行判断。如果数据量太少，或者数据针对性不强、不具有代表性，企业就无法为客户贴标签。企业不能根据客户的某一次购物行为就为其贴标签，而要根据客户的购物频次、消费比例、购物时间等多方面的信息进行综合建模。另外，企业要在征得客户授权、保证客户隐私安全的前提下，合理、合法地收集与使用客户信息。

完成以上工作后，企业就能为线上、线下的客户勾勒出精准的客户画像，为其提供满意的产品和服务。

2. 个性化推送营销信息

在大数据背景下，零售企业可以充分收集线上、线下客户的购买行为数据，对这些有价值的数据进行筛选、整理与分析，进而对不同区域、不同层次的客户进行消费预测。零售企业要从大量数据中发掘出所需要的数据，并找到它们的内在关联。

当分析某种商品的销量时，零售企业首先应观察销量随时间的变化趋势，可以通过这些数据分析出这种商品的销售旺季和淡季，再根据结论指定相应季节的个性化推送，刺激潜在客户的购物欲望，进而提高转化率。当分析某种商品的销售情况时，不同地区的人们感兴趣的商品可能会有所不同，这能给企业指明不同商品品类的销售模式。

3. 搭建咨询渠道

零售企业要提供多种线上咨询渠道，如在线客服、客服邮箱、社交媒体客服账号等，确保客户能够方便快捷地与自己取得联系。同时，零售企业的客服人员要及时回复客户的咨询信息，解答客户关于商品价格、库存、发货时间、退换货规则等方面的疑问。

在售前咨询方面，零售企业可以使用智能客服系统。智能客服系统能够在线实时回答客户的疑问，通过智能化的自动回复和人工客服的及时介入，迅速、准确地为客户提供所需信息，降低客户因信息缺失而放弃购买的可能性。

4. 在各大平台传播商品信息

零售企业要在各个推广渠道建立账号，发布推广信息，介绍商品，包括商品详情介绍、商品使用场景演示、商品对比与推荐。

- 商品详情介绍：通过文字、图片、视频等多种形式详细展示商品的规格、材质、颜色、功能等信息，让客户对商品有全面的了解。
- 商品使用场景演示：例如，展示服装在不同场合的穿着效果、家居用品在不同装修风格房间中的搭配等，帮助客户想象商品在实际生活中的使用情况。
- 商品对比与推荐：根据客户需求对不同型号、品牌的类似商品进行对比分析，为客户推荐最适合他们的商品。

▎二、售中客户服务

零售企业的售中客户服务是指零售企业根据售前客户服务获得的信息，帮助客户找到商品和需求的最大共同价值点，表现出对客户的帮助、关心、热情，快速、准确地解答客户的问题，精准匹配客户需求，从而促使客户尽快做出购买决策。在零售企业的线上客户服务中，售中客户服务是一个至关重要的环节，它直接关系到客户的购买体验和满意度。

售中客户服务主要包括以下几个方面。

1. 商品咨询与解答

客户在购买商品的过程中，可能会对商品信息、规格、性能等方面产生疑问，客服人员要准确、及时地提供相关信息进行解答。对于操作复杂或需要特殊说明的商品，客服人员可以通过视频、图片或文字说明等方式，向客户展示商品的使用方法。

2. 提供选购协助

客服人员可以根据客户的购买历史和需求，提供个性化的商品推荐，帮助客户快速找到合适的商品。针对客户的具体需求，客服人员可以给出专业的选购建议，协助客户做出购买决策。

3. 提供个性化服务

客服人员可以根据客户的个人信息和购买历史，为客户提供个性化的服务。例如，对于老客户，提供优先发货、专属包装等服务；对于有特殊需求的客户，如定制商品尺寸、特殊包装要求等，尽力满足他们的需求。

4. 确认订单信息

客户下单后，客服人员要及时与客户确认订单信息，包括商品、数量、价格、收货地址等，确保订单信息无误。例如，通过系统自动将订单确认消息发送给客户，让客户确认商品、收货地址等信息。线上平台还可以提供订单跟踪服务，让客户随时了解订单的物流状态，增加购买的透明度和安全感。

5. 购物指导

如果客户是第一次线上购物，客服人员要为其提供详细的购物流程指导，包括如何将商品添加到购物车、填写收货信息、选择支付方式等，确保交易和支付过程顺畅。

6. 情感关怀与互动

客服人员要通过友好的态度和专业的知识与客户建立情感联系，增加客户的信任感和忠诚度。同时，还要积极收集客户的反馈意见，不断优化售中服务流程和服务质量。

三、售后客户服务

售后客户服务也是提高客户满意度的关键环节。当客户购买商品后，如遇到退换货、质量问题或使用难题时，零售企业可通过一系列的服务提高客户满意度，解决客户遇到的问题。售后客户服务是商品价值的延伸，也是对客户感情的延伸，同时通过售后服务进行品牌营销，提高客户忠诚度，使客户成为回头客，为下一次商机做准备，形成端到端的服务闭环。

售后客户服务主要包括以下几个方面。

1. 物流跟踪

零售企业要实时跟踪商品的物流状态，向客户提供便捷的查询服务，保证客户及时获取物流信息，知晓商品的发货时间、运输进度、预计送达时间及快递员联系方式等。零售企业要与物流企业的系统进行对接，实现物流信息的自动同步与更新。当出现快递延误、丢件等异常情况时，客服人员要及时与物流企业沟通协调，向客户解释情况，并提供相应的解决方案，如为客户补发商品或者办理退款等。

2．处理售后问题

客服人员要迅速响应客户在购买后遇到的问题，并提供解决方案。对于无法立即解决的问题，需要积极跟进，并及时反馈处理进展。在接待过程中，客服人员要时刻保持诚恳的态度，并实时跟进售后解决进度，服务好每一位售后客户。

当然，零售企业也可以建立线上自助服务平台，提供常见问题解答、在线报修、服务预约等功能，方便客户自助解决问题；或者利用人工智能技术，提供智能客服服务，实现 24 小时在线解答客户问题。

售后问题一般包括退换货、处理投诉、维修保养、使用指导、故障排除等。

（1）退换货

客服人员要明确告知客户退换货的条件、期限和流程，确保客户在需要时能够顺利办理。如果客户有退换货的请求，客服人员应迅速响应并处理，减少客户的等待时间。零售企业要提供线上退换货申请入口，简化退换货流程，让客户能够轻松完成操作。

（2）处理投诉

当客户有投诉时，客服人员要及时与客户取得联系，了解客户遇到的问题和需求，并积极解决问题，不要使用套话和空话，而是针对具体问题提出切实可行的解决方案，例如，向客户道歉并给予相应的补偿，如退款、换货、发放优惠券等。

（3）维修保养

对于需要维修的商品，客服人员要提供专业的维修服务，确保商品能够恢复正常使用；也可以提供商品的保养知识和方法，帮助客户延长商品使用寿命。

（4）使用指导

客服人员要主动为客户提供商品使用方面的详细指导。例如，对于一些复杂的电子产品或智能家居设备，通过在线视频教程、图文说明（见图8-5）等方式帮助客户正确使用商品，解决客户在使用过程中遇到的问题。

图 8-5　图文说明

（5）故障排除

当客户反馈商品出现故障时，客服人员要积极协助客户排查故障原因，可以通过电话、在线聊天等方式引导客户检查商品的基本设置、零部件是否正常工作，尝试远程解决问题；如果无法远程解决，则提供维修服务或者建议客户将商品送到指定维修点进行维修。

3. 展开满意度调查

在客户完成购买和使用商品后，客服人员可通过线上问卷、电话回访等方式进行满意度调查，了解客户对商品和服务的满意度。例如，询问客户对商品质量、物流速度、客服响应速度等方面的评价。

4. 提供增值服务

售后的增值服务一般包括商品延长保修服务、免费清洗服务，这些服务仅针对特定商品，如珠宝首饰、空调等，有利于增加客户的满意度和忠诚度。客服人员还可以引导客户成为专属会员，为会员客户提供专属的售后服务和优惠活动，提高会员的归属感和忠诚度。

📖 **案例链接**

爱婴室——线上客户服务打造母婴购物新体验

在 2024—2025 年的母婴零售市场中，爱婴室以其卓越的线上客户服务脱颖而出，构建起一个便捷、贴心且个性化的服务体系，极大地提升了消费者的购物体验。

（1）多平台覆盖，便捷购物触手可及

爱婴室搭建了全方位的线上购物矩阵，涵盖移动端 App、微信公众号、小程序及微商城等平台。以其 App 为例，界面设计简洁直观，新手父母初次打开便能快速找到所需功能板块。商品分类细致入微，从婴幼儿奶粉、纸尿裤等刚需产品，到各类益智玩具、时尚童装，再到婴儿车、安全座椅等大件用品，均有清晰的分区。搜索栏设置在显眼位置，支持模糊搜索，即使消费者仅记得商品的部分特征，也能精准定位目标商品。

同时，其微信公众号和小程序也发挥着重要的作用。微信公众号定期推送育儿知识、新品资讯、促销活动等内容，吸引用户关注。用户无需额外下载 App，通过公众号底部菜单栏便能快速跳转至小程序进行购物。小程序同样操作便捷，加载速度快，在碎片化时间里家长们随时随地都能下单，如在上班途中发现宝宝纸尿裤快用完了，利用等公交的几分钟便能轻松完成购买流程。

（2）即时响应，解决疑问不过夜

为了及时解答消费者的疑问，爱婴室组建了专业且庞大的线上客服团队，客服人员均经过严格培训，不仅熟悉各类母婴产品知识，还掌握专业的育儿常识，能够为消费者提供精准、有效的建议。

其 App 和小程序中均设有显眼的客服入口，用户点击后可选择在线文字咨询或拨打客服电话。在线客服响应速度极快，平均等待时间不超过 30 秒。电话咨询为 24 小时热线，确保家长们在任何紧急时刻都能得到帮助。据统计，爱婴室客服团队每日平均处理咨询量超过数千条，解决问题的满意度高达 98%以上。

（3）个性化服务，满足多元需求

爱婴室利用大数据分析深入了解消费者，为不同家庭提供个性化服务，通过收集用户在平台上的购物行为、浏览历史、搜索记录，以及在社群中的交流内容等多维度数据，分析每个家庭的宝宝年龄、性别、消费偏好、育儿关注点等信息。

对于家中有新生儿的家庭，爱婴室会重点推送新生儿护理用品、奶粉、婴儿床等产品，以及新生儿护理知识。而对于宝宝即将上幼儿园的家庭，则会推荐儿童书包、文具、入园准备课程等相关产品和服务。

此外，爱婴室还提供定制化服务。例如，家长可以根据自己的需求定制宝宝的满月、周岁礼盒，选择心仪的产品组合，并添加个性化的祝福语卡片。在宝宝生日临近时，爱婴室会通过短信、App推送等方式提醒家长，并为其提供专属的生日优惠，如购买儿童玩具、服装等享受额外折扣，让家长们感受到爱婴室对每个宝宝的特别关怀，真正做到想消费者之所想，满足其多元化、个性化的需求。

任务三　搭建会员管理体系

搭建零售企业的会员管理体系是一个系统性工程，旨在通过精细化管理和个性化服务提高会员的满意度、忠诚度和复购率。会员管理体系的搭建包括会员体系类型的选择、会员称谓的设计、入会门槛的设计、会员权益的设计、会员营销活动的设计等多个方面。

一、会员体系类型的选择

会员体系作为会员管理体系中的一环，通过会员等级、会员权益、积分、成长值等载体和数据化的精准营销维系客户关系。

零售企业搭建会员体系，根本目的在于盈利。零售企业非常注重的指标包括流量、转化率、购买客单价、购买频次，而销售额=流量×转化率×购买客单价×购买频次。因此，会员体系的目标是增加流量，提高转化率，提高客户的购买客单价，增加客户的购买频次。

会员体系一般分为以下几种类型。

1. 免费会员模式

客户无须支付费用即可注册成为会员，通常通过积分、消费额度或其他行为积累成长值，提升会员等级。这种模式适合客户中高频消费、消费目的明确的商家，常用于快消、服饰行业。

2. 成长值会员模式

会员等级是根据客户的消费行为、积分累积或其他活动的参与度来提升的，会员等级越高，享受的权益和优惠越多。这种模式适合客户中低频消费、"种草"互动场景较多的商家，常用于数码、家电等行业。这种模式能够激励客户积极参与各项活动并增加消费频次，同时增强客户的成就感和归属感。

3. 付费会员模式

客户需要支付一定的年费或会费获得会员资格，通常享有比免费会员更多的权益和优惠。这种模式适合商品或权益具备价值稀缺性的商家，常用于商超行业。这种模式能够锁定客户长期消费，提高客户忠诚度和增加消费频次。同时，通过提供高价值的会员权益和服务，增强客户对品牌的认同感和归属感。

4. 储值会员模式

客户预先在商家储值一定金额，储值金额可用于消费，储值会员享有额外的优惠、返现或积分奖励。这种模式适合客户高频消费、重视储值锁客的商家，常用于烘焙、百货行业。

▌二、会员称谓的设计

设计零售企业会员管理体系中的会员称谓时，运营者不仅需要考虑会员的等级、权益，还要考虑其能否吸引会员的注意并激发他们的归属感。设计会员称谓时，运营者需要注意以下几点。

1. 清晰反映层级差异

运营者首先要确定会员体系有几个层级，不同层级代表会员的不同消费贡献或活跃度。一般来说，运营者可以设置3～5个层级，既不会过于复杂，让客户难以理解，又能提供足够的提升空间和激励。

一般来说，会员层级分为基础层级、中等层级、高等层级。"注册会员""普通会员"代表基础层级，"银卡会员""铜牌会员"代表中等层级，"金卡会员""钻石会员""尊享会员"代表高等层级。

2. 考虑品牌定位和受众群体

如果品牌定位高端，会员可以采用更具品质感和尊贵感的称谓，如"铂金会员""钻石会员""至尊会员"等。这样的称谓能够传达品牌的高端形象，吸引追求品质和地位的客户。

若目标受众是年轻群体，会员可以使用更时尚、有活力的称谓，如"潮流达人会员""酷玩先锋会员""时尚新贵会员"等。这些称谓能够引起年轻客户的共鸣，增加他们对会员身份的认同感。

3. 结合会员权益和特权

运营者可以根据不同层级会员所享有的权益和特权设计会员称谓。例如，如果高级会员享有专属折扣和优先服务，可以命名为"特惠尊享会员"或"优先特权会员"；如果会员可以参加品牌举办的高端活动，可以命名为"精英活动会员"或"贵宾活动会员"。

运营者也可以将会员权益融入称谓中，让客户一目了然，如"积分加倍会员""免费配送会员""专属客服会员"等，直接体现了会员的具体权益。

4. 易于理解和记忆

会员称谓应简洁明了，避免使用过长或复杂的词汇组合，确保在发音和书写上都易于记忆，方便会员在交流时提及。会员称谓可以采用简短的词语或词组，如"金卡会员""银卡会员""铜牌会员"等，既简洁又直观，容易被客户接受。同时，会员称谓可以使用一些形象生动的词汇，增加吸引力和记忆点，如"星星会员""月亮会员""太阳会员"等。

5. 采取定制化称谓

对于特别重要的会员或长期支持的客户，运营者可以考虑为其提供定制化的会员称谓，如"××品牌荣誉大使""终身成就会员"等，以表达对他们的特别感谢和认可。

6. 进行测试和优化

在确定会员称谓之前，运营者可以进行市场调研或小范围的测试，收集客户的反馈意见，了解他们对不同称谓的喜好和认知度，以便做出更合适的选择。在确定会员称谓之后，运营者可以根据测试结果和客户的反馈，对会员称谓进行优化和调整，不断改进和完善会员管理体系，提高客户的满意度和忠诚度。

三、入会门槛的设计

在零售行业的会员管理体系设计中，入会门槛的设计是非常关键的一环。入会门槛的设计旨在筛选出高质量的客户，提高客户的忠诚度和增加购买频次，同时控制会员成本，确保会员体系的长期可持续发展。

零售行业会员管理体系的入会门槛主要分为以下 3 种类型。

1. 免费入会

在品牌发展初期，为了增加曝光量和吸引更多的客户注册，很多品牌会选择免费入会的方式。这种方式可以在短期内迅速聚集大量的会员，为品牌建立广泛的基础客户群。通过这种方式，品牌可以快速了解客户需求，进行市场测试，同时通过会员活动等方式增强客户黏性和提高活跃度。

2. 消费入会

随着品牌的成熟，为了保障整体的利润和提升会员的质量，很多品牌会选择提升入会门槛，采用消费入会的方式。这种方式要求会员通过一定的消费行为才能成为正式会员，不仅可以帮助品牌筛选出真正的潜在客户，还能通过设定不同的消费门槛区分会员层级，提供不同层次的会员服务，从而提高会员的忠诚度和消费频率。

消费入会可以细分为消费金额门槛、消费次数门槛、特定商品购买门槛、时间限制门槛 4 种类型。

（1）消费金额门槛

消费金额门槛是指设定首次消费达到一定金额即可成为会员。例如，规定客户在首次购物满 200 元时可以成为普通会员。这个金额的设定要综合考虑商品的平均价格、利润空间以及目标客户群体的消费能力。如果商品单价较高，可以适当提高入会门槛金额；如果目标客户主要是价格敏感型消费者，入会门槛则不宜过高。

累计消费金额达到特定值可以晋升更高层级会员。例如，累计消费满 1 000 元晋升为高级会员，这样可以激励客户持续消费，提高客户的忠诚度。

（2）消费次数门槛

消费次数门槛是指规定在一定时间内消费达到一定次数才可入会。例如，在一个月内消费满 3 次即可成为会员。这种方式适用于消费频率较高的商品或服务，能够鼓励客户多次购买。在这种方式下，随着消费次数的增加，会员等级会不断晋升。例如，消费满 10 次晋升为中级会员，消费满 20 次晋升为高级会员。消费次数的统计可以按自然月、季度或年度进行，具体根据商家的经营策略和商品特点确定。

（3）特定商品购买门槛

特定商品购买门槛是指要求购买特定的商品或系列商品才能成为会员。例如，购买品牌的高端商品才可入会。这种方式可以针对特定的目标客户群体，提高特定商品的销售量。

有时，购买特定商品的累计金额要达到一定标准才可入会。例如，购买某一品类的商品累计金额满 500 元成为会员。这种方式有助于引导客户关注特定品类的商品，提高该品类的市场份额。

（4）时间限制门槛

时间限制门槛是指在特定的时间段内满足一定条件才可入会。例如，在品牌的周年庆活动期间，消费满 150 元即可成为会员。这种方式可以利用特殊的时间节点进行促销和会员招募，提升活动的吸引力和参与度。

时间限制门槛规定会员资格在一定的时间内有效，需要在有效期内满足特定条件才能延续会员身份。例如，会员资格有效期为一年，在这一年内消费满一定金额或次数才能继续保持会员身份。这种方式可以促使会员持续关注品牌，保持消费活跃度。

3. 任务入会

除了消费以外，运营者还可以设置一些任务作为入会条件，这些任务包括注册账号、关注公众号、完成问卷调查、分享商品给好友、推荐新会员等。通过完成任务，客户可以获得会员资格或额外的会员权益。

例如，客户成功推荐一定数量的新会员可以成为会员或晋升会员等级。这种方式通过利用会员的社交网络进行口碑传播，扩大品牌的影响力和客户群体。被推荐的新会员完成一定的消费行为后，推荐人才能成为会员或获得相应奖励。例如，被推荐的新会员在首次消费满100元后，推荐人才能成为会员，这样可以确保推荐的质量和有效性。

在设计入会门槛时，运营者要注意以下几点：一是门槛要合理、适度，既不能过高，让客户望而却步，也不能过低，失去会员管理体系的激励作用；二是要明确告知客户入会门槛和会员权益，让他们清楚地了解成为会员的好处和需要努力的方向；三是定期评估和调整入会门槛，根据市场变化、客户需求和品牌发展战略进行优化，以保持会员体系的吸引力和竞争力。

▌ 四、会员权益的设计

会员权益设计是零售企业会员运营的核心环节，直接决定了会员运营的整体效率。会员权益是指会员经过自身努力和贡献，升级到对应会员等级后所享受的专属权益。会员贡献包括登录、浏览、分享、购买、邀请、参与活动等，这些行为可以提升平台或品牌的数据指标，会员在做出这些行为后就可以获取对应的成长值。

会员体系的核心是激励，会员的等级越高，可享受的会员权益价值越大，能够有效激励会员消费和复购，从而不断提升会员等级。对于品牌来说，有限的营销预算要倾斜到投入产出比高的运营板块，也就是高等级会员运营。高等级会员领取高价值会员权益之后，在享受会员权益的过程中会进一步提升对品牌的贡献，从而进入良性循环，实现整体上的投入产出比的提升。

1. 会员权益的设计思路

运营者要想设计真正能留存客户的会员权益，需要遵循以下4个思路。

（1）个性化

个性化是指根据客户的偏好和需求，提供个性化的会员特权和优惠，这样能够增加客户的参与感和忠诚度。例如，某零售品牌通过分析客户的购买历史和浏览行为，为会员提供定制化的推荐和折扣，还通过定期发送问卷调查了解会员的意见和建议，进一步优化会员权益，提高客户的满意度。

（2）优质服务

优质服务是留存客户的关键。零售企业提供专属客服、快速响应、预订优先等优质服务，能够提高客户的满意度和忠诚度。例如，某电商平台提供24小时在线客服支持，还设计了会员专享的快递通道，使会员能够享受到更快速的配送服务。这些优质服务不仅提升了会员的体验，也增加了他们对品牌的信任和依赖。

（3）价值回报

价值回报是设计会员权益的核心。会员权益应具有实际的经济价值，使会员感到他们的投入得到合理的回报。例如，通过会员积分制度，让会员在购物时可以累积积分，积分可以用于兑换商品或享受折扣；定期推出会员专属的促销活动和优惠券，以实际的价值回报激励会员继续购买和使用，提高会员留存率。

（4）社交互动

社交互动是指通过社交媒体、线下活动等方式，促进会员之间互动和交流，以增加会员的参与感和归属感。例如，运动品牌可以建立一个会员社区，会员可以在社区中分享运动经验，并与品牌建立更紧密的联系；品牌定期举办线下活动，如跑步比赛和健身讲座，让会员能够在现实生活中互动和交流，从而提高会员的参与度和忠诚度。

2. 会员权益的类型

根据会员权益的设计思路，会员权益可以分为以下类型。

（1）基础权益

会员的基础权益包括积分权益、折扣优惠、免费服务，如表 8-2 所示。

表 8-2　会员的基础权益

基础权益	具体说明
积分权益	（1）消费积分：根据消费金额给予一定比例的积分，积分可用于兑换商品、优惠券或享受其他特权； （2）积分有效期：设定合理的积分有效期，促使会员及时使用积分，增加消费频率； （3）积分升级：当积分达到一定数量时，会员可以使用积分提升会员等级，享受更多的权益
折扣优惠	（1）会员专享折扣：为会员提供特定商品或全场商品的折扣优惠，吸引会员消费； （2）生日折扣：在会员生日当月或当天提供额外的折扣，提高会员的归属感和忠诚度； （3）定期促销：针对会员推出专属的促销活动，如满减、买赠等
免费服务	（1）免费包装：为会员提供精美包装服务，适用于礼品购买或特殊场合； （2）免费配送：达到一定消费金额或会员等级的会员可以享受免费配送服务，提高购物便利性； （3）免费维修：对于某些特定商品，提供免费维修服务，增强会员对商品质量的信心

（2）高级权益

会员的高级权益包括优先服务、个性化服务、增值服务，如表 8-3 所示。

表 8-3　会员的高级权益

高级权益	具体说明
优先服务	（1）优先结账：会员在购物时可以使用优先结账通道，节省排队时间； （2）优先客服：为会员提供专属的客服渠道，优先处理会员的咨询和投诉； （3）新品优先体验：会员有机会提前体验新品，提供反馈意见，增强参与感
个性化服务	（1）定制推荐：根据会员的购物历史和购买偏好，为其提供个性化的商品推荐； （2）专属活动邀请：邀请会员参加专属的线下活动、讲座或品鉴会等，提升会员的体验和社交价值； （3）私人导购：为高端会员提供私人导购服务，根据会员的需求提供专业的购物建议
增值服务	（1）会员俱乐部：设立会员俱乐部，提供会员之间的交流平台，组织各种主题活动，增强会员的归属感； （2）合作伙伴优惠：与其他相关企业合作，为会员提供额外的优惠和福利，如酒店住宿、旅游景点门票等； （3）金融服务：与金融机构合作，为会员提供消费信贷、分期付款等金融服务，方便会员购物

📖 **案例链接**

大润发 M 会员商店，为会员定制多重专属权益

"我们将秉持'一切为了会员'的使命，为会员提供高品质的商品和优质的服务。"在 2024 年 7 月 5 日大润发 M 会员商店常熟店的开业仪式上，大润发 CEO 这样表示。M 会员商店常熟店（见图 8-6）位于常熟市中心城区繁华路段，营业面积约 10 000 平方米，拥有约 800 个停车位，会员可免费停车 3 小时。

图 8-6　大润发 M 会员商店常熟店

此次 M 会员商店常熟店开业，同步启动 M 会员商店会员权益升级，上线"会员享增值好礼"城市优惠，在现有个人会籍基础权益上，为不同城市的会员家庭量身定制会员权益。以常熟店会员为例，260 元会费最低可得价值 1 100 元会员权益，包含会员专属免费自助洗车服务、免费儿童游乐场畅玩、养车优惠等多重专属福利。

配套案例视频

3. 会员权益的宣传与推广

在零售行业，宣传与推广会员权益是增加会员数量、提高会员忠诚度和促进销售的关键环节。会员权益的宣传与推广可以采用以下策略。

（1）清晰展示会员权益

企业在店铺、网站、App 等渠道的显著位置展示会员权益，让会员和潜在客户一目了然；还可以提供详细的会员权益说明手册或页面，介绍各项权益的具体内容和使用方法。

（2）定期沟通与提醒

企业通过电子邮件、短信、私信、App 推送等方式定期向会员发送会员权益信息和促销活动通知，提醒会员使用专属权益；在会员生日、重要节日等特殊时间点，向会员发送个性化的祝福和专属优惠，增加会员的好感度。

（3）口碑宣传

企业鼓励会员分享自己的购物体验和会员权益，通过口碑传播吸引更多潜在客户加入会员；设立会员推荐奖励机制，当会员成功推荐新会员加入时，给予一定的奖励，如积分、优

惠券、红包等。

（4）举办会员日活动

企业定期举办会员日活动，为会员提供专属的折扣、赠品和优惠；同时企业通过会员日活动可以提高会员的参与度和忠诚度，并吸引更多的潜在客户关注会员制度。

4. 会员权益的评估与调整

企业要收集和分析会员的消费行为、偏好等数据，了解会员的需求和反馈，根据数据分析结果优化会员权益的设计和推广策略，提高会员的满意度和忠诚度。

企业还要定期评估会员权益的宣传与推广效果，包括会员注册数量、活跃度、消费金额等指标，并根据评估结果及时调整宣传与推广策略，确保会员权益的吸引力。

五、会员营销活动的设计

零售企业进行会员营销活动可以提高客户忠诚度、增加客户消费频次和金额、获取客户数据，以及提升品牌竞争力，是企业在市场竞争中获取优势的重要手段。零售企业开展的会员营销活动多种多样，有会员俱乐部活动、会员促销活动、会员日活动等。

下面以会员日活动为例，详细介绍如何设计会员营销活动。具体来说，会员日营销活动的开展包括以下4个步骤。

1. 确定会员日的日期

会员日的日期要根据品牌的行业属性和商品构成而定。零售企业一般会围绕周、月、年3个时间维度设计会员日的日期。

（1）周会员日

周会员日适用于消费频次较高的行业，如商超、餐饮，一般选择周二到周四，这主要沿用了"旺季做销量，淡季做口碑"的商业逻辑，周二到周四这三天的人流量相对稀少，可以通过会员日活动，以优惠福利刺激客户消费，同时赚取品牌口碑。例如，奈雪的茶在周三会员日固定推出半价饮品及各种优惠券。

（2）月会员日

月会员日适用于消费频次相对较低的行业，如美妆、母婴、零食等，促销时间一般持续1~3天，一般选择方便记忆、与品牌调性符合的时间。例如，薇诺娜将每月25日定为会员日，与行业"5·25全国护肤日"相契合。

（3）年会员日

对于大部分品牌来说，年会员日相当于"品牌周年庆"。年会员日也适合一些平台类的企业，以互联网电商品牌为代表，其可以打造大促营销节点作为超级会员日，集中资源为活动带来爆发点。例如，天猫的"双十一"，京东的"6·18"，客户可享受跨店满减、品类券、分期免息、店铺优惠券等一系列权益，还可以享受折上折的专属折扣。

2. 设计会员日的会员权益

会员权益的质量高低直接影响会员的增长率和留存率。会员日的会员权益首先要凸显会员身份，能通过权益体现会员的价值，吸引更多非会员客户入会；其次要凸显超值福利，能通过会员日的活动让更多的客户参与活动或完成下单，甚至产生裂变。

会员日活动期间的会员权益包括积分翻倍、专享优惠券、专享折扣、会员日特价商品、赠送礼品、免费试用、线下活动等。

品牌可以根据现有会员等级体系、会员规模、会员消费行为数据等，结合品牌产品类型、活动成本综合权衡，设计会员日专属权益，在设计时还要兼顾长远价值和短期利益。

3. 设计活动宣传渠道

会员日活动的宣传渠道主要包括线上渠道和线下渠道。

（1）线上渠道

线上渠道可以选择电商平台、微信公众号、小程序、社群等渠道作为活动的载体。运营者要做好活动的流程设计，重点在活动宣传上，确保文案和图片能够吸引会员参与，尤其是私域场景内，要做好活动的预热和宣传。

（2）线下渠道

线下渠道可以选择实体门店或组织场地。例如，在门店中设置特别优惠、免费试用、送礼品等活动，提升会员在门店的消费意愿和购买频率。

线下渠道的重点在物料的准备上，可以制作相应的海报进行展示和引导。活动预算比较充足的品牌还可以通过公域平台的广告投放进行导流，以增加会员被触达的可能。门店也可以将线上渠道和线下渠道相结合，提升会员活动的覆盖范围和效果。

4. 会员日活动复盘

会员日活动结束后，运营者要进行数据分析与复盘，及时发现活动中存在的问题和需要优化的地方，从而提升下一次活动的效果和效率。

会员日活动复盘的步骤如下。

- 收集数据：活动结束后，运营者要收集活动期间的销售数据、访问量、转化率、新增会员数等数据。
- 分析数据：对收集的数据进行分析，例如，比较会员日当天和平时的销售额、访问量等，分析会员活动的吸引力和销售效果等。
- 发现问题：根据数据分析结果，发现活动中存在的问题和需要优化的地方，例如，活动吸引力不足，活动流程不顺畅等。
- 复盘总结：总结活动效果和改进方案，为下一次活动提供参考；同时将总结内容及时分享给相关人员，以便持续改进和优化。

任务四　运营社群

在移动互联网高速发展的时代，有着相同兴趣爱好、价值取向的人会聚集在一起，进行沟通、互动和交流，这样的群体称为社群。社群营销是一种十分贴近客户的营销模式，这种模式将客户放在第一位，社群内的客户基本是精确、忠实的客户。在数字化零售时代，企业若能把一个兴趣社群打造成一个消费乐园，就可以在实现盈利的同时提高自身品牌的知名度和美誉度。

一、社群的建立

建立客户社群后，通过定期组织线上和线下的社群活动，如产品试用、话题讨论、直播互动等，可以提高客户对品牌的忠诚度，使他们成为品牌的忠实粉丝。社群内的客户往往乐于分享自己的购物体验，正面的评价会吸引更多的潜在客户加入社群，形成良好的口碑效应。同时，社群也是企业获取客户真实反馈的重要渠道，有助于企业了解市场需求，优化产品和服务。

零售企业要建立社群，通常遵循以下步骤。

1. 明确社群目的和定位

运营者首先要明确建立社群的目的，如提高客户忠诚度、提高产品销量、提高品牌知名度等。运营者可以根据企业的整体战略和营销目标确定社群的具体目的。例如，如果目标是提高产品销量，那么社群可以围绕产品推荐、促销活动等内容展开。

运营者还要明确社群的主题和面向的人群，考虑自身零售产品或服务的特点，确定社群的核心价值和特色。例如，一家时尚服饰零售商可以建立一个以时尚穿搭、潮流趋势为主题的社群，以吸引年轻、时尚的客户。

2. 选择社群平台

目前常见的社群平台有微信、QQ、微博、抖音等。运营者要评估各个平台的特点和优势，选择最适合自身产品或品牌的平台。例如，微信适合与客户进行深度沟通和服务，QQ 群可以容纳较多成员，微博适合品牌宣传和话题讨论，抖音则以短视频内容宣传为主。

运营者在选择社群平台时还要考虑客户习惯，要了解目标客户群体的使用习惯和偏好，选择他们经常使用的平台，这样可以提升社群的参与度和活跃度。例如，如果目标客户主要是年轻人，他们可能更倾向于使用抖音或微博。

3. 找到社群流量来源

一般来说，社群流量来源有 3 种，包括线下引流、线上引流和现有客户引流。

（1）线下引流

线下引流主要有实体门店引流和线下活动引流。

实体门店引流是指客户进店后在导购的引导下扫码进群。实体门店引流要找准时机，注意观察客户购买产品的类型，为客户推荐不同的社群，然后给客户提供足够充分且具体的利益点，留住客户。例如，如果客户购买的是蔬菜、水果等家用食材，客户很大可能是在附近的居民，需要购置每日必需的餐食材料，这类客户容易产生复购行为，导购人员可以给这类客户推荐每日优惠群、每日菜谱群、会员群等。

线下活动引流是指举办线下活动，如新品发布会、促销活动、主题讲座等，邀请客户在现场加入社群。线下活动可以增加客户的参与感和互动性，提高社群的吸引力。

（2）线上引流

线上引流是指利用社交媒体等网络渠道进行引流，吸引更多潜在客户加入社群。运营者可以发布有吸引力的内容，如精彩的产品图片、有趣的视频、实用的购物攻略等，并在内容中引导客户加入社群。在客户加入社群后，运营者要给不同的客户贴上标签，以利于后期的社群管理，同时有利于后期对客户进行回访与跟踪追销。

（3）现有客户引流

在经历前期的宣传与推广后，无论是线上渠道还是线下渠道，都会有一些老客户，企业要设计一些文案引导老客户加入社群，在社群中维护老客户。企业可以分群设置一些维护老客户的活动，针对不同社群的特点，提供一款常用产品进行低价促销，如老客户可以享受每日生鲜产品全场 8 折。

4．设置社群基本信息

在建立社群时，运营者要设置多个方面的基本信息，以确保社群能够健康运行和有效营销。社群基本信息主要包括群名、群规则、群公告和欢迎语。

- 群名：群名要直接反映社群的主题或目的，让客户一眼就能明白这个社群是做什么的，加入社群后能获得什么好处。例如，将群名设置为"××品牌会员交流群""××零售生活福利群"等。
- 群规则：明确的群规则是建立社群良好秩序的基础。群规则主要包括禁止发广告、禁止刷屏、禁止发布不当言论等内容，并在新人入群时及时宣发，这有助于维护社群的良好氛围，防止不良信息的传播。
- 群公告：用于公布日常活动日程或重要通知。
- 欢迎语：用于向新入群成员介绍社群信息和福利。

群公告和欢迎语可以让新入群成员快速了解社群，并感受到社群的热情与友好。

5．筛选社群成员

在邀请社群成员加入时，运营者要进行筛选，确保成员与社群主题或目标用户群体相符，这有助于提高社群的活跃度和转化率。

运营者还要挖掘种子用户。种子用户在社群中起到引导、互动和营造氛围的重要作用。运营者要积极挖掘并邀请这些用户加入社群，以带动社群的整体氛围。

根据社群定位和目标用户群体，运营者要设置一定的入群门槛，如邀请码、消费记录等，这有助于提升社群的质量和增强成员的黏性。

二、社群的管理

企业在建立社群后，社群的管理工作主要涵盖以下几个方面。

1．成员管理

筛选社群成员之后，在社群的日常管理中，运营者的成员管理工作主要包括成员分类、成员激励等。

（1）成员分类

成员分类是指根据成员的活跃度、消费行为、兴趣偏好等因素进行分类管理，这样可以更深入地了解不同类型成员的需求，有针对性地提供服务和开展活动。例如，将成员分为活跃客户、潜在客户、VIP客户等不同类别，分别制定不同的沟通策略和优惠规则。

（2）成员激励

运营者要设立成员激励机制，鼓励成员积极参与社群活动、分享经验和推荐产品。激励方式包括积分奖励、荣誉称号、实物奖品等。例如，对于积极参与互动的成员，运营者给予一定的积分，积分可用于兑换商品或优惠券；对于推荐新成员加入的成员，运营者授予其"推荐达人"称号，并给予相应的奖励。

2．内容管理

在社群的日常管理中，运营者的内容管理工作主要包括内容规划、内容发布、内容审核等。

（1）内容规划

运营者要制定社群内容规划，明确不同阶段的主题和内容方向。内容要与零售企业的产品或服务相关，同时满足成员的需求和兴趣。例如，在新品上市期间，可以围绕新品特点、使用方法、搭配建议等内容进行策划；在节假日，可以推出相应的促销活动和购物攻略。

（2）内容发布

运营者要按照内容规划定期发布有价值的内容，包括文字、图片、视频等多种形式。发布时间要合理安排，避免发布频率过高或过低。例如，每天固定时间发布一篇购物小贴士或产品推荐文章，每周发布一次视频教程或直播活动。

（3）内容审核

运营者要对成员发布的内容进行审核，确保内容符合社群规则和价值观，及时处理不良内容，维护社群的良好氛围。例如，禁止成员发布广告、虚假信息、攻击性言论等内容，对于违反社群规则的成员进行警告或踢出社群。

3. 活动管理

运营者的活动管理工作涵盖活动策划、活动执行和活动效果评估三个方面。

（1）活动策划

运营者要根据社群目标和成员需求策划各种线上活动或线下活动。活动要具有趣味性、互动性和吸引力，能够激发成员的参与热情。例如，举办抽奖活动、问答比赛、晒单有礼等线上活动，组织品鉴会、主题讲座、户外拓展等线下活动。

（2）活动执行

运营者要认真组织活动，确保活动顺利进行，可以提前做好活动准备工作，如活动宣传、奖品准备、场地布置等。在活动过程中，运营者要及时回应成员的问题和需求，处理各种突发情况。

（3）活动效果评估

运营者要善于对活动效果进行评估，分析活动的参与度、转化率、成员反馈等指标，并根据评估结果总结经验教训，不断优化活动方案。例如，通过统计活动的参与人数、点赞数、评论数等数据，评估活动的受欢迎程度；通过分析活动带来的销售增长、新成员加入等情况，评估活动的商业价值。

4. 沟通管理

运营者的沟通管理工作主要包括日常沟通和危机处理两个方面。

（1）日常沟通

日常沟通是指与成员进行日常的沟通和互动，回复成员的问题和咨询，了解成员的需求和意见。沟通要及时、热情、专业，让成员感受到企业的关怀和重视。例如，对于成员提出的产品问题，要及时给予准确的解答；对于成员提出的建议和意见，要认真听取并给予反馈。

运营者可以定期发起有趣、有价值的话题，激发成员的讨论和分享热情。话题可以围绕零售产品、购物经验、时尚趋势等方面展开。

（2）危机处理

当社群中出现负面信息或危机事件时，运营者要及时进行处理，避免事态扩大，采取积极的态度与成员进行沟通和解释，消除成员的疑虑和不满。例如，如果有成员对产品质量提出疑问，要及时调查核实情况，并向成员公布处理结果；如果出现负面舆论，要及时发表声明，澄清事实，维护企业的形象。

5．数据管理

社群运营中的数据管理工作主要包括数据收集与分析、优化改进。

（1）数据收集与分析

运营者要收集社群运营过程中的各种数据，如成员数量、活跃度、内容阅读量、活动参与度等。运营者可以通过数据分析工具、社群管理工具对数据进行整理和分析，找出社群运营中存在的问题和不足，分析数据的趋势和变化，了解成员的需求和行为的变化，为优化社群运营提供依据。例如，通过分析成员的活跃度变化，找出影响成员参与度的因素；通过分析内容阅读量和点赞数，了解成员对不同类型内容的喜好程度。

（2）优化改进

运营者可以根据数据分析结果制定优化改进措施，不断提升社群的运营效果；还可以调整内容策略、活动方案、沟通方式等，以满足成员的需求和提高成员的满意度。例如，如果发现某个活动的参与度不高，可以分析原因，调整活动形式或奖品设置；如果发现成员对某种类型内容不感兴趣，可以减少该类型内容的发布，增加其他类型内容。

📈 项目实训1：银泰百货的客户服务策略分析

1．实训背景

银泰百货通过线上方式助力导购链接商品与客户，实现了新零售的转型。银泰百货的导购已经成长为在细分领域拥有专业知识、能灵活运用运营工具、线上线下联动多场景服务客户的新零售导购。他们通过直播、社群运营等方式，为客户提供线上购物指导和售后服务。特别是直播方面，银泰百货是最早把直播作为公司重要战略的百货公司之一，2019年已启动直播项目。此外，银泰百货还通过喵街等线上平台，实现商品的数字化展示和线上交易，为客户提供更加便捷的购物体验。

2．实训要求

在网络上搜索银泰百货的相关信息，结合所学知识与案例内容分析银泰百货开展线上客户服务的相关策略。

3．实训思路

（1）搜索银泰百货的相关信息

在搜索引擎或社交媒体平台上搜索与银泰百货相关的内容，然后仔细阅读。

（2）分析银泰百货的线上售前客户服务

根据搜索到的信息分析银泰百货是如何开展线上售前客户服务的，包括完成客户画像、个性化推送营销信息、搭建咨询渠道、在各大平台传播商品信息。

（3）分析银泰百货的线上售中客户服务

根据搜索到的信息分析银泰百货是如何开展线上售中客户服务的，包括商品咨询与解答、提供选购协助、提供个性化服务、确认订单信息、购物指导等。

（4）分析银泰百货的线上售后客户服务

根据搜索到的信息分析银泰百货是如何开展线上售后客户服务的，包括物流跟踪、处理售后问题、展开满意度调查、提供增值服务等。

项目实训2：中发百旺商城会员体系分析

1. 实训背景

中发百旺商城是北京业绩最好的社区型商城之一，主要为周边居民提供零售、餐饮、文娱、百货、教育等多种服务和商品。

中发百旺商城建立了"中发广场百旺店"会员小程序，该会员小程序内设置了丰富的优惠券，如满减券、折扣券、生日券等，并通过多种方式进行推送，如车辆入场送券、买单送券等。中发百旺商城还提供了无感积分功能，客户通过微信或支付宝支付后，可自动按照积分规则进行积分，提升了客户的体验感。

通过搭建会员体系，中发百旺商城成功吸引了大量新会员，并提高了会员的忠诚度和活跃度，同时也为商户提供了线上推广和销售的途径，实现了商城、会员、商户三方共赢。

2. 实训要求

在网络上搜索中发百旺商城会员体系的相关信息，结合所学知识与案例内容分析中发百旺商城是如何进行会员管理的。

3. 实训思路

（1）搜索中发百旺商城的相关信息

在搜索引擎或者社交媒体平台上搜索与中发百旺商城相关的内容，然后仔细阅读。

（2）登录会员小程序查看会员等级

登录"中发广场百旺店"小程序商城，在首页查看会员等级及相应的会员称谓，以及入会门槛。

（3）分析中发百旺商城的会员权益设计

根据搜索到的信息和在小程序中看到的信息，分析中发百旺商城的会员权益设计思路。

巩固提高

一、单选题

1. 下列关于智能导购终端设备的说法错误的是（　　　）。

  A. 确保其屏幕分辨率高、反应灵敏

  B. 选择较大尺寸（如32～55寸）的屏幕

  C. 可安装在门店入口附近

  D. 可安装在收银台前方

2. 下列选项中不属于售后问题的是（　　　）。

  A. 退换货　　　　　　B. 处理投诉　　　　　C. 增值服务　　　　　D. 维修保养

3. 线下烘焙店适合采用（　　　）。

  A. 免费会员模式　　　　　　　　　　B. 成长值会员模式

  C. 付费会员模式　　　　　　　　　　D. 储值会员模式

4. 下列会员权益中属于会员基础权益的是（　　　）。

  A. 会员专享折扣　　B. 新品优先体验　　C. 私人导购　　　　D. 会员俱乐部

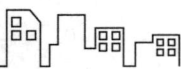

5. 下列关于零售门店社群内容运营的说法错误的是（　　　）。

    A. 制定社群内容规划

    B. 增加在群内发布内容的频次

    C. 审核成员发布的内容

    D. 在群内发布的内容可以包括多种形式

二、判断题

1. 导购人员在接受客户咨询时可以保持坐姿，坐姿要自然端正。　　　　　（　　　）

2. 企业可以根据客户的某一次购物行为为其贴标签并建模。　　　　　　　（　　　）

3. 客户下单后，客服需要及时与客户确认订单信息。　　　　　　　　　　（　　　）

4. 零售门店建立的社群，其入群门槛要足够低，以增加潜在客户数量。　　（　　　）

5. 为活跃社群氛围，运营者可激励群成员自由发布内容。　　　　　　　　（　　　）

三、问答题

1. 零售企业的线上售中客户服务主要包括哪些方面？

2. 简述零售行业会员体系的入会门槛类型。

3. 简述零售企业社群的流量来源。